CHRESTOMATHIE GRECQUE

CONTENANT

TOUS LES MOTS USUELS DE LA PROSE CLASSIQUE

PAR

M. L'ABBÉ E. RAGON

AGRÉGÉ DE L'UNIVERSITÉ

PROFESSEUR DE LANGUE GRECQUE A L'INSTITUT CATHOLIQUE DE PARIS

QUATRIÈME ÉDITION

PARIS

LIBRAIRIE CH. POUSSIELGUE

RUE CASSETTE, 15

1897

PRÉFACE

Ce qui fait la principale difficulté de la langue grecque, c'est son étendue. Le grec ancien a duré douze siècles, et cette vaste suite d'années a vu naître une foule d'écrivains. Le vocabulaire s'est grossi démesurément, les formes ont varié, la syntaxe s'est modifiée ; surtout plusieurs dialectes ont vécu côte à côte, et, chose extrêmement remarquable, la prose et la poésie ont constamment parlé deux langues fort différentes : si bien qu'un lecteur de saint Jean Chrysostome est complètement dépaysé dans Hérodote, et qu'on peut lire couramment Homère sans être capable de comprendre Démosthène.

Qui trop embrasse mal étreint. C'est pour avoir voulu enseigner à la fois tout le grec, le grec classique et le grec de la décadence, le grec de la prose et celui de la poésie, qu'on a si longtemps dépensé beaucoup d'efforts pour obtenir de maigres résultats. Commencer l'étude du grec par les fables d'Ésope, les Septante, Élien, Lucien et Homère, nous a toujours semblé une maladresse et une imprudence. Quand on passe ensuite aux grands écrivains de l'époque classique, Xénophon et Platon, Sophocle et Euripide, Eschine et Démosthène, on est tout étonné de se trouver mal armé pour les comprendre, d'être arrêté par les formes qu'ils emploient, d'avoir perpétuellement à chercher leurs mots dans le dictionnaire.

Le seul moyen pratique de rendre féconde l'étude du grec, c'est, à notre avis, d'éliminer des débuts de cette étude tout ce qui n'appartient pas à la prose classique, tous les mots qui ne sont pas usuels, toutes les formes néologiques, tout ce qui est propre à la poésie et aux dialectes. Qu'on se borne, pour commencer, au grec attique, à celui qui va de Thucydide à Démosthène, et l'on pourra ensuite, sans inconvénient, ajouter à ce fonds solide d'autres éléments, ceux que nous offrent les ouvrages d'Homère ou d'Hérodote, de Plutarque ou des Pères de l'Église.

Telle est l'idée que nous avons voulu réaliser dans ce petit livre.

Les fables, les récits, les anecdotes et les bons mots dont il se compose sont tirés, pour le fond, d'écrivains de diverses époques et de valeur très inégale. Mais tous ces textes ont été ramenés par nous à un seul type, le dialecte attique, la prose du IVᵉ siècle avant Jésus-Christ. Faut-il l'avouer? Nous n'avons eu aucun scrupule à porter la main sur ces textes, à les retoucher, à les remanier. Le grec de Planude ou d'Élien ne mérite aucun respect. Les fables ésopiques fourmillent de fautes grossières, les récits d'Élien sont pleins de latinismes. C'est vraiment faire trop d'honneur à de pareils textes que de les donner pour modèles à la jeunesse. Quant au grec des Septante ou du Nouveau Testament, quelque respectable qu'il soit à cause des vérités dont il est le vêtement, il nous a paru tout à fait légitime d'en donner une traduction en langue grecque classique, de même qu'on en publie des traductions en français ou en allemand.

Ainsi tous les textes qui suivent, sauf les vers et deux ou trois passages de Xénophon, sont publiés par nous sous notre responsabilité. Nous les présentons au public comme un résumé des formes, de la syntaxe et du vocabulaire classique; nous en avons éliminé toute forme, toute expression poétique ou néologique; du moins, nous espérons y avoir réussi.

Ces textes sont soigneusement gradués et suivent pas à pas la grammaire, depuis le verbe λύω jusqu'à la fin de la syntaxe. C'est ainsi que la première fable du recueil traditionnel des fables d'Ésope, le *Renard*, occupe ici le vingt-septième rang; la troisième, la *Belette*, est renvoyée au soixante-seizième, et ainsi de suite. Ces textes étant tous placés selon les difficultés de conjugaison ou de syntaxe qu'ils peuvent offrir et ne renfermant rien dont l'élève n'ait déjà vu l'explication dans sa grammaire, les notes explicatives devenaient inutiles. Autant il faut les prodiguer, à l'usage des commençants, dans les éditions ordinaires des fables d'Ésope ou de Babrius, des extraits d'Élien, des dialogues de Lucien, autant on a pu en être sobre ici. Ne vaut-il pas mieux que l'élève puisse et doive tout comprendre, tout résoudre par lui-même, avec le secours de sa grammaire, plutôt que d'être réduit à chercher sans cesse au bas des pages un secours qui suffit rarement à dissiper toute obscurité? Du reste, le lexique qui termine ce volume, malgré sa simplicité et sa limpidité, est rédigé de telle sorte, que l'élève ne puisse jamais rester complétement embarrassé.

A l'avantage que peuvent offrir des textes rédigés en grec classique et gradués avec le plus grand soin, nous avons voulu en ajouter un autre non moins précieux. Tous les mots de ce livre sont des mots usuels, et, sauf une douzaine au plus, des mots importants à connaître, des mots qui se retrouvent dans tous les auteurs. Mais tous les mots vraiment importants et usuels sont-ils dans ce livre? Nous croyons pouvoir l'affirmer, bien qu'ici la limite soit difficile à établir entre ce qu'il faut absolument connaître et ce qui est simplement utile. Grâce à des artifices qu'on peut aisément deviner, nous avons fait en sorte que chaque mot simple tant soit peu usuel figurât au moins une fois dans ce livre, que chaque

famille ou groupe de mots grecs y fût représentée par
quelqu'un de ses membres ; de telle sorte qu'après avoir
lu, traduit, expliqué et étudié ces textes, après avoir
relu notre lexique pour vérifier l'exactitude de ses sou-
venirs, un bon élève pourra, si nous ne nous trompons,
lire, ou peu s'en faut, à livre ouvert les ouvrages de
Xénophon, de Lucien et même de Démosthène.

En un mot, nous avons voulu faire de cette *Chresto-
mathie* un complément indispensable de la grammaire,
un recueil d'agréables versions et un manuel pour l'étude
des mots grecs. A nos collègues de dire si nous y avons
réussi.

                                        E. RAGON.

        15 mars 1893.

MANIÈRE

DE SE SERVIR DE LA *CHRESTOMATHIE*

Je m'adresse à vous, jeune élève qui commencez l'étude du grec. Soyez bien persuadé que, pour savoir une langue, ce qu'il y a de plus nécessaire, c'est de connaître le sens des mots. En latin cette connaissance s'acquiert assez vite, grâce à la parenté de cette langue avec le français. Quoi de plus aisé à retenir que des mots comme *natio*, nation; *porta*, porte; *templum*, temple; *filius*, fils; *consul*, consul; *homo*, homme; *terror*, terreur; *corpus*, corps; *sanguis*, sang; *ars*, art; *uter*, outre; *venter*, ventre; *bonus*, bon; *doctus*, docte; *simplex*, simple; *dormire*, dormir; *punire*, punir, etc.? En grec il n'en va pas de même; il faut un effort de mémoire pour retenir les mots qui correspondent aux précédents : ἔθνος, θύρα, νεώς, υἱός, ὕπατος, ἄνθρωπος, ῥέθος, σῶμα, αἷμα, τέχνη, ἀσκός, γαστήρ, ἀγαθός, σοφός, ἁπλοῦς, καθεύδειν, κολάζειν.

Et cependant le grec est en soi moins difficile que le latin : la syntaxe grecque, notamment, est plus simple, plus régulière, tout en étant plus variée que la syntaxe latine. Si le grec paraît difficile, c'est uniquement à cause de son vocabulaire. C'est donc sur le vocabulaire qu'il faut faire porter ses efforts quand on commence l'étude du grec. Apprendre beaucoup de mots, *et des mots bien choisis*, tel est le secret pour réussir dans cette étude. Le choix des mots à apprendre vous est fourni par cette *Chrestomathie*. Voici un moyen pratique d'utiliser ce choix et d'emmagasiner dans votre mémoire une provision de mots qui vous fera trouver le grec aussi aimable que d'autres le trouvent ennuyeux.

Prenez un beau cahier, que vous intitulerez *Clef de la langue grecque*, ou *Mots grecs usuels*, ou autrement. Partagez chacune des deux pages qui se font face en deux colonnes, ce qui fait quatre colonnes en tout. La première (page de gauche) est destinée aux substantifs; la deuxième, aux adjectifs et aux pronoms; la troisième (page de droite), aux verbes; la quatrième, aux mots invariables, adverbes, prépositions et conjonctions.

A mesure que vous préparez et traduisez chacun des numéros de la *Chrestomathie*, inscrivez-en les mots dans la colonne qui leur convient, *sans jamais répéter un mot déjà inscrit*. Pour éviter ces répétitions fautives, relisez de temps en temps votre inventaire, et n'oubliez pas les mots anciens à mesure que vous en apprenez de nouveaux. N'inscrivez pas les noms propres, c'est inutile. Il va sans dire que chaque mot inscrit doit être accompagné de sa signification et des principales indications que fournit le lexique.

Voici un spécimen de ce petit travail à la fois aisé, agréable et utile.

1. — Prière à Dieu.

πατήρ, πατρός (ὁ), père
οὐρανός (ὁ), ciel.
ὄνομα (τό), nom.
ἄνθρωπος (ὁ), homme, *homo*.
ζωή (ἡ), vie.
νοῦς, νοῦ (ὁ), esprit, intelligence; bon sens.
ψυχή (ἡ), âme, cœur, vie.
λόγος (ὁ), parole, discours, rumeur.
εὐαγγέλιον (τό), évangile (bonne nouvelle).
σῶμα (τό), corps.
καρπός (ὁ), fruit.
ἀγρός (ὁ), champ.
θάνατος (ὁ), mort, *mors*.

ἡμεῖς, ἡμῶν, nous.
ὅς, ἥ, ὅ, qui, lequel. Ἐν ᾧ, pendant que; ἐξ οὗ, depuis que.
ἅγιος, saint.
σύ, σοῦ, tu, toi.
πᾶς, πᾶσα, πᾶν, tout, chaque, *omnis*; complet, entier. Πάντα, tout, *omnia*. Δέκα οἱ πάντες, dix en tout.
εὐ-πειθής, docile (de εὖ, bien, πείθομαι, obéir).

3. — La grenouille médecin.

βάτραχος (ὁ), grenouille.
ἕλος (τό), marais.
ζῷον (τό), animal, être animé. Cf. ζῆν, vivre, ζωή, vie.
ἰατρός (ὁ), médecin.
φάρμακον (τό), remède.
ἀλώπηξ, πεκος (ἡ), renard.

ἐπιστήμων, savant, qui connaît, gén. Cf. ἐπίσταμαι, savoir.
ἐγώ, ἐμοῦ, je, moi.
ἄλλος, autre, *alius*. Ἄλλος ἄλλα λέγει, l'un dit une chose, l'autre une autre.
χωλός, boiteux.

5. — Le noyer.

καρύα (ἡ), noyer.
κάρυον (τό), 1° noix; 2° châtaigne.
ὁδός (ἡ), route, chemin. Ὁδὸν ἰέναι, suivre un chemin.
λίθος (ὁ), pierre.
χάρις, ιτος (ἡ), grâce, plaisir (qu'on fait à qq'un), bienfait; reconnaissance, récompense. Χάριν εἰδέναι, savoir gré. Τούτου χάριν, à cause de cela, en vue de cela, pour cela.

τις (*enclitique*), quelqu'un, on; τι, quelque chose. *Employé adjectiv.*, un, un certain.
αὐτός, même. Ὁ αὐτός, le même, *idem*. Αὐτοῦ, αὐτῷ, αὐτόν, de lui, à lui, lui, le (*mais non le nominat.* αὐτός, *qui veut toujours dire* même).
ἄθλιος, misérable, malheureux.
οὗτος, celui-ci, celui que voilà, ce dernier. Ἐν τούτῳ, pendant ce temps.
δεινός, terrible, cruel, fâcheux.
ἀ-χάριστος, ον, ingrat. R. ἀ *négatif*, χάρις, reconnaissance.

1. — Prière à Dieu.

εἰμί, *f.* ἔσομαι, *impf.* ἦ *ou* ἦν, être. Ἔστιν ἔχειν, il est permis d'avoir. Ἔστιν ὅτε, il arrive que. Ἔστιν ἀνδρός, il est d'un homme de, *inf.*

βασιλεύω, régner sur, *gén.*

τρέφω, *f.* θρέψω, *pf.* τέτροφα (*comme le pf. de* τρέπω), nourrir, élever. *Passif : f.* θρέψομαι, *aor.* ἐτράφην, *pf.* τέθραμμαι, être nourri, se nourrir.

ἐν, *dat.*, dans, parmi, en.

ἐκ (*devant une consonne*), ἐξ (*devant une voyelle*), *gén.*, de, à la suite de, après. Ἐκ νυκτός, dès la fin de la nuit.

νῦν, νυνί, maintenant. Νῦν δέ, mais, malheureusement.

καί, 1° et; 2° même, aussi. Καὶ δὴ καί, et même. Καί... δέ, et aussi, et même.

μέχρι, jusqu'à, *gén.* — οὖ, jusqu'à ce que, tant que.

μέν, à la vérité, d'une part.

δέ, d'autre part, mais, or.

3. — La grenouille médecin.

ἀκούω, *f.* σομαι, *aor.* ἤκουσα, *pf.* ἀκήκοα, entendre, écouter, *gén. de la personne, gén. ou acc. de la chose. Aoriste ps.* ἠκούσθην.

φημί, *futur* φήσω, *aor.* ἔφην *et* ἔφησα, dire, dire oui.

θεραπεύω, servir (qqu'un), être officieux envers, *acc.*, soigner.

ποτέ, *enclitique*, un jour, parfois; autrefois; donc (*après un mot interrogatif*). Οὐ... ποτε, μή... ποτε, ne jamais.

πῶς; comment?

5. — Le noyer.

φυτεύω, planter.

παρ-οδεύω, passer à côté (en voyageant). R. ὁδός.

βάλλω, *f.* βαλῶ, *aor.* ἔβαλον, *pf.* βέβληκα, jeter, lancer; frapper. — λίθοις, lapider.

εὐφραίνω, réjouir, charmer. *Passif*, se réjouir.

λαμβάνω, *f.* λήψομαι, *aor.* ἔλαβον, *parf.* εἴληφα, recevoir, prendre. *Moyen :* saisir, *gén.*

ἐλέγχω, réfuter, convaincre (de faute), confondre.

διά, *gén.*, par, par le moyen de; à travers, pendant; — *acc.*, à cause de.

οἰκτρῶς, d'un ton plaintif.

ὦ, ô (*particule qui précède ordinairement le vocatif*).

ὅτι, que; parce que. Ὅτι τάχιστα, le plus vite possible. Οὐδὲν ὅτι μή, rien que, *nihil nisi.*

παρά, *gén.*, de, de la part de, d'auprès de; — *dat.*, auprès de, chez; — *acc.*, chez; à côté de, contre, le long de; pendant.

Quand vous aurez ainsi dépouillé les quatre-vingt-six morceaux qui précèdent la syntaxe, vous connaîtrez plus d'un millier de mots grecs. Ce sera le moment d'étudier dans la grammaire la manière dont se forment en grec les mots dérivés et les mots composés. Dès que vous aurez bien compris et retenu les règles de la dérivation et de la composition des mots, votre vocabulaire personnel se trouvera du même coup doublé et triplé. Car si vous savez que δοῦλος veut dire *esclave*, vous devinerez sans peine que δουλεύω veut dire *être esclave*; connaissant δίκη, *justice*, vous connaîtrez par le fait même ἄ-δικος, *injuste*; des deux mots φίλος, *ami*, et πόνος, *travail*, vous aurez tôt fait de conclure que φιλόπονος signifie *laborieux*.

Et c'est ainsi que, plus vous avancerez dans la *Chrestomathie*, moins vous aurez besoin de feuilleter les lexiques et les dictionnaires. Ce sont des livres dont il faut parvenir à se passer : triste sort que d'être l'esclave de son dictionnaire! Vous échapperez à cette servitude, si vous vous façonnez à vous-même un vocabulaire qui sera non seulement dans votre cahier, mais aussi dans votre mémoire, et qui vous permettra de goûter sans peine les beautés de la littérature grecque.

Il n'est pas nécessaire, pour aborder un morceau de la *Chrestomathie*, que le paragraphe correspondant de la grammaire ait été étudié à fond; il suffit que ce paragraphe ait été lu et compris. L'étude approfondie des règles n'est indispensable que pour les exercices de thème grec. Ainsi, on peut très bien voir la grammaire à la fois de deux façons différentes : 1° en gros et avec une certaine rapidité, pour être en état de faire des versions; 2° en détail et avec lenteur, pour pouvoir composer correctement des thèmes. Cette méthode est logique, puisque, de l'aveu de tout le monde, le thème doit suivre la version et non la précéder. Quant au texte de la *Chrestomathie*, ce serait une peine excessive et peu utile que de l'apprendre en entier par cœur : il suffit d'en étudier de mémoire quelques morceaux, ceux que le maître jugera les plus intéressants. Le principal, c'est la liste méthodique de mots que l'élève aura dressée lui-même et qu'il devra posséder à fond.

Si donc on commence l'étude du grec en sixième (dernier trimestre), la *Chrestomathie* pourra être mise aux mains des élèves dès le début de la cinquième, et il est à souhaiter que, cette année-là, on fasse tous les exercices de la première partie (§ 1-86), jusqu'à ceux qui concernent la syntaxe. Si on ne commence le grec qu'en cinquième, il faut y consacrer assez de temps pour voir à fond toute la conjugaison, même celle des verbes en μι, et aboutir au même point de la *Chrestomathie*. Dans ce cas, on peut sans inconvénient laisser de côté l'étude du duel et la réserver pour la classe suivante. En quatrième, on étudiera tout le reste du volume. En troisième, en débutant avec l'*Anabase* ou avec les *Extraits de Lucien*, l'élève pourra, ou peu s'en faut, se passer de dictionnaire.

CHRESTOMATHIE GRECQUE

MORPHOLOGIE

1. — Prière à Dieu.

Πάτερ ἡμῶν, ὃς εἶ ἐν τῷ οὐρανῷ, ἅγιόν ἐστι τὸ ὄνομά σου, καὶ πάντων βασιλεύεις τῶν ἀνθρώπων. Ἐκ σοῦ καὶ τὴν ζωὴν καὶ τὸν νοῦν ἔχομεν, καὶ τρέφεις ἡμῶν τὴν μὲν ψυχὴν τῷ λόγῳ τοῦ Εὐαγγελίου, τὸ δὲ σῶμα τοῖς καρποῖς τῶν ἀγρῶν. Εὐπειθεῖς σοι πάντες εἴημεν καὶ νῦν καὶ μέχρι τοῦ θανάτου. Ἀμήν.

2. — Maximes [1].

Σύμβουλος οὐδείς ἐστι βελτίων χρόνου.

Ἔργοις φιλόπονος ἴσθι, μὴ λόγοις μόνον.

Προπέτεια [2] πολλοῖς ἐστιν αἰτία κακῶν.

Λιμὴν ἀτυχίας ἐστὶν ἀνθρώποις τέχνη.

Πένητας ἀργοὺς οὐ τρέφει ῥαθυμία.

Ῥήτωρ πονηρὸς τοὺς νόμους λυμαίνεται.

Χρηστὸς πονηροῖς οὐ τιτρώσκεται λόγοις.

Κέρδος πονηρὸν ζημίαν ἀεὶ φέρει.

Φίλων ἔπαινον μᾶλλον ἢ σαυτοῦ λέγε.

---

[1] Toutes les maximes citées dans ce volume sont des vers trimètres iambiques, c'est-à-dire des vers composés de six pieds où domine l'iambe (une syllabe brève suivie d'une syllabe longue : χρόνου). — [2] Dans les maximes l'article s'omet souvent.

Γῆρας διδάσκει πάντα καὶ χρόνου τριβή ·
γνῶμαι δ' ἀμείνους εἰσὶ τῶν γεραιτέρων.
Ἀνὴρ ἄβουλος ἡδοναῖς θηρεύεται.
Γῆ πάντα τίκτει καὶ πάλιν κομίζεται.
Ἄνθρωπός ἐστι πνεῦμα καὶ σκιὰ μόνον.
Φίλους ἔχων, νόμιζε θησαυροὺς ἔχειν.

3. — La grenouille médecin.

Ὄντος ποτὲ βατράχου ἐν τῷ ἕλει[1], καὶ τοῖς ζώοις
πᾶσι λέγοντος · « Ἐγὼ ἰατρός εἰμι φαρμάκων ἐπιστή-
μων, » ἀλώπηξ ἀκούσασα ἔφη[2] · « Πῶς σὺ ἄλλους θερα-
πεύσεις, σαυτὸν χωλὸν ὄντα οὐ θεραπεύων; »

4. — Maximes.

Φεῦγ' ἡδονὴν φέρουσαν ὕστερον βλάβην.
Βέβαιον οὐδέν ἐστιν ἐν θνητῷ βίῳ ·
ἀρετῆς βεβαία δ' ἐστὶν ἡ κτῆσις μόνη.
Ψυχὴν ἔθιζε πρὸς τὰ χρηστὰ πράγματα.

AUGMENT ET REDOUBLEMENT

5. — Le noyer.

Καρύα τις ἐν ὁδῷ πεφυτευμένη καρπὸν ἔφερε πολύν.
Οἱ δὲ παροδεύοντες λίθοις αὐτὴν ἔβαλλον διὰ τὰ κάρυα.
Ἡ δὲ οἰκτρῶς ἔφη[2] · « Ὦ ἀθλία ἐγώ, ὅτι οἷς τῷ καρπῷ
εὐφραίνω, παρὰ τούτων δεινὰς λαμβάνω χάριτας[3]. »
Ὁ μῦθος τοὺς ἀχαρίστους ἐλέγχει.

[1] Τῷ, son. Gr. gr., § 53. — [2] Ἔφη, dit, de εφην, dire. Mot très
fréquemment employé dans les récits. — [3] Χάριτας est au pluriel,
selon l'usage grec, parce qu'il s'agit de plusieurs personnes.

VERBES CONTRACTES

6. — Salutation angélique.

Χαῖρε, χαριεστάτη παρθένε Μαρία · ὁ Κύριός ἐστι μετὰ σοῦ. Εὐλογημένη σὺ ἐν γυναιξὶ καὶ εὐλογημένος ὁ καρπὸς τῆς γαστρός σου, Ἰησοῦς. Ἁγία Μαρία, μῆτερ Θεοῦ, ἱκέτευε ὑπὲρ ἡμῶν τῶν ἁμαρτανόντων, νῦν καὶ ἐν τῇ ὥρᾳ τοῦ θανάτου ἡμῶν. Ἀμήν.

7. — Maximes.

Μιμοῦ τὰ σεμνά, μὴ κακοὺς μιμοῦ τρόπους.
Ἃ ψέγομεν ἡμεῖς, ταῦτα μὴ μιμώμεθα.
Κάλλιστα πειρῶ καὶ λέγειν καὶ μανθάνειν ·
αἰσχρὸν δὲ μηδὲν πρᾶττε μηδὲ μάνθανε.
Τὰ δάνεια δούλους τοὺς ἐλευθέρους ποιεῖ.
Νέος ὢν ἀκούειν τῶν γεραιτέρων θέλε ·
νέῳ γε σιγᾶν μᾶλλον ἢ λαλεῖν πρέπει.

8. — Le questionneur importun.

Δημάρατος, ἀνθρώπου τινὸς πονηροῦ κόπτοντος αὐτὸν ἀκαίροις ἐρωτήμασι, καὶ τόδε πολλάκις ἐρωτῶντος, τίς ἄριστος εἴη Σπαρτιατῶν, ἔφη · « Ὁ σοὶ ἀνομοιότατος. »

9. — Maximes.

Ἀνὴρ ἀτυχῶν σώζεται ταῖς ἐλπίσιν.
Τῶν εὐτυχούντων πάντες εἰσὶ συγγενεῖς.
Τῶν δυστυχούντων εὐτυχὴς οὐδεὶς φίλος.
Ζῆν βουλόμενος, μὴ πρᾶττε θανάτου ἄξια.
Πένητας οὐδεὶς βούλεται κτᾶσθαι φίλους.
Ἰδίας ὁδοὺς ζητοῦσι φιλόπονοι φύσεις.

10. — Hercule et Minerve.

Διὰ στενῆς ὁδοῦ ὥδευεν[1] Ἡρακλῆς. Ὁρῶν δ' ἐπὶ γῆς ὁμοιόν τι μήλῳ ἐπειρᾶτο συντρίβειν · τοῦτο δὲ εὐθὺς γίγνεται διπλοῦν. Καίτοι Ἡρακλῆς μᾶλλον τύπτει καὶ τῷ ῥοπάλῳ παίει. Τὸ δὲ φυσᾶται ἔτι μᾶλλον καὶ τὴν ὁδὸν ἐμφράττει. Ὁ δ' Ἡρακλῆς τὸ ῥόπαλον ῥίπτων ἐθαύμαζε τὸ τέρας. Ἔνθα δὲ αὐτῷ ἐπιφαινομένη Ἀθηνᾶ λέγει · « Πέπαυσο[2], ὦ ἄδελφε · τοῦτ' ἔστιν Ἔρις. Ἐάν τις αὐτὴν ἀμαχεὶ ἐάσῃ, μένει τοιαύτη οἵα ἦν πρῶτον · ἐν δὲ ταῖς μάχαις οὕτως οἰδεῖν πέφυκεν. »

11. — Les deux besaces.

Ἄνθρωπος δύο πήρας ἕκαστος φέρει, τὴν μὲν ἔμπροσθεν, τὴν δὲ ὄπισθεν · γέμει δὲ κακῶν ἑκατέρα. Ἀλλ' ἡ μὲν ἔμπροσθεν[3], ἀλλοτρίων[4] · ἡ δὲ ὄπισθεν, τῶν αὐτοῦ τοῦ φέροντος. Καὶ διὰ τοῦτο οἱ ἄνθρωποι τὰ μὲν ἑαυτῶν κακὰ οὐχ ὁρῶσι, τὰ δὲ ἀλλότρια πάνυ ἀκριβῶς θεῶνται.

12. — L'homme et la perdrix.

Πέρδικά τις ἀγρεύσας ἔμελλε σφάττειν · ἡ δὲ ἱκέτευε λέγουσα · « Ἔασόν με ζῆν · ἀντ' ἐμοῦ πολλὰς πέρδικας ἐγώ σοι κυνηγετήσω. » Ὁ δὲ ἔφη · « Δι' αὐτὸ τοῦτο μᾶλλόν σε θύσω, ὅτι τοὺς συνήθεις καὶ φίλους ἐνεδρεῦσαι βούλει. »

Οὐκ ἔστιν οὐδὲν χεῖρον προδότου.

13. — Passe-temps d'un ignorant.

Ὁ Περσῶν βασιλεὺς ὁδοιπορῶν, ἵνα μὴ τῇ ἀπραγμοσύνῃ ἀνιαθείη, ξύλα εἶχε καὶ μαχαίριον, ἵνα ξέῃ ταῦτα.

---

[1] Songez à l'augment. — [2] Songez au redoublement. — [3] Ἡ ἔμπροσθεν, celle de devant. — [4] S.-e. γέμει.

Καὶ τοῦτο εἰργάζοντο αἱ χεῖρες αἱ βασιλικαί · πάντως γὰρ οὐκ εἶχεν οὔτε βιβλίον οὔτε διάνοιαν, ἵν᾽ ἢ σπουδαῖόν τι ἀναγιγνώσκῃ, ἢ γενναῖόν τι καὶ λόγου ἄξιον βουλεύηται.

VERBES A MUETTE

14. — Le chêne et les roseaux.

Δρῦν ἄνεμος ἐξορύξας ἔρριψεν εἰς ποταμόν. Ἡ δὲ φερομένη τοὺς καλάμους ἠρώτα[1] · « Πῶς ὑμεῖς, ἀσθενεῖς ὄντες καὶ λεπτοί, ὑπὸ τῶν βιαίων ἀνέμων οὐκ ἐξορύττεσθε; » Οἱ δὲ ἔλεξαν · « Ὑμεῖς τοῖς ἀνέμοις μάχεσθε, καὶ διὰ τοῦτο ἐξορύττεσθε · ἡμεῖς δέ, παντὶ ἀνέμῳ ὑποπίπτοντες, ἀβλαβεῖς διαμένομεν. »

15. — Les livres nourrissants.

Νεανίσκος τις εὐτράπελος, ἀπορῶν χρημάτων, τὰ βιβλία ἐπώλει[2] καὶ πρὸς τὸν πατέρα ἔγραψε · « Σύγχαιρέ μοι, ὦ πάτερ · ἤδη γὰρ ἐμὲ τὰ βιβλία τρέφει. »

TEMPS SECONDS

16. — Le Décalogue.

Ἐγώ εἰμι Κύριος ὁ Θεός σου, ὃς ἐξ-ήγαγόν σε ἐκ γῆς Αἰγύπτου, ἐξ οἴκου δουλείας.

1. Οὐκ ἔσονταί σοι δαίμονες ἕτεροι πλὴν ἐμοῦ.

2. Οὐ ποιήσεις σεαυτῷ εἴδωλον, οὐδὲ ὁμοίωμα τῶν ἐν τῷ οὐρανῷ, καὶ ἐν τῇ γῇ, καὶ ἐν τοῖς ὕδασιν. Οὐ προσκυνήσεις οὐδὲ λατρεύσεις αὐτοῖς · ἐγὼ γάρ εἰμι Κύριος ὁ Θεός σου.

3. Οὐ φθέγξει τὸ ὄνομα Κυρίου μάτην.

4. Ἐξ ἡμέρας[3] ἐργάσει καὶ ποιήσεις πάντα τὰ ἔργα ·

[1] Songez à l'augment. — [2] L'imparfait remplace souvent l'aoriste. — [3] Ἐξ ἡμέρας, pendant six jours. Acc. de temps.

τῇ δὲ ἡμέρᾳ τῇ ἑβδόμῃ ἀναπαύσει · οὐ ποιήσεις ἐν αὐτῇ οὐδὲν ἔργον, οὔτε σὺ οὔτε ὁ υἱός σου καὶ ἡ θυγάτηρ καὶ ὁ παῖς καὶ ἡ παιδίσκη καὶ ὁ βοῦς. Ἐν γὰρ ἓξ ἡμέραις ἐποίησεν ὁ Κύριος τὸν οὐρανὸν καὶ τὴν γῆν καὶ τὴν θάλατταν καὶ πάντα τὰ ἐν αὐτοῖς, καὶ ἔληξε τῇ ἡμέρᾳ τῇ ἑβδόμῃ · διὰ τοῦτο εὐλόγησεν τὴν ἡμέραν ταύτην, καὶ ἁγνὴν ἐποίησεν.

5. Τίμα τὸν πατέρα καὶ τὴν μητέρα, ἵνα εὖ πράξῃς καὶ πολὺν χρόνον διάγῃς ἐπὶ τῆς γῆς.

6. Οὐ φονεύσεις.

7. Οὐ μοιχεύσεις.

8. Οὐ κλέψεις.

9. Οὐ ψευδομαρτυρήσεις κατὰ τοῦ πλησίον.

10. Οὐκ ἐπιθυμήσεις τῆς γυναικὸς τοῦ πλησίον, οὐδὲ τῆς οἰκίας, οὐδὲ τοῦ ἀγροῦ, οὐδὲ τοῦ βοός, οὐδὲ οὐδενὸς τῶν τῷ πλησίον ὑπαρχόντων.

17. — Le corbeau.

Κόραξ νοσῶν τῇ μητρὶ ἔλεγα · « Εὔχου τοῖς θεοῖς, ὦ μῆτερ, καὶ θρήνει με. » Ἡ δὲ πρὸς αὐτόν · « Τί δήποτ' ἄν σε, τέκνον, ἔφη, τῶν θεῶν ἐλεήσειε; ἐν γὰρ ἱερῶν θυσίαις, τίνος κρέα ὑπὸ σοῦ οὐκ ἐκλάπη; »

VERBES IRRÉGULIERS

18. — Mot de Léonidas.

Λέγοντός τινος τῷ Λεωνίδᾳ ὅτι ἀπὸ τῶν ὀϊστῶν τῶν Βαρβάρων οὐδὲ τὸν ἥλιον ἰδεῖν ἐξ-είη · « Οὐκοῦν, ἔφη, χαρίεν ἔσται · ὑπὸ γὰρ σκιὰν μαχούμεθα. »

19. — Légende sur l'enfance de Platon.

Τὸν Πλάτωνα ἡ μήτηρ ἔφερεν ἐν ταῖς ἀγκάλαις · θύοντος δὲ τοῦ Ἀρίστωνος ἐν Ὑμηττῷ ταῖς Μούσαις,

κατ-έκλινε τὸ παιδίον ἐν ταῖς πλησίον μυρρίναις πολλαῖς
οὔσαις καὶ πυκναῖς. Ἐν ᾧ[1] δὲ καθ-ηῦδε, ἑσμὸς μελιττῶν,
ἐν τοῖς χείλεσιν αὐτοῦ καθίσασαι[2], ὑπῇδον, οὕτω τὴν τοῦ
Πλάτωνος εὐέπειαν μαντευόμεναι.

20. — Maximes.

Δρυὸς πεσούσης, πᾶς ἀνὴρ ξυλίζεται.
Ξένους πένητας μὴ παραδράμῃς ἰδών.
Πολλῶν ὁ λιμὸς γίγνεται διδάσκαλος.
Ῥάψας λόγον τις οὐκ ἀναιρεῖται πάλιν.

21. — Alexandre et Apelle.

Ἀλέξανδρος, θεασάμενος ἐν Ἐφέσῳ τὴν ἑαυτοῦ εἰκόνα
τὴν ὑπὸ Ἀπελλοῦ γραφεῖσαν, οὐκ ἐπ-ῄνεσε κατὰ τὴν
ἀξίαν τοῦ γράμματος. Εἰσαχθέντος δὲ τοῦ ἵππου καὶ
χρεμετίσαντος πρὸς τὸν ἵππον τὸν ἐν τῇ εἰκόνι, ὥσπερ
ἀληθινὸν ὄντα · « Ὦ βασιλεῦ, εἶπεν ὁ Ἀπελλῆς, ὁ
ἵππος δοκεῖ σου πολὺ γραφικώτερος εἶναι. »

22. — Le flatteur puni.

Ἐκκλησίας οὔσης Ἀθηναίοις, παρ-ελθὼν ὁ Δημάδης
ψήφισμα ἔγραψεν τὸν Ἀλέξανδρον θεὸν εἶναι τρισκαι-
δέκατον. Τῆς δὲ ἀσεβείας ὁ δῆμος τὴν ὑπερβολὴν οὐκ
ἐνεγκὼν ζημίαν ἐτίμησε τῷ Δημάδῃ ταλάντων ἑκατόν,
ὅτι θνητὸν τὸν Ἀλέξανδρον ὄντα ἐν-έγραψε τοῖς Ὀλυμ-
πίοις.

23. — Le cheval et le soldat.

Στρατιώτης τις τὸν ἵππον, ἕως μὲν καιρὸς τοῦ πο-
λέμου ἦν, κριθαῖς ἔτρεφεν, ἔχων σύνεργον ἐν τοῖς κινδύ-
νοις. Ὅτε δὲ ὁ πόλεμος ἔληξε, φόρτους βαρεῖς ὁ ἵππος
ἔφερε καὶ χαλεπὰ ὑπούργει, ἀχύρῳ μόνῳ τρεφόμενος.
Ὡς δὲ πάλιν πόλεμος ἐγένετο καὶ ἡ σάλπιγξ ἠκούσθη,

¹ Ἐν ᾧ, pendant que, dans le temps que. — ² Syllepse.

τὸν ἵππον χαλινώσας ὁ δεσπότης ἔχων καὶ αὐτὸς ὅπλα ἐπ-ωχεῖτο. Ὁ δ' ἵππος συνεχῶς κατ-έπιπτε οὐδὲν ἰσχύων· ἔφη δὲ τῷ δεσπότῃ · « Ἄπ-ελθε μετὰ τῶν πεζῶν ὁπλιτῶν νῦν · σὺ γὰρ ἀφ' ἵππου[1] εἰς ὄνον με μετ-εποίησας · καὶ πῶς με πάλιν ἐξ ὄνου ἵππον βούλει εἶναι; »

24. — Les couleurs.

Τὸ φαιὸν γίγνεται λευκοῦ τε καὶ μέλανος κράσει, τὸ δὲ πυρρὸν ξανθοῦ τε καὶ φαιοῦ, τὸ δὲ χλωρὸν κυανοῦ τε καὶ ξανθοῦ.

VERBES A RADICAL RENFORCÉ

25. — Punition exemplaire.

Ἐν Ἀβδήροις ὄνος εἰς τὸ γυμνάσιον εἰσ-ελθὼν τὸ ἔλαιον ἐξ-έχεεν. Οἱ δὲ Ἀβδηρῖται παράδειγμα ποιεῖν βουλόμενοι, πάντας τοὺς ἐν τῇ πόλει ὄνους εἰς ἕνα τόπον συναγαγόντες, ἐναντίον αὐτῶν τὸν ὄνον ἐμαστίγωσαν.

26. — Les généraux athéniens.

Ἀντισθένης συν-εβούλευε τοῖς Ἀθηναίοις τοὺς ὄνους ἵππους εἶναι ψηφίζεσθαι. Τῶν δὲ ἄλογον[2] ἡγουμένων · « Ἀλλὰ μήν, ἔφη, καὶ στρατηγοὶ γίγνονταί τινες παρ' ὑμῖν οὐδὲν μαθόντες, ἀλλὰ μόνον χειροτονηθέντες. »

27. — Le renard.

Ἀλώπηξ, εἰς οἰκίαν εἰσ-ελθοῦσα ὑποκριτοῦ καὶ ἕκαστα τῶν τούτου σκευῶν διερευνωμένη, εὗρε προσωπεῖον τραγικὸν εὖ κατ-εσκευασμένον · ὃ ἀνα-λαβοῦσα τοῖς ποσίν · « Ὦ οἵα κεφαλή, ἔφη, ἐγκέφαλον δὲ οὐκ ἔχει. »

Ὁ μῦθος προσήκει πρὸς ἄνδρας διαφέροντας μὲν τῇ τοῦ σώματος μορφῇ, τῇ δὲ ψυχῇ ἀλογίστους.

1 Élision pour ἀπὸ ἵππου. — 2 S.-e. αὐτόν.

28. — Maximes.

Καὶ ζῶν ὁ φαῦλος καὶ θανὼν κολάζεται.
Κέρδος πονηρὸν μὴ λαβεῖν βούλου ποτέ.
Διπλοῦν ὁρῶσιν οἱ μαθόντες γράμματα.
Μετὰ τὴν δόσιν τάχιστα γηράσκει χάρις.
Ἀρχῆς τετευχώς, ἴσθι ταύτης ἄξιος·
εἰκὼν δὲ βασιλεύς ἐστιν ἔμψυχος Θεοῦ.
Μέμνησο πλουτῶν τοὺς πένητας ὠφελεῖν.
Ἐν παντὶ δεῖ καιρῷ τὸ δίκαιον ἐπικρατεῖν.
Ὃν οἱ θεοὶ φιλοῦσιν ἀποθνήσκει νέος.

———————

VERBES A LIQUIDE

29. — La poule aux œufs d'or.

Ὄρνιθά τις εἶχεν ᾠὰ χρυσᾶ τίκτουσαν. Καὶ νομίσας ἔνδον αὐτῆς ὄγκον χρυσίου εἶναι, ἀποκτείνας εὕρηκεν ὁμοίαν ταῖς ἄλλαις ὄρνισιν. Μέγαν οὖν πλοῦτον ἐλπίσας εὑρήσειν, καὶ τοῦ μικροῦ ἐστερήθη ἐκείνου.

Ὁ μῦθος δηλοῖ ὅτι δεῖ τοῖς παροῦσιν ἀγαπᾶν καὶ τὴν ἀπληστίαν φεύγειν.

30. — Le dieu Alexandre.

Ἀλέξανδρος, ὅτε ἐνίκησε Δαρεῖον καὶ τὴν Περσῶν ἀρχὴν κατ-εκτήσατο, μέγα φρονῶν ἐφ' ἑαυτῷ καὶ ὑπὸ τῆς εὐτυχίας δια-φθαρείς, ἐπ-έστειλε τοῖς Ἕλλησι θεὸν αὐτὸν ψηφίσασθαι, γελοίως γε· οὐ γὰρ ἅπερ ἐκ τῆς φύσεως οὐκ εἶχε, ταῦτα παρὰ τῶν ἀνθρώπων αἰτῶν ἐκέρδαινεν. Ἄλλοι μὲν οὖν ἄλλα ἐψηφίσαντο, Λακεδαιμόνιοι δὲ τοιάδε· « Ἐπειδὴ Ἀλέξανδρος βούλεται θεὸς εἶναι, ἔστω θεός· » λακωνικῶς σκώψαντες τὴν ὑπερηφανίαν τοῦ Ἀλεξάνδρου.

31. — Maximes.

Μὴ κρῖν' ὁρῶν τὸ κάλλος, ἀλλὰ τὸν τρόπον.
Κατηγορεῖν οὐκ ἔστι καὶ κρίνειν ὁμοῦ.
Κρίνει φίλους ὁ καιρός, ὡς χρυσὸν τὸ πῦρ.
Φύσιν πονηρὰν μεταβαλεῖν οὐ ῥᾴδιον.

VERBES DÉPONENTS

32. — La cigale et les fourmis.

Ἐν χειμῶνι, τῶν σίτων βρεχθέντων, οἱ μύρμηκες ἔψυχον. Τέττιξ δὲ πεινῶν ᾔτει αὐτοὺς τροφήν. Οἱ δὲ μύρμηκες εἶπον αὐτῷ · « Διὰ τί τὸ θέρος οὐ συν-ῆγες τροφήν; » Ὁ δὲ εἶπεν · « Οὐκ ἐσχόλαζον, ἀλλ' ᾖδον μουσικῶς. » Οἱ δὲ γελάσαντες ἀπ-εκρίναντο · « Ἀλλ' εἰ θέρους ηὔλεις, χειμῶνος ὄρχου. »

33. — Pausanias et Simonide.

Ἔν τινι συνδείπνῳ παρῆν Σιμωνίδης ὁ Κεῖος καὶ Παυσανίας ὁ Λακεδαιμόνιος. Προσέταξεν οὖν ὁ Παυσανίας τῷ Σιμωνίδῃ σοφόν τι εἰπεῖν · ὁ δὲ γελάσας · « Μέμνησο, ἔφη, ὅτι ἄνθρωπος εἶ. » Τούτου παραχρῆμα μὲν οὐδένα λόγον Παυσανίας ἐποιήσατο μεγαλοφρονῶν ἐπὶ τῇ πρὸς Βασιλέα ξενίᾳ, ἴσως δὲ καὶ ὑπὸ τοῦ οἴνου παρφερόμενος. Ἡνίκα δέ, τύραννος εἶναι προθυμηθεὶς καὶ διὰ τοῦτο καταδικασθεὶς ὑπὸ τῶν πολιτῶν, ἐπιέζετο τῷ λιμῷ καὶ ἔμελλεν ἀποθνήσκειν ἀνθρώπων ἀλγεινότατα, τηνικαῦτα ἐμνήσθη τοῦ Σιμωνίδου, καὶ οἰμώξας ἐβόησεν εἰς τρίς · « Ὦ ξένε Κεῖε, μέγα τι χρῆμα ἦν ὁ λόγος σου · ἐγὼ δ' ὑπ' ἀνοίας οὐδὲν αὐτὸν ᾤμην εἶναι. »

VERBES DÉFECTIFS

34. — L'Âne et ses maîtres.

Ὄνος, ὑπηρετῶν κηπουρῷ, ἐπειδὴ ὀλίγα μὲν ἤσθιε, πλεῖστα δ' ἐμόχθει, ηὔξατο τῷ Διί, αἰτῶν τοῦ κηπουροῦ ἀπαλλαγεὶς ἑτέρῳ ἀπεμπολ ηθῆναι δεσπότῃ. Τοῦ δὲ Διὸς ἐπακούσαντος καὶ κελεύσαντος αὐτὸν κεραμεῖ πραθῆναι, πάλιν ἐδυσφόρει, πλείω ἢ πρότερον ἄχθη φέρων καὶ τόν τε πηλὸν καὶ τοὺς κεράμους κομίζων. Πάλιν οὖν μεταλλάξαι τὸν δεσπότην ἐβούλετο, καὶ βυρσοδάψῃ ἐπράθη. Εἰς χεῖρα τοίνυν τῶν προτέρων δεσπότην ἐμπεσὼν καὶ ὁρῶν οἷα εἰργάζετο, μετὰ στεναγμῶν ἔφη · « Οἴμοι τῷ ταλαιπώρῳ, βέλτιον ἦν μοι παρὰ τοῖς προτέροις δεσπόταις μένειν. Οὗτος γάρ, ὡς ὁρῶ, καὶ ἀποκτενεῖ με τοῦ δέρματος ἕνεκα. »

35. — L'homme qui brise la statue.

Ἄνθρωπός τις ξύλινον ἔχων θεὸν ἱκέτευε εὖ ποιῆσαι αὐτόν. Ὡς οὖν ταῦτα ἔπραττε καὶ οὐδὲν ἧττον ἐν πενίᾳ διῆγε, θυμωθείς, ἄρας αὐτὸν τῶν σκελῶν[1], ἔρριψεν εἰς τὸ ἔδαφος. Προσκρουσάσης οὖν τῆς κεφαλῆς καὶ αὐτίκα ἀνακλασθείσης, χρυσὸς ἐρρύη πλεῖστος, ὅνπερ δὴ συνάγων ὁ ἄνθρωπος ἐβόα · « Πονηρὸς εἶ, ὡς γε οἶμαι, καὶ ἀγνώμων · τιμῶντά γάρ σε ἥκιστά με ὠφέλησας, πατάξαντα δέ σε πολλοῖς καλοῖς ἀμείβει. »

Ὁ μῦθος δηλοῖ ὅτι οὐκ ὠφελήσει[2] τιμῶν πονηρὸν ἄνθρωπον, ἀλλὰ τύπτων.

36. — Mépris des injures.

Κλαζομενίων τινὲς εἰς τὴν Σπάρτην ἀφικόμενοι, καὶ ὕβρει καὶ ἀλαζονείᾳ χρώμενοι, τοὺς τῶν Ἐφόρων θρό-

---

[1] Le nom de la partie par laquelle on saisit un objet se met en grec au génitif (§ 166, 1°). — [2] Futur moyen à sens passif.

νους, ἔνθα εἰώθασι καθήμενοι[1] χρηματίζειν καὶ τῶν πολιτικῶν ἕκαστα διατάττειν, ἀσβόλῳ ἔχρισαν. Μαθόντες δὲ οἱ Ἔφοροι οὐκ ἠγανάκτησαν, ἀλλὰ τὸν δημόσιον κήρυκα καλέσαντες, προσέταξαν δημοσίᾳ κηρῦξαι τόδε τὸ θαυμάσιον · « Θέμις ἔστω Κλαζομενίοις ἀσχημονεῖν. »

37. — Naïveté

Ἄνθρωπός τις ἐπικινδύνως ἐνόσει. Τῆς δὲ γυναικὸς παρακαθημένης καὶ λεγούσης · « Ἐάν τι πάθῃς, ἀπάγξομαι », ἀναβλέψας εἰς αὐτήν · « Ὦ φιλτάτη, ἔφη, ζῶντί μοι τοῦτο χάρισαι. »

Ἀνόητός τις, βουλόμενος τὸν ἑαυτοῦ ἵππον διδάξαι μὴ φαγεῖν, πρὸς μὲν τὴν φάτνην ἦγε, τροφὴν δ' αὐτῷ οὐ παρ-έβαλλεν. Ἀπο-θανόντος δὲ τοῦ ἵππου ὑπὸ λιμοῦ ἔλεγε κλάων · « Μέγα ἐζημιώθην · ἐπειδὴ γὰρ ἔμαθε μὴ ἐσθίειν, τότε ἀπέθανεν. »

38. — Maximes.

Εὐδαιμονία εἴωθεν ὑπερηφανίαν ποιεῖν.

Βέλτιστε, μὴ τὸ κέρδος ἐν πᾶσι σκόπει·

Μὴ φεῦγ' ἑταῖρον ἐν κακοῖσι[2] κείμενον·

VERBES οἶδα ET δέδοικα

39. — Le faon et la biche.

Νεβρός ποτε πρὸς ἔλαφον εἶπε · « Σὺ τῷ μεγέθει μείζων κυνὸς εἶ καὶ ταχίστη καὶ ὀξεῖα πρὸς δρόμον, κέρατα δὲ ἀμυντήρια ἔχεις. Τί δή, ὦ μῆτερ, οὕτω φοβεῖ τὰς κύνας; » Ἡ δὲ πρὸς αὐτὸν ἔφη γελῶσα · « Ὅτι μὲν ἐγὼ ταῦτα ἅπαντα ἔχω, εὖ οἶδα καὶ οὐκ ἀγνοῶ, ὦ τέκνον · ἐπὰν δὲ κυνὸς ὑλαγμῶν ἀκούσω, σκοτοῦμαι καὶ ἰλιγγιῶ καὶ πρὸς φυγὴν τρέπομαι. »

[1] Joignez ἔνθα καθήμενοι, où étant assis. En français, le relatif ne peut pas tomber sur un participe : il faut donc supprimer étant assis, ou dire où ils s'asseoient pour... — [2] Poétique pour κακοῖς.

40. — Noblesse du chrétien.

Ἡμεῖς οἱ Χριστιανοί[1] οὐ δέδιμεν τοὺς ὀδόντας τῶν λεόντων, οὐδὲ τὰ τραύματα τῶν ξιφῶν, οὐδὲ βάσανον οὐδεμίαν · μόνην ἂν τρέσαιμεν τὴν ἁμαρτίαν. Ἴσμεν γὰρ ὅτι μόνη ἡ ἁμαρτία τῇ ψυχῇ ὀλεθρία ἐστίν.

VERBES EN μι AVEC REDOUBLEMENT

41. — L'avare.

Φιλάργυρός τις, ἅπασαν τὴν οὐσίαν ἐξαργυρίσας καὶ χρυσῆν βῶλον ποιήσας, ἔν τινι τόπῳ κατ-ώρυξε, συγκατορύξας καὶ τὴν ἑαυτοῦ ψυχὴν καὶ τὸν νοῦν, καὶ καθ' ἡμέραν ἐρχόμενος αὐτὴν ἔβλεπε. Τῶν δὲ ἐργατῶν τις αὐτὸν παρατηρήσας καὶ τὸ γεγονὸς συννοήσας, ἀνορύξας τὴν βῶλον ἀν-είλετο. Μετὰ δὲ ταῦτα κἀκεῖνος ἐλθὼν καὶ κενὸν τὸν τόπον ἰδὼν θρηνεῖν ἤρξατο καὶ ἀποτίλλειν τὰς τρίχας. Τοῦτον δέ τις ὀλοφυρόμενον οὕτως ἰδὼν καὶ τὴν αἰτίαν πυθόμενος · « Μὴ οὕτως, ἔφη, ὦ οὗτος, ἀθύμει · οὐδὲ γὰρ ἔχων τὸν χρυσὸν εἶχες. Λίθον οὖν ἀντὶ χρυσοῦ λαβὼν θές, καὶ νόμιζε τὸν χρυσὸν ἐκεῖ εἶναι. Τὴν αὐτὴν γάρ σοι πληρώσει χρείαν · ὡς ὁρῶ γάρ, οὐδ' ὅτε ὁ χρυσὸς ἦν ἐν χρήσει ἦσθα τοῦ κτήματος. »

Ὁ μῦθος δηλοῖ ὅτι οὐδέν ἐστιν ἡ κτῆσις, ἐὰν μὴ χρῆσις προσῇ.

42. — Le pêcheur et la sardine.

Ἁλιεύς, τὸ δίκτυον βαλὼν ἐν τῇ θαλάττῃ, ἀν-ήνεγκε σμαρίδα. Ἡ δὲ ἱκέτευεν αὐτὸν νῦν μὲν μὴ λαβεῖν αὐτήν, ἀλλ' ἐᾶσαι, διὰ τὸ μικρὰν εἶναι[2] · « Ἀλλ' ὅταν αὐξηθῶ[3] καὶ μεγάλη, ἔφη, γένωμαι, συλλαβεῖν με συν-οίσει, ἐπεὶ

----

[1] Remarquez l'emploi de l'article dans cette formule. Cf. § 149.
[2] Διὰ τό avec l'infinitif équivaut à ὅτι avec l'indicatif. Cf. § 257, rem. — [3] Le subj. aoriste correspond ici à notre futur antérieur.

καὶ μείζονά σοι ὠφέλειαν παρέξω. » Καὶ ὁ Ἁλιεὺς εἶπεν·
« Ἀλλ᾽ ἔγωγε ἄνους ἂν εἴην, εἰ τὸ ἐν χερσὶ παρεὶς κέρ-
δος, κἂν σμικρὸν ᾖ, τὸ προσδοκώμενον, κἂν μέγα γί-
γνηται, ἐλπίζοιμι. »

Ὁ μῦθος δηλοῖ ὅτι ἀλόγιστος ἂν εἴη ὅστις δι᾽ ἐλπίδα
μείζονος ἀγαθοῦ τὰ ἐν χερσὶν ἀφιείη καὶ μικρὰ ὄντα.

43. — Phocion et Alexandre.

Ἀλέξανδρος ὁ Φιλίππου[1] Φωκίωνι μόνῳ, τῷ Ἀθη-
ναίων στρατηγῷ, γράφων προσ-ετίθει τὸ χαίρειν· οὕτως
ᾐδεῖτο τὸν Μακεδόνα ὁ Φωκίων. Ἀλλὰ καὶ αὐτῷ, πένητι
ὄντι, ἀργυρίου τάλαντα ἔπεμψεν ἑκατόν. Ὁ μὲν οὖν
Ἀλέξανδρος μεγαλοφρόνως ταῦτα καὶ μεγαλοπρεπῶς[2]·
ἔτι γε μὴν μεγαλοφρονέστερον ὁ Φωκίων, τὸ ἀργύριον οὐ
προσιέμενος. Ἵνα δὲ μὴ δοκοίη καταφρονεῖν τοῦ Ἀλε-
ξάνδρου, τοὺς ἐν τῇ ἀκροπόλει τῇ ἐν Σάρδεσι[3] δεδεμένους
ἄνδρας ἠξίωσεν αὐτὸν ἀφ-εῖναι ἐλευθέρους αὐτῷ.

44. — Le roseau et l'olivier.

Περὶ καρτερίας καὶ ἰσχύος κάλαμος καὶ ἐλαία ἤριζον.
Ὁ δὲ κάλαμος, ὀνειδιζόμενος ὑπὸ τῆς ἐλαίας ὡς ἀδύ-
νατος ὢν καὶ ῥᾳδίως ὑποκλινόμενος πᾶσι τοῖς ἀνέμοις,
σιωπῶν οὐκ ἐφθέγξατο[4]. Ὀλίγῳ δὲ ὕστερον, πνεύσαντος
ἀνέμου σφοδροῦ, ὁ μὲν κάλαμος, σεισθεὶς καὶ κλινθεὶς
τῷ πνεύματι, ῥᾳδίως δι-εσώθη· ἡ δ᾽ ἐλαία, ἐπειδὴ ἀντ-
έτεινε πρὸς αὐτό, κατ-εκλάσθη πρὸς βίαν.

Ὁ μῦθος δηλοῖ ὅτι οἱ τῷ καιρῷ καὶ τοῖς κρείττοσιν
αὑτῶν μὴ ἀνθιστάμενοι ἄμεινον φρονοῦσι τῶν πρὸς μείζους
φιλονεικούντων.

<hr>

[1] Gr. gr., § 155. — [2] Sous-ent. ἐποίησε. — [3] Τῇ ἐν Σάρδεσι,
celle de Sardes. Sur la répétition de l'article, cf. § 148. — [4] Ce
pléonasme est tout à fait dans le génie de la langue grecque :
la même idée est répétée sous forme négative.

45. — Un vieux fat.

Ἀνὴρ εἰς Λακεδαίμονα ἀφίκετο Κεῖος, γέρων ἤδη ὢν, ὃς ᾐδεῖτο ἐπὶ τῷ γήρᾳ, καὶ διὰ ταῦτα τὴν τρίχα, πολιὰν οὖσαν, ἐπειρᾶτο βαφῇ μέλαιναν ποιεῖν· παρελθὼν οὖν εἰς τὸν δῆμον εἶπεν ἐκεῖνα ὑπὲρ ὧν ἀφίκετο. Ἀναστὰς οὖν Ἀρχίδαμος, ὁ τῶν Λακεδαιμονίων βασιλεύς· « Τί δ' ἂν, ἔφη, οὗτος ὑγιὲς εἴποι, ὃς οὐ μόνον ἐν τῇ ψυχῇ τὸ ψεῦδος, ἀλλὰ καὶ ἐπὶ τῇ κεφαλῇ περιφέρει; »

46. — Reconnaissance d'un serpent.

Πόλις ἐστὶ τῆς Ἀχαίας αἱ Πάτραι. Ἐν ταύταις παῖς τις ὄφιν μικρὸν ἐπρίατο καὶ ἔτρεφε μετὰ πολλῆς ἐπιμελείας. Αὐξηθέντος δὲ αὐτοῦ, ἐλάλει πρὸς αὐτὸν ὡς πρὸς ἀκούοντα, καὶ ἔπαιζε μετ' αὐτοῦ, καὶ συν-εκάθευδεν αὐτῷ. Εἰς μέγιστον δὲ μέγεθος ἐλθὼν ὁ ὄφις ὑπὸ τῶν πολιτῶν εἰς ἐρημίαν ἀπ-ηλάθη. Ὕστερον δέ, ὡς ποτε ὁ παῖς, νεανίας γενόμενος, ἀπό τινος θέας ἐπανήκων, λῃσταῖς περι-έπεσε μετὰ τῶν ἡλίκων, βοῆς γενομένης, ἐξαίφνης ὁ ὄφις τῶν λῃστῶν τοὺς μὲν εἰς φυγὴν ἔτρεψε, τοὺς δὲ ἀπέκτεινεν, αὐτὸν δὲ περιέσωσεν.

47. — La fourmi et la colombe.

Μύρμηξ διψήσας, κατελθὼν εἰς πηγήν, παρασυρεὶς ὑπὸ τοῦ ῥεύματος, ἀπεπνίγετο. Περιστερὰ δέ, τοῦτο θεασαμένη, κλῶνα δένδρου περι-ελοῦσα εἰς τὴν πηγὴν ἔρριψεν, ἐφ' οὗ καθίσας ὁ μύρμηξ διεσώθη. Ὀρνιθευτὴς δέ τις μετὰ τοῦτο τοὺς καλάμους συνθεὶς τὴν περιστερὰν συλλαβεῖν παρεσκευάζετο. Τοῦτο δ' ὁ μύρμηξ ἑωρακὼς τὸν τοῦ ὀρνιθευτοῦ πόδα ἔδακεν. Ὁ δὲ ἀλγήσας τούς τε καλάμους ἔρριψε καὶ τὴν περιστερὰν αὐτίκα φυγεῖν ἐποίησεν.

Δεῖ τοῖς εὐεργετήσασι χάριν ἀποδιδόναι.

48. — Maximes.

Χάριν λαβὼν εὔκαιρον, ἐν καιρῷ δίδου.
Ἀφεὶς τὰ φανερά, μὴ δίωκε τἀφανῆ[1].
Κούφως φέρειν δεῖ τὰς παρ-εστώσας τύχας.
Λαβὼν ἀπόδος, ἄνθρωπε, καὶ λήψει πάλιν.

VERBES EN μι SANS REDOUBLEMENT

49. — Une citation d'Homère.

Ὁ Στρατόνικος, παρα-κληθεὶς ποτε ἀκοῦσαι κιθα-
ρῳδοῦ, μετὰ τὴν ἀκρόασιν ἔφη ·

Τῷδ' ἕτερον μὲν ἔδωκε πατήρ[2], ἕτερον δ' ἀν-ένευσεν.

Καί τινος εἰπόντος · « Πῶς τοῦτο λέγεις; » ἔφη ·
« Κακῶς μὲν κιθαρίζειν ἔδωκεν, ᾄδειν δὲ καλῶς ἀνέ-
νευσεν. »

50. — Maximes.

Ἐν ἐλπίσιν χρὴ τοὺς σοφοὺς ἔχειν βίον.
Ἄελπτον οὐδέν, πάντα δ' ἐλπίζειν χρεών.
Πάντες καλῶς ζῆν θέλομεν, ἀλλ' οὐ δυνάμεθα.
Ἄριστόν ἐστιν πάντ' ἐπίστασθαι καλά.

51. — Le trompette.

Σαλπιστής τις ἐν μάχῃ κρατηθεὶς ὑπὸ τῶν πολεμίων
ἐβόα, ὠχρὸς γενόμενος ὑπὸ δέους · « Μὴ ἀποκτείνετέ
με, ὦ ἄνδρες, εἰκῆ καὶ μάτην · οὐδένα γὰρ ὑμῶν ἀπέ-
κτεινα · πλὴν γὰρ τοῦ χαλκοῦ τούτου, οὐδὲν ἄλλο κέκτη-
μαι. » Οἱ δὲ πρὸς αὐτὸν ἔφασαν · « Διὰ τοῦτό γε
μᾶλλον τεθνήξεις, ὅτι σύ, οὐ δυνάμενος πολεμεῖν, τοὺς
ἄλλους πρὸς μάχην ἐγείρεις. »

[1] Crase pour τὰ ἀφανῆ. — [2] Le père des dieux, Jupiter. Ce vers
est tiré de l'*Iliade*, xvi, 250.

52. — La mauvaise fièvre.

Πρὸς δύσκολον προσελθὼν ἰατρὸς καὶ ἁψάμενος αὐτοῦ εἶπε · « Κακῶς πυρέττεις. » Ὁ δὲ δυσχεραίνων ἔφη · « Εἰ σὺ δύνασαι πυρέττειν βέλτιον, ἰδοὺ κλίνη, κατα-κλινεὶς πύρεττε. »

AORISTES SECONDS EN ην ET EN ων

53. — Le chien, le coq et le renard.

Κύων καὶ ἀλεκτρυών, ἑταιρείαν ποιησάμενοι, ὤδευον. Ἑσπέρας δὲ γενομένης, ὁ μὲν ἀλεκτρυὼν ἐπὶ φηγοῦ ἐκά-θευδεν ἀναβάς, ὁ δὲ κύων πρὸς τῇ ῥίζῃ τοῦ δένδρου, κοίλου ὄντος. Τοῦ δὲ ἀλεκτρυόνος κατὰ τὸ εἰωθὸς νύκτωρ φωνήσαντος, ἀλώπηξ ἀκούσασα πρὸς αὐτὸν ἔδραμε, καὶ στᾶσα κάτωθεν πρὸς ἑαυτὴν κατελθεῖν ἠξίου · ἐπιθυμεῖν γὰρ ζῷον ἀγαθὴν οὕτω φωνὴν ἔχον ἀσπάσασθαι. Τοῦ δὲ εἰπόντος τὸν θυρωρὸν πρότερον ἐγεῖραι, κάτω καθεύδοντα, ἵνα ἐκείνου ἀνοίξαντος δύναιτο κατελθεῖν, κἀκείνης ζη-τούσης αὐτῷ διαλεχθῆναι, ὁ κύων, αἰφνιδίως πηδήσας, αὐτὴν διέσπασεν.

54. — Maximes.

Σοφοῖς ὁμιλῶν καὐτὸς ἐκβήσει σοφός ·
κακοῖς ὁμιλῶν καὐτὸς ἐκβήσει κακός.

55. — Les miracles du Christ.

Ὁ Θεὸς ἄνθρωπός ποτε ἐγένετο, ἵνα τῶν ἀνθρώπων ἰάσαιτο τὰς νόσους. Ὁ Χριστὸς οὖν ἤει διὰ τῆς Γαλι-λαίας πάντας εὐεργετῶν, πάντες δὲ οἱ δυστυχεῖς αὐτῷ προσῄεσαν. Ἐν τούτῳ τῷ χρόνῳ ἐδυνήθησαν οἱ τυφλοὶ βλέψαι τὸ τοῦ ἡλίου φέγγος, καὶ οἱ χωλοὶ πρότερον μόλις βαδίζοντες ὥσπερ νεβροὶ ἥλαντο, καὶ οἱ κωφοὶ ἠκροά-σαντο τῆς τῶν ὀρνίθων ᾠδῆς, καὶ δὴ καὶ πολλοὶ τῶν τεθνεώτων ἀνεβίωσαν.

VERBES EN νυμι

56. — Paroles de Thémistocle.

Θεμιστοκλῆς ἑαυτὸν ᾔκαζε ταῖς δρυσί, λέγων ὅτι ἐκείνας ὑπέρχονται οἱ ἄνθρωποι, ὅταν ὕῃ, τὴν σκέπην τῶν κλάδων ζητοῦντες· ὅταν δέ, οὔσης εὐδίας, παρίωσι, τίλλουσιν αὐτὰς καὶ τοὺς κλῶνας καταγνύασιν.

Ὁ δὲ αὐτὸς ἔλεγεν· « Εἴ μοί τις ὁδοὺς δύο δείξειε, τὴν μὲν εἰς τὸ βάραθρον φέρουσαν, τὴν δὲ ἐπὶ τὸ βῆμα, ἥδιον ἂν τὴν ἑτέραν ἴοιμι[1]. »

57. — Le moucheron et le lion.

Κώνωψ πρὸς λέοντα ἐλθὼν εἶπεν· « Οὐ φοβοῦμαί σε, οὐδὲ δυνατώτερός μου εἶ· τίς γάρ σοί ἐστιν ἡ δύναμις; ὅτι σπαράττεις τοῖς ὄνυξι καὶ δάκνεις τοῖς ὀδοῦσι; τοῦτο καὶ γυνὴ τῷ ἀνδρὶ μαχομένη ποιεῖ. Ἐγὼ δὲ πολύ εἰμί σου ἰσχυρότερος. Εἰ δὲ ἐθέλεις, ἔλθωμεν εἰς πόλεμον. » Καὶ σαλπίξας ὁ κώνωψ ἐπ-έθετο δάκνων τὰ περὶ τὰς ῥῖνας[2] αὐτοῦ. Ὁ δὲ λέων τοῖς ἰδίοις ὄνυξι ἐσπάραττεν ἑαυτόν, τοσοῦτον ἠγανάκτει. Ὁ δὲ κώνωψ, νικήσας τὸν λέοντα, ἐπινίκιον ᾄσας, ἔπτετο. Ἀράχνης δὲ ὑφάσματι ἐμπλακείς, τρωγόμενος ἀπ-ωδύρετο ὅτι μεγίστοις πολεμήσας, ὑπ' εὐτελοῦς ζώου, τῆς ἀράχνης, ἀπ-ώλετο.

58. — Le joueur impatient.

Δυσκόλου τινὸς πεττεύοντος, παρακαθήμενός τις ἀργὸς ἐθεᾶτο καὶ ἐφλυάρει. Ὁ δὲ ἀγανακτῶν ἠρώτησε· « Τίς σοι τέχνη; καὶ διὰ τί ἀργεῖς; » Ὁ δὲ· « Ῥάπτης μέν εἰμι, ἔφη, ἔργον δὲ οὐκ ἔχω. » Διαρρηξάμενος οὖν τὴν χλαῖναν καὶ ἐπιδούς· « Ἰδού, ἔφη, λαβὼν ἐργάζου καὶ σιώπα. »

1 On dit en grec aller un chemin. — 2 Cf. Syntaxe, § 155.

59. — Maximes.

Νέος πεφυκὼς πολλὰ χρηστὰ μάνθανε ·
οὐκ ἔστι σοφίας κτῆμα τιμιώτερον.
Ἰὸς πέφυκεν ἀσπίδος κακὴ γυνή.
Ἔνεγκε λύπην καὶ βλάβην ἐρρωμένως.

60. — Le lion, le loup et le renard.

Λέων γηράσας ἐνόσει κατακεκλιμένος ἐν ἄντρῳ. Παρῆσαν δ' ἐπισκεψόμενα τὸν βασιλέα, πλὴν ἀλώπεκος, τἄλλα ζῷα. Ὁ τοίνυν λύκος, λαβόμενος εὐκαιρίας, ἐβάσκαινε παρὰ τῷ λέοντι τὴν ἀλώπεκα, ὡς παρ' οὐδὲν τιθεμένης τὸν πάντων αὐτῶν κρατοῦντα καὶ διὰ ταῦτα οὐδ' εἰς ἐπίσκεψιν ἀφιγμένης. Ἐν τούτῳ δὲ παρῆν καὶ ἡ ἀλώπηξ, καὶ τῶν ὑστάτων ἠκροάσατο τοῦ λύκου ῥημάτων. Ὁ μὲν οὖν λέων, αὐτὴν δριμὺ βλέπων, ἐβρυχᾶτο. Ἡ δ' ἀπολογίας καιρὸν αἰτήσασα · « Καὶ τίς, ἔφη, τῶν συνελθόντων τοσοῦτόν σε ὠφέλησεν ὅσον ἐγώ, πανταχόσε περινοστήσασα, καὶ θεραπείαν ὑπὲρ σοῦ παρ' ἰατροῦ ζητήσασα καὶ μαθοῦσα; » Τοῦ δὲ λέοντος εὐθὺς τὴν θεραπείαν εἰπεῖν κελεύσαντος, ἐκείνη φησίν · « Εἰ, λύκον ζῶντα ἐκδείρας, αὐτοῦ τὴν δορὰν θερμὴν ἀμφιέσει. » Καὶ τοῦ λύκου κειμένου, ἡ ἀλώπηξ γελῶσα εἶπεν · « Οὕτως οὐ χρὴ τὸν δεσπότην πρὸς δυσμένειαν προτρέπειν, ἀλλὰ πρὸς εὐμένειαν. »

Ὁ καθ' ἑτέρου μηχανώμενος καθ' ἑαυτοῦ τὴν πάγην περιτρέπει.

61. — Les deux poltrons.

Δειλῶν δύο, τῶν πολεμίων ἐξαίφνης ἐμβαλόντων, ὁ μὲν εἰς φρέαρ κατέδυ, ὁ δὲ ἐν καλάμοις ἑαυτὸν ἔκρυψεν. Τῶν δὲ πολεμίων τινὸς ὕδωρ ἀρύσασθαι βουλομένου καὶ κράνος εἰς τὸ φρέαρ καθέντος, ὁ δειλὸς, νομίζων στρατιώτην κατιέναι, ἱκετεύων ἐλήφθη. Ὡς δὲ ἔφασαν οἱ στρατιῶται γελάσαντες · « Ὦ μῶρε, εἰ ἐσιώπησας, παρήλθομεν ἄν σε, » ἀκούσας ὁ ἕτερος ὁ ἐν τοῖς καλάμοις ἐβόησεν · « Οὐκοῦν ἐμὲ παρέλθετε · σιωπῶ γάρ. »

ADJECTIFS VERBAUX

62. — Comment Socrate guérit Alcibiade de la peur.

Ὁ Ἀλκιβιάδης ἐδεδίει πάνυ σφόδρα εἰς τὸν δῆμον παρελθεῖν · θαρρύνων δὲ αὐτὸν καὶ παρορμῶν ὁ Σωκράτης · « Οὐ καταφρονεῖς, ἔφη, ἐκείνου τοῦ σκυτοτόμου; » τὸ ὄνομα ἐπ-ειπὼν αὐτοῦ. Φήσαντος δὲ τοῦ Ἀλκιβιάδου, ὑπολαβὼν πάλιν ὁ Σωκράτης · « Ἔτι δὲ ἐκείνου τοῦ ἐν τοῖς κύκλοις κηρύττοντος ἢ ἐκείνου τοῦ καπήλου; » Ὁμολογοῦντος δὲ τοῦ μειρακίου · « Οὐκοῦν, ἔφη ὁ Σωκράτης, ἐπεὶ ὁ δῆμος ἐκ τοιούτων σύγκειται, εἰ τούτων καθ' ἕνα καταφρονεῖς, καταφρονητέον καὶ ἠθροισμένων. »

ADVERBES

63. — Le sapin.

Τέκτονές ποτε ἔσχιζον πεύκην, σφῆνας ἐξ αὐτῆς ποιοῦντες, οἷς ἔπειτα ῥᾳδίως ἔσχιζον σανίδας. Ἡ δὲ ὑπ' ὀδύνης ἐθρήνει ὀλολύζουσα ὧδε · « Οὐ τοσοῦτον νῦν μέμφομαι τὴν ἀξίνην τὴν κόπτουσάν με ταῖς χερσὶν τῶν ἀνθρώπων ὅσον τοὺς ἐξ ἐμοῦ σφῆνας γεγενημένους. »

64. — Le chien et le lièvre.

Κύων λαγὼν διώξας ἐκράτησε · καὶ τοτὲ μὲν ἔδακνε, τοτὲ δὲ σαίνων ἐφιλοφρονεῖτο. Καὶ ὁ λαγὼς εἶπεν · « Εἰ μὲν φίλος εἶ, τί δάκνεις; εἰ δὲ ἐχθρός, τί σαίνεις οὐρᾷ; »

65. — Maximes.

Οὐκ ἔστι βίον εὑρεῖν ἄλυπον οὐδενί ·
ζῶμεν γὰρ οὐχ ὡς θέλομεν, ἀλλ' ὡς δυνάμεθα.
Ἔνιοι κακῶς φρονοῦσι πράττοντες καλῶς.
Ὡς εὐκόλως πίπτουσιν αἱ λαμπραὶ τύχαι!
Ὡς μέγα τὸ μικρόν ἐστιν ἐν καιρῷ δοθέν!
Ἀνεξέταστον μὴ κόλαζε μηδένα.
Θνητὸς πεφυκὼς τοὐπίσω πειρῶ βλέπειν.
Μακάριος ὅστις εὐτυχῶν οἴκοι μένει ·
τί γὰρ πατρῴας ἀνδρὶ φίλτερον χθονός;
Σιγή ποτ' ἐστὶν αἱρετωτέρα λόγου.
Ὡς πολλὰ θνητοῖς ἡ σχολὴ ποιεῖ κακά!

66. — Socrate confond la vanité d'Alcibiade.

Ὁρῶν ὁ Σωκράτης τον Ἀλκιβιάδην ἀγαλλόμενον ἐπὶ τῷ πλούτῳ καὶ μέγα φρονοῦντα ἔτι πλέον ἐπὶ τοῖς ἀγροῖς, ἤγαγεν αὐτὸν εἴς τινα τῆς πόλεως τόπον ἔνθα ἀνέκειτο πινάκιον ἔχον γῆς περίοδον, καὶ προσέταξεν αὐτῷ τὴν Ἀττικὴν ἐνταῦθ' ἀναζητεῖν. Ὡς δ' εὗρε, προσέταξεν αὐτῷ τοὺς ἀγροὺς τοὺς ἰδίους ἀθρῆσαι. Τοῦ δὲ εἰπόντος · « Ἀλλ' οὐδαμοῦ γεγραμμένοι εἰσίν. — Ἐπὶ τούτοις οὖν, ἔφη, μέγα φρονεῖς, οἵπερ οὐδὲ μέρος τῆς γῆς εἰσιν; »

67. — Simplicité.

Ἀνόητος ἄνθρωπος μετὰ δύο ἑταίρων διελέγετο. Καὶ τοῦ μὲν εἰπόντος · « Ἄδικόν ἐστι πρόβατον ἀποσφάττειν, γάλα γὰρ ἡμῖν καὶ ἔρια φέρει, » τοῦ δὲ ἑτέρου λέγοντος · « Οὐδὲ βοῦν ἀναιρεῖν προσήκει γάλα παρέχουσαν καὶ ἀροῦσαν, » εἶπεν ὁ μῶρος · « Ἀλλ' οὐδὲ χοῖρον δίκαιον ἀποκτείνειν ἧπαρ παρέχοντα καὶ κωλῆν καὶ κρέα ἥδιστα. »

68. — Aristote et le bavard

Ἀδολέσχης τις, ἐπειδὴ πολλὰ ἐλήρησεν, εἶπεν Ἀριστοτέλει · « Μή σοι ὀχληρὸς ἐγενόμην; — Οὐ μὰ τὸν Δία, ἔφη · οὐ γὰρ προσέσχον σοι τὸν νοῦν. »

PRÉPOSITIONS

69. — Le lion et le renard

Λέων γηράσας καὶ οὐ δυνάμενος διαρκέσαι αὑτῷ εἰς τροφὴν ἔγνω δι᾽ ἐπινοίας τι πρᾶξαι. Παραγενόμενος τοίνυν ἐν σπηλαίῳ τινὶ καὶ κατακλινθεὶς προσεποιεῖτο νοσεῖν. Παραγενόμενα οὖν τὰ ζῷα ἐπισκέψεως χάριν συλλαμβάνων κατ-ήσθιεν. Πολλῶν οὖν ζῴων ἀν-αλωθέντων, ἀλώπηξ, τὸ τέχνασμα τοῦτο γνοῦσα, παρεγένετο μὲν πρὸς αὐτόν, στᾶσα δ᾽ ἔξωθεν τοῦ σπηλαίου ἐπυνθάνετο πῶς ἔχοι. Τοῦ δὲ εἰπόντος · « Κακῶς », καὶ τὴν αἰτίαν πυνθανομένου δι᾽ ἣν οὐκ εἰσέρχοιτο, ἡ ἀλώπηξ ἔφη · « Ὅτι ὁρῶ ἴχνη πολλῶν εἰσιόντων, ὀλίγων δὲ ἐξιόντων. »

Ὁ μῦθος δηλοῖ ὅτι οἱ φρόνιμοι τῶν ἀνθρώπων ἐκ τεκμηρίων τινῶν προορώμενοι τοὺς κινδύνους ἐκφεύγουσιν.

70. — Bons mots d'Aristippe.

Ἀρίστιππος ἐρωτηθεὶς ὑπὸ Διονυσίου · « Διὰ τί οἱ μὲν φιλόσοφοι ἐπὶ τὰς τῶν πλουσίων θύρας φοιτῶσιν, οἱ δὲ πλούσιοι ἐπὶ τὰς τῶν φιλοσόφων οὐχί; » ἀπεκρίνατο · « Ὅτι οἱ μὲν ἴσασιν ὧν δέονται, οἱ δὲ οὐκ ἴσασιν. »

Εἰπόντος τινός · « Ὁρῶ ἀεὶ τοὺς φιλοσόφους πρὸς ταῖς τῶν πλουσίων θύραις, » ὁ Ἀρίστιππος ἔφη · « Καὶ γὰρ τοὺς ἰατροὺς ὁρᾷς πρὸς ταῖς τῶν νοσούντων. Ἀλλὰ τίς ἂν διὰ τοῦτο ἕλοιτο νοσεῖν μᾶλλον ἢ ἰατρεύειν; »

71. — La brebis tondue.

Πρόβατον ἀφυῶς κειρόμενον πρὸς τοὺς κείροντας ἔφη·
« Εἰ μὲν ἔρια ζητεῖτε, ἀνωτέρω τέμνετε· εἰ δὲ κρέως
ἐπιθυμεῖτε, ἅπαξ με καταθύσατε, καὶ μὴ κατὰ μικρὸν
βασανίσητε. »

72. — Maximes.

Πρὸς υἱὸν ὀργὴν οὐκ ἔχει χρηστὸς πατήρ.

Ὑπὲρ σεαυτοῦ μὴ φράσῃς ἐγκώμια.

Ἰδίαν κατὰ φρόνησιν οὐδεὶς εὐτυχεῖ.

Βίον πορίζου πάντοθεν, πλὴν ἐκ κακῶν.

Ἅπανθ' ὁ λιμὸς γλυκέα, πλὴν αὑτοῦ, ποιεῖ.

Ἀνδρὸς χαρακτὴρ ἐκ λόγου γνωρίζεται.

Ἰατρὸς ὁ λόγος τοῦ κατὰ ψυχὴν πάθους·

λύπην γὰρ εὔνους οἶδεν ἰᾶσθαι λόγος.

Ῥῆμα παρὰ καιρὸν ῥιφθὲν ἀνατρέπει βίον.

Ἀνδρῶν πονηρῶν ὅρκον εἰς τέφραν γράφε.

Οὐδεὶς μετ' ὀργῆς ἀσφαλῶς βουλεύεται·

γίγνου δ' ἐς ὀργὴν μὴ ταχὺς γ', ἀλλὰ βραδύς·

ἔξω γὰρ ὀργῆς πᾶς ἀνὴρ σοφώτερος.

Ὀργῆς χάριν τὰ κρυπτὰ μὴ ἐκφάνῃς φίλου.

Πάντ' ἐκκαλύπτων ὁ χρόνος εἰς τὸ φῶς ἄγει.

73. — Le temple de Salomon.

Ὁ Σολόμων, τῷ Κυρίῳ ἱερὸν οἰκοδομεῖν βουλόμενος,
παμπόλλους δημιουργοὺς καὶ βαναύσους καὶ θῆτας συν-
ήθροισε. Καὶ εὐθὺς οἱ ὑλοτόμοι τὰ πρέμνα τῶν δένδρων
πρίουσι καὶ ἀπὸ κάλω ἕλκουσιν, οἱ δὲ μεταλλεῖς τὰ μέ-
ταλλα ὀρύττουσι, οἱ δὲ λιθολόγοι, θεμελίους καὶ κρηπῖδα
λιθίνην ἐν τῇ ἀκροπόλει κτίσαντες, τοίχους πλίνθοις
κεραμέαις ἱδρύουσιν ἄχρι τῶν νεφῶν, οἱ δὲ γλυφεῖς γλύ-
φουσι τοὺς κίονας, οἱ δὲ ὑφάνται ποικίλους πέπλους
ὑφαίνουσιν, οἱ δὲ τέκτονες, κανόσι καὶ γόμφοις καὶ ἥλοις

χρώμενοι, ἐπείγονται, τὸν νεὼν ἐρέφοντες τοῖς ἐκ Λιβάνου ξύλοις. Ἐν δὲ ταῖς γωνίαις πύργους ὑψηλοὺς ᾠκοδόμησεν ὁ βασιλεύς, καὶ στοὰς ἐν τῷ περιβόλῳ καὶ μετέωρα οἰκήματα τοῖς ἱερεῦσι.

Ἐν τούτῳ τῷ νεῷ οὐδὲν ἦν Θεοῦ σχῆμα ἢ ἄγαλμα, ἀλλὰ μόνον ἡ τῆς διαθήκης κιβωτὸς καὶ οἱ ἱεροὶ βωμοί.

74. — Une mauvaise explication.

Σκαιός τις ἐπ' ὄνῳ καθήμενος παρὰ κῆπον παρῄει · ἰδὼν δὲ συκῆς κλάδον ἐξέχοντα ὡραίων σύκων πλήρη, ἐπὶ τοῦ ὄνου ὀρθὸς ἀνεστηκὼς ἐπελάβετο τοῦ κλάδου. Ἐκδραμόντος δὲ τοῦ ὄνου, ἐξεκρέματο · προσδραμόντος δὲ τοῦ κηπουροῦ καὶ ἐρωτῶντος · « Τί ποιεῖς ἐκεῖ κρεμάμενος; » ἀπεκρίνατο · « Ἀπὸ τοῦ ὄνου πέπτωκα. »

75. — La femme de l'ivrogne.

Γυνή τις ἄνδρα κομιδῇ μεθυστικὸν εἶχε · τοῦ δὲ πάθους αὐτὸν ἀπαλλάξαι βουλομένη, τοιόνδε τι σοφίζεται. Κατακεκοιμημένον γὰρ αὐτὸν βαθέως ὑπὸ τῆς μέθης παρατηρήσασα καὶ νεκροῦ δίκην ἀναίσθητον ὄντα, ἐπ' ὤμων ἄρασα, ἐπὶ τὸ πολυάνδριον ἐνεγκοῦσα κατέθηκε, καὶ ἀπῆλθεν. Ἡνίκα δ' αὐτὸν ἤδη ἀνανήφειν ἐστοχάσατο, προσελθοῦσα, τὴν θύραν ἔκοπτε τοῦ πολυανδρίου. Ἐκείνου δὲ φήσαντος · « Τίς ὁ τὴν θύραν κόπτων; » ἡ γυνὴ ἀπεκρίνατο · « Ὁ τοῖς νεκροῖς τὰ σιτία κομίζων ἐγὼ πάρειμι. » Κἀκεῖνος · « Μή μοι φαγεῖν, ἀλλὰ πιεῖν, ὦ βέλτιστε, μᾶλλον ἔνεγκε · λυπεῖς γάρ με, βρώσεως, ἀλλ' οὐ πόσεως μνημονεύων. » Ἡ δέ, τὸ στῆθος πατάξασα · « Οἴμοι τῇ δυστυχεῖ, φησίν · οὐδὲν γὰρ τοῦτο σοφισαμένη ὤνησα · σὺ γάρ, ἄνερ, οὐ μόνον οὐκ ἐπαιδεύθης, ἀλλὰ καὶ χείρων σαυτοῦ[1] γέγονας, εἰς ἕξιν σοι καταστάντος τοῦ πάθους. »

[1] Χείρων σαυτοῦ, *pire que tu n'étais.* Cf. *Gr. gr.*, § 190, rem.

Ὁ μῦθος δηλοῖ ὅτι οὐ δεῖ ταῖς κακαῖς πράξεσιν ἐγχρο-
νίζειν. Ἔστι γὰρ ὅτε[1] καὶ ἄκοντι τῷ ἀνθρώπῳ τὸ ἔθος
ἐπιτίθεται.

CONJONCTIONS

76. — La belette.

Γαλῆ, εἰς ἐργαστήριον εἰσελθοῦσα χαλκέως, τὴν ἐκεῖ
κειμένην ἔλειχε ῥίνην. Ξυομένης δὲ τῆς γλώττης, αἷμα
πολὺ ἐρρύη. Ἡ δὲ ἥδετο, νομίζουσά τι τοῦ σιδήρου
ἀφαιρεῖν, μέχρι οὗ παντελῶς πᾶσαν τὴν γλῶτταν ἀνή-
λωσεν.

Ὁ μῦθος πρὸς τοὺς ἐν φιλονεικίαις ἑαυτοὺς βλάπτοντας.

77. — Avis aux orateurs.

Τὸν μὴ λέγοντά τῶν δεόντων μηδὲ ἓν
μακρὸν νόμιζε, κἂν δύ' εἴπῃ συλλαβάς.
Τὸν δ' εὖ λέγοντα μὴ νόμιζ' εἶναι μακρόν,
μηδ' ἂν σφόδρ' εἴπῃ πολλὰ καὶ πολὺν χρόνον.
Τεκμήριόν δὲ τοῦδε τὸν Ὅμηρον λαβέ ·
οὗτος γὰρ ἡμῖν μυριάδας ἐπῶν γράφει,
ἀλλ' οὐδὲ εἰς Ὅμηρον εἴρηκεν μακρόν. (Philémon.)

78. — Le renard et le bouc.

Ἀλώπηξ καὶ τράγος διψῶντες εἰς φρέαρ κατέβησαν.
Ἐπειδὴ δὲ ἔπιον, τοῦ τράγου σκοποῦντος τὴν ἄνοδον, ἡ
ἀλώπηξ ἔφη · « Θάρρει, χρήσιμόν τι καὶ εἰς τὴν ἀμφο-
τέρων σωτηρίαν ἐπινενόηκα. Εἰ γὰρ ὀρθὸς σταθεὶς τοὺς
ἐμπροσθίους τῶν ποδῶν πρὸς τὸν τοῖχον ἐρείσεις καὶ τὰ
κέρατα ὁμοίως εἰς τοὔμπροσθεν[2] κλινεῖς, ἀναβᾶσα διὰ
τῶν σῶν ἐγὼ νώτων καὶ κεράτων καὶ ἔξω τοῦ φρέατος

[1] Ἔστιν ὅτε équivaut à ἐνίοτε. — [2] Crase pour τὸ ἔμπροσθεν.

ἐκεῖθεν πηδήσασα, καί σε μετὰ τοῦτο ἀνασπάσω ἐνθένδε.»
Τοῦ δὲ τράγου τούτῳ τῷ λόγῳ ἑτοίμως ὑπηρετήσαντος,
ἐκείνη τοῦ φρέατος οὕτως ἐκπηδήσασα ἐσκίρτα περὶ τὸ
στόμιον ἡδομένη. Ὁ δὲ τράγος αὐτῇ ἐμέμφετο ὅτι παρα-
βαίνοι τὰς συνθήκας. Ἡ δέ · « Ἀλλ᾽ εἰ τοσαύτας, ἔφη,
φρένας ἐκέκτησο ὁπόσας ἐν τῷ πώγωνι τρίχας, οὐ πρό-
τερον[1] ἂν κατέβης πρὶν τὴν ἄνοδον σκέψασθαι. »

Ὁ μῦθος δηλοῖ ὅτι τὸν φρόνιμον ἄνδρα δεῖ πρότερον
τὰ τέλη σκοπεῖν τῶν πραγμάτων πρὶν αὐτοῖς ἐγχειρεῖν.

79. — Le chat et les rats.

Ἐν οἰκίᾳ τινὶ πολλῶν μυῶν ὄντων, αἴλουρος τοῦτο
γνοὺς ἧκεν ἐνταῦθα, καὶ καθ᾽ ἕκαστον αὐτῶν συλλαμ-
βάνων κατήσθιεν. Οἱ δὲ, ὁρῶντες ὅτι καθ᾽ ἑκάστην ἡμέ-
ραν ἀναλίσκοιντο, ἔφασαν πρὸς ἀλλήλους · « Μηκέτι
κάτω κατέλθωμεν, ἵνα μὴ παντάπασιν ἀπολώμεθα · τοῦ
γὰρ αἰλούρου οὐ δυναμένου δεῦρο ἐξικνεῖσθαι, ἡμεῖς σωθη-
σόμεθα. » Ὁ δὲ αἴλουρος, τῶν μυῶν οὐκέτι κατιόντων,
ἔγνω δι᾽ ἐπινοίας αὐτοὺς σοφιζόμενος ἐκκαλέσασθαι. Ἑαυ-
τὸν οὖν ἀπὸ παττάλου τινὸς ἐκρέμασε, καὶ προσεποιεῖτο
νεκρὸς εἶναι. Τῶν δὲ μυῶν τις παρακύψας καὶ ἰδὼν
αὐτὸν ἔφη · « Ὦ οὗτος, κἂν θύλακος γένῃ, οὐ πρόσ-
ειμί σοι. »

Ὁ μῦθος δηλοῖ ὅτι τῶν ἀνθρώπων οἱ φρόνιμοι, ὅταν
τῆς ἐνίων μοχθηρίας πειραθῶσιν, οὐκέτι αὐτῶν ἀπα-
τῶνται ταῖς πανουργίαις.

80. — Maximes.

Θεὸν ἐπιορκῶν μὴ δόκει λεληθέναι ·
ὅρκον δὲ φεῦγε, κἂν δικαίως ὀμνύῃς.
Ὡς οὐδὲν ἡ μάθησις, ἂν μὴ νοῦς παρῇ!

[1] Πρότερον ne sert qu'à annoncer πρίν (Syntaxe, § 278).

81. — L'étang desséché.

Δύο τινὲς ἀδελφοὶ τὸν πατρῷον κλῆρον ἤθελον μερίζεσθαι. Ἦν δ' ἐν τῷ κλήρῳ λίμνη, καὶ ταύτην ἑκάτερος ἐβούλετο πᾶσαν ἔχειν. Εἰς ἐκεῖνον τὸν τόπον ἐλθὼν ὁ Γρηγόριος [1] παρεκάλει μὲν τοὺς νέους εἰς διαλλαγάς, ἀποφαίνων τὸ κέρδος τῆς φιλίας καὶ τῆς εἰρήνης. Ἄπρακτος δὲ ἦν ἡ παράκλησις αὐτοῦ · ἡ νεότης γὰρ ἐφλέγμαινε καὶ τῶν ἀδελφῶν ὁ θυμὸς ἐξεκαίετο. Στρατὸν οὖν ἀμφότεροι παρασκευάζονται, καὶ τὸν καιρὸν ὁρίζουσι τῆς συμπλοκῆς.

Μελλούσης ἄρα τῆς μάχης εἰς ὑστεραίαν συνάπτεσθαι, ὁ τοῦ Θεοῦ ἄνθρωπος παραμένει ἐν ταῖς ὄχθαις τῆς λίμνης. Καὶ διακαρτερήσας ἀγρυπνῶν τὴν νύκτα, τῇ εὐχῇ πᾶν τὸ ὕδωρ ἀθρόως ἀφανίζει · καὶ ἅμα τῷ ὄρθρῳ τὴν λίμνην καθορᾷ ἤπειρον ξηρὰν γενομένην · ὥστε ἡ λίμνη, πρὸ τῆς εὐχῆς πελαγίζουσα, οὐδὲν οὐκέτι ἐν τοῖς κοίλοις εἶχε τοῦ ὕδατος λείψανον. Οἱ δὲ ἀδελφοὶ ἥκοντες ἐπὶ τὸν πόλεμον, ὡς ἀντὶ λίμνης ὁρῶσι πεδίον, θαυμάζοντες, δακρύοντες, τὰ βέλη καὶ τὴν ἔχθραν ἀποβάλλοντες, φιλίαις χερσὶν ἀλλήλοις περιπλέκονται.

Καὶ νῦν ἔστι βλέπειν τῆς θείας κρίσεως ἐκείνης ἐναργῆ τὰ σημεῖα. Κύκλῳ γὰρ τῆς ποτε λίμνης, ἴχνη τινὰ τῆς τοῦ ὕδατος ἐπικλύσεως ἔτι καὶ νῦν διασῴζεται · ὅσον δὲ βύθιον ἦν, ἅπαν ἐστὶ νῦν ἄλσος καὶ οἴκησις καὶ λειμὼν καὶ ἀγροί.

82. — Conseils.

Ταπεινῶς διοίκει τὸν βίον · αἱ γὰρ κέδροι καὶ αἱ αἴγειροι πολλάκις τῷ κεραυνῷ σποδίζονται. Φιλεῖ γὰρ ὁ Θεὸς τὰ ὑπερέχοντα κολούειν.

Τοὺς μὲν θωπεύοντας φεῦγε, τοὺς δ' ἀσελγαίνοντας ὡς λοιμὸν βδελύττου.

[1] Saint Grégoire le Thaumaturge, évêque de Néocésarée, en Asie Mineure, mort en 270.

Τοὺς νέους πρέπει ἁπλοῦς εἶναι καὶ παρρησιάζεσθαι καὶ μὴ βλακικῶς ἔργου ἅπτεσθαι. Πολλοὶ μὲν οὖν αὐτῶν, οὔπω γενειῶντες, πολλὰ οὐκ εἰκότως ἀμφισβητεῖν εἰώθασι, καὶ, θρασεῖς ἢ αὐθάδεις ὄντες, γενναῖοι καὶ ἀνδρεῖοι εἶναι οἴονται. Πολλοὶ δὲ, ἁβροὶ ὄντες καὶ ταῖς ὑπερβολαῖς τῶν ἐπαίνων θρυπτόμενοι, ἔπειτα πεπήρωνται πρὸς ἀρετήν.

83. — Comparaisons et proverbes.

Ὥσπερ οἱ τετρημένοι καὶ σαθροὶ πίθοι τὸ ὕδωρ ἀφιᾶσιν, οὕτως οἱ ἄφρονες πανταχοῦ τὰ ἀπόρρητα θρυλοῦσιν.

Ἄκουε τριῶν παλαιῶν παροιμιῶν. Οἱ μύοντες τῶν τυφλῶν τυφλότατοί εἰσιν. Ὁ πίττης ἁπτόμενος μολύνεται. Ὅπου καπνός, ἔνθα πῦρ.

Ὅστις μὴ τὰ χρέα ἐκτίνει τὰ ἐπὶ τόκοις ὀφειλόμενα, οὐδὲ τὸ κεφάλαιον ἐκτείσει.

Μικρὸς σπινθὴρ μεγάλην φλόγα ἐγείρει, μικρὰ δὲ λέξις μεγάλην ὀργήν.

84. — Pensées diverses.

Ἐλάχιστον μὲν νόμισμά ἐστιν ὁ ὀβολός · δοθεὶς δὲ πτωχῷ τοῦ Θεοῦ ἕνεκα, μέγιστον γέρας τίκτει εἰς τὴν ἀΐδιον ζωήν.

Οὐδὲν ὠφελεῖ οὔτε ναῦς πηδάλιον ἢ ἱστίον μὴ ἔχουσα, οὔτε ἀνὴρ φρονήσεως ἐνδεής.

Ἕκαστον τῶν ζῴων ἴδιόν τι ἔχει. Ὁ γὰρ ἵππος ταῖς ὁπλαῖς καὶ τῇ χαίτῃ ἀγάλλεται, καὶ λακτίζει πρὸς κέντρον · ἡ δὲ κύων γνάθους ἰσχυρὰς ἔχει καὶ θαυμασίως πάντων ὀσφραίνεται · ὁ δ' ἐλέφας, καίπερ μέγιστος ὤν, τιθασὸς καὶ ἤπιός ἐστι τὸ ἦθος · ἡ δὲ χελώνη λεπίδα σκληροτάτην ἔχει καὶ τὰ ᾠὰ τεκοῦσα ψάμμῳ καλύπτει · οἱ δὲ γῦπες καὶ ἱέρακες καὶ ἰκτῖνοι ὑψηλότατα τὰς καλιὰς τιθέασιν.

85. — Les quatre saisons.

Τοῦ χειμῶνος, ὅτε οὐδὲν οὐκέτι χλωρὸν φαίνεται, ἀλλ᾽ ἐπὶ πᾶσιν ἐπιπάττει ὁ ἀὴρ λευκὴν πάχνην καὶ πάντα τὰ ἄνθη μαραίνεται, ἡδύ ἐστιν αὐγὰς πυρὸς ἐν τῇ ἑστίᾳ βλέψαι καὶ κώμοις χρῆσθαι εἰς ἀλλήλους. Τότε γὰρ ὑγρότερον πνεῖ ὁ ἄνεμος καὶ τὰ τῆς θαλάττης κύματα σφοδρότερον τὴν ἠϊόνα καὶ τὰς ἀκτὰς κατακλύζει. Ὑπὸ δὲ τοῦ ψύχους βήττουσι καὶ πτύουσιν ἅπαντες, καὶ οἱ παῖδες ἄκοντες καταλείπουσι τὴν μαλακὴν κοίτην, τέγγοντες δάκρυσι τὰς παρειάς.

Ἔαρος δέ, πάγου χυθέντος χλιαρῷ Ζεφύρῳ, θάλλουσιν αἱ δάφναι καὶ τὰ ἄλλα φυτεύματα, δρόσου σταγόσιν ἀφθόνως ἀρδόμενα. Εὐθὺς δὲ ἡ πόα ἀναφύεται καὶ ἡ χλόη γίγνεται ἀπὸ τῶν σπερμάτων · καὶ ὁ κριός, τοὺς θερινοὺς σηκοὺς καὶ νέαν βοτάνην ποθῶν, ἔμπροσθεν τοῦ ποιμνίου εἰς τὰ ὄρη ἀναβαίνει. Ὁ δὲ ποιμὴν συρίττει, ὕστατος βαίνων, ὑλακτεῖ δὲ μετὰ χαρᾶς ἡ κύων. Τότε ὁ ἐρέτης ἱλαρῶς τὴν πρῷραν τρέπει πρὸς τὴν ἅλα, καὶ ἐν μὲν τοῖς λειμῶσιν οἱ παῖδες ἴα καὶ κρίνα μύρου ὄζοντα δρέπουσιν, ἐν δὲ ταῖς ὕλαις ψιθυρίζουσιν ἀηδόνες καὶ πελειάδες. Νῦν οὖν, ὦ ποιηταί, τὰς λύρας ἁρμόττοντες, κηλεῖτε καὶ θέλγετε τὰ ἡμέτερα ὦτα.

Ἐν θέρει δὲ πάντα λιγυρὸν ὑπηχεῖ τῷ τῶν τεττίγων χορῷ. Καὶ ὁ μὲν ἁλιεύς, σκώληκα περὶ ἄγκιστρον δελεάζων ἢ κύρτον ἐν τοῖς καυλοῖς τῶν σχοίνων κρύπτων, τοὺς ἰχθῦς ἀγρεύει · ὁ δὲ θηρευτὴς ἄρκυσι τὰ θηρία αἱρεῖ, λαγὼ ἢ κάπρου εὐνὴν τηρήσας.

Ἡ δ᾽ ὀπώρα βότρυς καὶ σταφυλὰς παρέχει · καὶ οἱ παῖδες, τῶν μαθημάτων ἀπαλλαγμένοι, ἢ δίσκῳ τέρπονται ἢ καρποὺς δένδρων τρυγῶσιν.

86 — Pâques.

Ὁ τοῦ Θεοῦ Υἱός, ἐκ τῆς αἰωνίου ἕδρας ἀναστάς, εἰς τὴν γῆν κατέβη, ἵνα τὴν ἀπ᾽ ἀρχῆς κηλῖδα πλύνων καὶ καθαίρων, τὴν θείαν ἀρὰν παραιτοῖτο. Καὶ ὁ Θεός, πρότερον τοῖς ἀνθρώποις τὸν θάνατον ἀπειλήσας, νῦν, τοῦ Χριστοῦ τιμιώτατον ἡμῖν ἔρανον εἰσενεγκόντος, μοῖραν εὐτυχεστέραν ὑπισχνεῖται.

Διὸ καὶ ἔρρει τὰ πάλαι αἰνίγματα, προοίμιον τῆς καινῆς διαθήκης. Ἅλις τὴν ποινὴν τῆς ἁμαρτίας ἐξέτεισεν ἀνθ᾽ ἡμῶν ὁ θεῖος βραβεύς, καὶ σχέτλια μὲν παθών, φθίσιν δὲ σώματος ἁγνῶν, τὰς τῶν ἁγίων φυλὰς εἰς τοὺς οὐρανοὺς ἀνάγει.

Ἡ δὲ Ἐκκλησία, τῶν ἐθνῶν ἁγία τιθήνη, διδάσκει τοὺς ἀνθρώπους πανταχοῦ τῆς γῆς· καὶ τέως μὲν ἐξῆν τοῖς ἀσεβέσιν ἡμᾶς βασκαίνειν καὶ τὰ ἡμέτερα δημεύειν καὶ δὴ καὶ τὰ σώματα ἡμῶν βάπτειν ἐν λέβησι ἐλαίου ζέοντος πλήρεσιν, ἔπειτα δὲ αὐτοὺς ἐν μέρει ὁ Θεὸς ἐξήτασε καὶ παρὰ στάθμην ἤγαγε.

Χαίρετε οὖν, ἥρωες καὶ γίγαντες παλαιοί, καὶ θεοὶ ἀπηνεῖς, καὶ ἀκόλαστοι θεαί. Πρώην μὲν γὰρ ὁ Χριστός, κονδύλοις ἐπὶ κόρρης τυπτόμενος καὶ ἀνάξια παθών, ἐπὶ σταυροῦ ἀπέθανεν, καὶ χθὲς ἐν σινδόνι ἐτάφη· τήμερον δὲ ἐκ τῆς θήκης ἀνίσταται, ἀστράπτων ὥσπερ ὁ ἥλιος.

Ταῦτα τοίνυν τὰ κομψὰ θεάματα, οἷς τὼ χεῖρε πρότερον ἐκροτοῦμεν, κόρον ἡμῖν παρέχει νῦν, καὶ αἱ τῶν ποιητῶν φόρμιγγες οὐκέτι Ἀφροδίτην, Ἄρη, Ἄρτεμιν, Ἥραν, ἀνοσίους δαίμονας, ὑμνοῦσιν, ἀλλὰ τὸν Πατέρα καὶ τὸν Υἱὸν καὶ τὸ ἅγιον Πνεῦμα.

SYNTAXE

SYNTAXE DES PROPOSITIONS INDÉPENDANTES

RÈGLES D'ACCORD

87. — La vipère et le renard.

Ἔχις ἐπὶ δέσμῃ ἀκανθῶν κατὰ ποταμόν τινα ἐφέρετο. Ἀλώπηξ δὲ παριοῦσα, ὡς ἐθεάσατο αὐτόν, εἶπεν · « Ἄξιος τῆς νεὼς ὁ ναύκληρος. »

88. — Les loups et les moutons.

Καθ' ὃν χρόνον ὁμόφωνα ἦν τὰ ζῷα, πόλεμον οἱ λύκοι τοῖς προβάτοις συνῆψαν. Τῶν δὲ κυνῶν συμμαχούντων καὶ τοὺς λύκους ἀποσοβούντων, οἱ λύκοι πρεσβευτὴν ἀποστείλαντες ἐκέλευσαν τὰ πρόβατα, εἰ βούλοιντο βιῶναι ἐν εἰρήνῃ καὶ μηδένα πόλεμον ὑποπτεύειν, τοὺς κύνας αὐτοῖς ἐκδοῦναι. Τῶν δὲ προβάτων ὑπ' ἀνοίας πεισθέντων καὶ τοὺς κύνας ἐκδεδωκότων, οἱ λύκοι τούς τε κύνας ἐσπάραξαν καὶ τὰ πρόβατα ῥᾷστα διέφθειραν.

89. — Maximes.

Ἀεὶ κράτιστόν ἐστι τἀληθῆ λέγειν.
Ἀρετὴ μέγιστον τῶν ἐν ἀνθρώποις καλῶν.
Ἡδύ γε πατὴρ φρόνησιν ἀντ' ὀργῆς ἔχων.
Ἴσον λεαίνης καὶ γυναικὸς ὠμότης.
Ἰσχυρὸν ὄχλος ἐστίν, οὐκ ἔχει δὲ νοῦν.

Ἀνδρὸς τὰ προσπίπτοντα γενναίως φέρειν.
Πόνου μεταλλαχθέντος, οἱ πόνοι γλυκεῖς·
πόνος γὰρ, ὡς λέγουσιν, εὐκλείας πατήρ.

SYNTAXE DE L'ARTICLE

90. — L'agriculture.

Καλῶς ἐκεῖνος εἶπεν ὃς ἔφη τὴν γεωργίαν τῶν ἄλλων τεχνῶν μητέρα καὶ τροφὸν εἶναι. Εὖ μὲν γὰρ φερομένης τῆς γεωργίας, ἔρρωνται καὶ αἱ ἄλλαι τέχναι ἅπασαι καὶ κατὰ γῆν καὶ κατὰ θάλατταν. Ἔστι δὲ ἡ γεωργία οἴκου αὔξησις καὶ σωμάτων ἄσκησις· τοὺς γὰρ γεωργοῦντας ἀνδρίζει πρωΐ τε ἐγείρουσα καὶ πορεύεσθαι σφοδρῶς ἀναγκάζουσα. (XÉNOPHON.)

91. — Maximes.

Ὁ χρόνος ἁπάσης ἐστὶν ὀργῆς φάρμακον.
Γυναικὶ κόσμος ὁ τρόπος, οὐ τὰ χρυσία.
Ἱστοὶ γυναικῶν ἔργα, κοὐκ ἐκκλησίαι.

92. — Le renard et la panthère.

Στικτή ποτε πάρδαλις ἐκαυχᾶτο φορεῖν ἁπάντων ζώων ποικιλώτερον δέρμα. Πρὸς ἣν ἡ ἀλώπηξ εἶπεν· « Ἐγώ σου τῆς δορᾶς κρείττονα καὶ ποικιλωτέραν τὴν γνώμην ἔχω. » Ἀρετὴ ψυχῆς ἀμείνων ἐστὶν ἢ καλλονὴ σώματος.

93. — Le mur et le pieu.

Τοῖχος, σπαραττόμενος ὑπὸ παττάλου βιαίως, ἔλεγε· « Τί με σπαράττεις οὐδέν σ' ἠδικηκότα; » Καὶ ὃς· « Οὐκ ἐγώ, φησίν, αἴτιος τούτου, ἀλλ' ὁ ὄπισθεν σφοδρῶς με τύπτων. »

94. — Les deux menus.

Παυσανίας, ὁ τῶν Λακεδαιμονίων στρατηγός, δύο δεῖπνα παρασκευάσαι ἐκέλευσε, τὸ μὲν περσικόν, ἐν ᾧ ποικίλα ὄψα καὶ κρέα παντοδαπὰ καὶ λάχανα λεπτὰ καὶ οἴνους παλαιοὺς εὐώδεις προσήγαγε, τὸ δὲ λακωνικόν. Εἶτα τοὺς τῶν Ἑλλήνων στρατηγοὺς προσκαλέσας εἶπε · «Ἄνδρες Ἕλληνες καὶ σύμμαχοι[1], ὑμῖν ἐβουλήθην τὴν τοῦ Μήδου ἄνοιαν δεῖξαι ἐνταῦθα, ὃς δίαιταν ἔχων οὕτω πολυτελῆ πειρᾶται δουλώσασθαι ἡμᾶς οὕτω φαύλην ἔχοντας. »

95. — Maximes.

Ὁ σκληρότατος πρὸς υἱὸν ἐν τῷ νουθετεῖν
τοῖς μὲν λόγοις πικρός ἐστι, τοῖς δ᾽ ἔργοις πατήρ.
Βεβαιοτέραν ἔχε τὴν φιλίαν πρὸς τοὺς γονεῖς.
Βίου δικαίου γίγνεται τέλος καλόν.
Χωρίς τό τ᾽ εἰπεῖν πολλὰ καὶ τὸ τὰ καίρια.
Κάτοπτρον εἴδους χαλκός ἐστ᾽, οἶνος δὲ νοῦ.
Τὸ « γνῶθι σαυτόν » πανταχοῦ ἐστι χρήσιμον.
Νίκησον ὀργὴν τῷ λογίζεσθαι καλῶς.
Ὁ Θεὸς κολαστὴς τῶν ἄγαν ὑπερφρόνων.
Στερρῶς φέρειν δεῖ συμφορὰν τὸν εὐγενῆ.

96. — Un pays froid.

Ἐν Αἴνῳ δυσχειμέρου ὄντος τοῦ ἀέρος δι᾽ ὅλου τοῦ ἐνιαυτοῦ, δύσριγός τις ἔφη · « Ἐνταῦθα τοὺς μὲν ὀκτὼ μῆνας ψῦχός ἐστι, τοὺς δὲ λοιποὺς τέτταρας χειμών. »

[1] Dans les discours solennels, l'usage est de placer le mot général ἄνδρες devant les termes particuliers : ὦ ἄνδρες Ἀθηναῖοι, ὦ ἄνδρες δικασταί.

EMPLOI DES CAS

ACCUSATIF

97. — La cuisine spartiate.

Διονύσιος Λακωνικὸν μάγειρον πριάμενος ἐκέλευσεν αὐτὸν σκευάσαι τὸν Λακωνικὸν ζωμόν. Σκευάσαντος δὲ οὐκ ἤσθιεν, ἀλλ' ἤρετο · « Πῶς τούτῳ ἥδονται ἀηδεστάτῳ ὄντι οἱ Λάκωνες; » Ὁ δέ · « Οὐ γὰρ ἔχει τὰ ἡδύσματα, ἔφη, ἃ ἔχει παρ' ἐκείνοις. » Ἐρομένου δέ : « Τίνα ταῦτα; » εἶπε · « Πρὸ τοῦ δείπνου πόνοι καὶ λουτρὸν ἐν τῷ Εὐρώτᾳ. »

98. — Bonne réplique.

Ἀντίγονος, κυνικοῦ φιλοσόφου ποτὲ δραχμὴν αὐτὸν αἰτήσαντος · « Οὐ βασιλικόν, ἔφη, τὸ δόμα. » Τοῦ δὲ ὑπολαβόντος · « Δὸς οὖν μοι τάλαντον, » ἀντέφη · « Ἀλλ' οὐ κυνικὸν τὸ λῆμμα. »

99. — Maximes.

Ἁμαρτάνει τι καὶ σοφοῦ σοφώτερος.
Δὶς ἐξαμαρτεῖν ταὐτὸν οὐκ ἀνδρὸς σοφοῦ.
Ὁ μηδὲν εἰδὼς οὐδὲν ἐξαμαρτάνει.
Ζήσεις βίον κράτιστον, ἂν θυμοῦ κρατῇς.

100. — La lampe prêtée.

Εὐτράπελον ὀφθαλμιῶντα ἰατρὸς κλέπτης ἐθεράπευεν καὶ λύχνον παρ' αὐτοῦ χρησάμενος οὐκ ἀπεδίδου. Ἐρωτῶντος οὖν ποτε · « Πῶς ἔχεις τοὺς ὀφθαλμούς; » ὁ εὐτράπελος ἔφη · « Ἐξ οὗ ἐχρήσω παρ' ἐμοῦ τὸν λύχνον, οὐκέτι ὁρῶ αὐτόν. »

101. — L'entorse de Darius.

Δαρεῖος, ἐν ἄγρᾳ θηρῶν ἀποπεσὼν ἀφ' ἵππου, ἐστράφη τὸν πόδα. Τὸ δὲ ὀστοῦν ἐξεχώρησε ἐκ τῶν ἄρθρων. Πρῶτον μὲν οὖν ἐχρῆτο τοῖς Αἰγυπτίοις χειρουργοῖς, οἳ ἐδόκουν εἶναι πρῶτοι τὴν ἰατρικήν. Οἱ δέ, βιαζόμενοι καὶ στρεβλοῦντες τὸν πόδα, κακὸν μεῖζον εἰργάσαντο. Δημοκήδης δὲ ὁ ἐκ Κρότωνος ἀλείμμασι χρώμενος αὐτὸν ἰάσατο οὐδαμῶς ἔτι ἐλπίζοντα ἀρτίπουν ἔσεσθαι.

102 — Les anciens peintres.

Ὅτε ἤρχετο ἡ γραφικὴ τέχνη καὶ ἦν τρόπον τινὰ ἐν σπαργάνοις, οὕτως ἀτέχνως εἴκαζον οἱ γραφεῖς τὰ ζῶα ὥστε ἐπιγράφειν αὐτοῖς · Τοῦτο βοῦς, ἐκεῖνο ἵππος, τοῦτο δένδρον.

103. — Le sculpteur Polyclète.

Δύο εἰκόνας ἅμα εἰργάσατο Πολύκλειτος, τὴν μὲν τῷ πλήθει χαριζόμενος, τὴν δὲ κατὰ τοὺς κανόνας τῆς τέχνης. Ἐχαρίζετο δὲ τοῖς πολλοῖς τόνδε τὸν τρόπον. Ὁπότε τις εἰσίοι, μετετίθει τι καὶ μετεμόρφου, πειθόμενος τῇ ἑκάστου συμβουλίᾳ. Προὔθηκαν οὖν ἀμφοτέρας· καὶ ἡ μὲν ὑπὸ πάντων ἐπῃνεῖτο, ἡ δὲ ἑτέρα ἐγελᾶτο. Ὑπολαβὼν οὖν ἔφη ὁ Πολύκλειτος · « Ἀλλὰ ταύτην μὲν ἣν ψέγετε ὑμεῖς ἐποιήσατε, ταύτην δὲ ἣν θαυμάζετε ἐγώ. »

104. — Maximes.

Τῷ μὲν τὸ σῶμα διατεθειμένῳ κακῶς
χρεία ἐστὶν ἰατροῦ, τῷ δὲ τὴν ψυχὴν φίλου ·
λύπην γὰρ εὔνους οἶδε θεραπεύειν φίλος.
Βάδιζε τὴν εὐθεῖαν, ἣν δίκαιος ᾖς.
Ὡς πολλὰ διὰ τὰς ἡδονὰς λυπούμεθα!
Κάλλος τὸ σύνολον οὐδὲν ἄνθους διαφέρει.
Βίας παρούσης οὐδὲν ἰσχύει νόμος.
Ἂν εὖ φρονῇς, τὰ πάντα γ' εὐδαίμων ἔσει.

GÉNITIF

105. — Maximes.

Φρονοῦντός ἐστι ζημίαν πράως φέρειν.

Φίλος με βλάπτων οὐδὲν ἐχθροῦ διαφέρει.

Ἅπαντα τὰ καλὰ τοῦ πονοῦντος γίγνεται.

Θυμοῦ κρατῆσαι κἀπιθυμίας[1] καλόν.

Εὐχῆς δικαίας οὐκ ἀνήκοος Θεός.

Ἔργων πονηρῶν χεῖρ᾽ ἐλευθέραν ἔχε.

Σοφοῦ παρ᾽ ἀνδρὸς προσδέχου συμβουλίαν·

σοφὴ σοφῶν γὰρ γίγνεται συμβουλία.

106. — L'affamé.

Πεινῶν τις ἀρτοπώλῃ προσελθὼν ἠξίου, δοὺς δύο δραχμάς, ἐσθίειν τῶν ἄρτων ὅσους βούλοιτο· ἐκεῖνος δέ, λογισάμενος ὀλίγους ἄρτους αὐτῷ ἀποχρήσειν, λαβὼν τὸ ἀργύριον ἐπέτρεψεν. Ὁ δὲ τοῦ κοφίνου ἀρξάμενος ἑστὼς κατέφαγε τὸ ἥμισυ. Τοῦ δὲ ἀρτοπώλου καταπεπληγμένου καὶ εἰπόντος· « Κάθιζε καὶ οὕτως ἔσθιε, » ἀπεκρίνατο· « Τοὺς μὲν ἐν τῷ κοφίνῳ ἄρτους βούλομαι ἑστὼς καταφαγεῖν, τοὺς δὲ ἐν τῇ προβολῇ καθήμενος. »

107. — L'ivrogne.

Μεθύσῳ ἐν καπηλείῳ ἐρυθρὸν οἶνον πίνοντι ἐπιστὰς εἶπέ τις· « Ἡ γυνή σου τέθνηκεν. » Ὁ δὲ ἀκούσας εἶπε πρὸς τὸν κάπηλον· « Οὐκοῦν, ὦ οὗτος, κέρασόν μοι τοῦ μέλανος. »

108. — Le barbier maladroit.

Ἀφυὴς κουρεὺς τοῖς ὑπ᾽ αὐτοῦ τμηθεῖσιν ἔμπλαστρα ἐπεδίδου. Αἰτιασαμένου δέ τινος αὐτόν· « Ὦ ἀχάριστε, ἔφη, μάτην ἀγανακτεῖς. Δραχμῆς μιᾶς κειρόμενος τεττάρων δραχμῶν ἔμπλαστρον ἔλαβες. »

[1] Crase pour καὶ ἐπιθυμίας.

109. — Mot de César.

Καῖσαρ ἐβουλεύσατο ἀναγαγέσθαι πρὸς τὸ Βρεντή-
σιον, πολλοῖς στόλοις περιεχομένου τοῦ πελάγους ὑπὸ
τῶν πολεμίων. Νυκτὸς οὖν, ἐσθῆτι θεράποντος ἑαυτὸν
ἐπικρυψάμενος, εἰς πλοῖον ἀνέβη. Χειμῶνος δὲ γενομένου
ὁ κυβερνήτης ἐκέλευσε τοὺς ναύτας πάλιν καταγαγέσθαι
εἰς τὴν γῆν. Αἰσθόμενος δ' ὁ Καῖσαρ ἀναδείκνυσιν ἑαυ-
τὸν καὶ τοῦ κυβερνήτου λαβόμενος τῆς χειρὸς ἐκπεπληγ-
μένου πρὸς τὴν ὄψιν · « Ἴθι, ἔφη, γενναῖε, τόλμα καὶ
δέδιθι μηδέν · Καίσαρα φέρεις καὶ τὴν Καίσαρος τύχην
συμπλέουσαν. »

110. — L'âne sauvage et l'âne domestique.

Ὄνος ἄγριος ἥμερον ὄνον θεασάμενος ἐν εὐηλίῳ τόπῳ
ἐμακάριζεν τῆς τοῦ σώματος εὐεξίας. Ὕστερον δὲ ἰδὼν
αὐτὸν ἄχθος φέροντα, καὶ τὸν ὀνηλάτην ὄπισθεν ἑπόμενον
καὶ ῥοπάλῳ αὐτὸν παίοντα, εἶπεν · « Ἀλλ' ἔγωγε οὐκέτι
σε εὐδαιμονίζω · ὁρῶ γὰρ ὅτι οὐκ ἄνευ μεγάλων κακῶν
τὴν εὐδαιμονίαν ἔχεις. »

111. — Le fanfaron.

Εἰστήκει ποτὲ Διογένης τοῦ χειμῶνος γυμνὸς ψυχρῷ
ὄμβρῳ βρεχόμενος · ἐλεούντων δὲ αὐτὸν τῶν περιεστώτων,
ὁ Πλάτων ἔφη · « Εἰ βούλεσθε αὐτὸν παῦσαι τοῦ κακοῦ,
ἀπόστητε καὶ μόνον ἀπολίπετε. »

112. — Un homme complaisant.

Κυμαίου τις ἐπύθετο ποῦ οἰκοίη Δρακοντίδης ὁ ῥήτωρ.
Ὁ δὲ · « Μόνος εἰμί, ἔφη, ἐπὶ τοῦ ἐργαστηρίου. Εἰ δὲ
βούλει ἐν τοσούτῳ μοι τὸ ἐργαστήριον τηρεῖν, ἐγώ τοι
ἀπελθὼν δείξω τὴν οἰκίαν. »

113. — Les deux chiens.

Λυκοῦργος ὁ τῶν Λακεδαιμονίων νομοθέτης δύο σκύ-
λακας διδύμους λαβὼν οὐδὲν ὁμοίως ἔθρεψε. Ποτὲ δέ,

τῶν Λακεδαιμονίων συνειλεγμένων, τοὺς δύο σκύλακας ἀφῆκε, καταθεὶς λοπάδα καὶ λαγὼν ἐναντίον αὐτῶν· καὶ ὁ μὲν ἐπὶ τὸν λαγὼν ᾖξεν, ὁ δὲ ἐπὶ τὴν λοπάδα ὥρμησε. « Οὗτοι, ἔφη, τῶν αὐτῶν γονέων ἀμφότεροι γεγόνασιν, διαφόρου δὲ τετυχήκασι παιδεύσεως, καὶ ὁ μὲν λίχνος, ὁ δὲ θηρευτὴς ἀποβέβηκε. »

114. — Les médecins égyptiens.

Μιᾶς νόσου ἕκαστος ἰατρός ἐστι καὶ οὐ πλειόνων. Πάντα δ᾽ ἰατρῶν ἐστι πλέα. Οἱ μὲν γὰρ ὀφθαλμῶν ἰατροὶ καθεστᾶσι, οἱ δὲ κεφαλῆς, οἱ δὲ ὀδόντων, οἱ δὲ τῶν κατὰ γαστέρα, οἱ δὲ τῶν ἀφανῶν νόσων.

DATIF

115. — Le vieillard et ses enfants.

Πρεσβύτης τις παῖδας εἶχεν πολλάκις ἐρίζοντας ἀλλήλοις. Πολὺν δὲ χρόνον μάτην προτρέψας αὐτοὺς ἐν ὁμονοίᾳ πρὸς ἀλλήλους διάγειν, ἐκέλευσέ ποτε ἑαυτῷ δέσμην ῥάβδων φέρειν. Εἶτ᾽ ἐγχειρίσας αὐτοῖς ταύτας τὰς ῥάβδους ἀθρόας, ἐκέλευσε ῥῆξαι. Ἀλλ᾽ οὐδεὶς τῶν παίδων ἱκανὸς ἦν. Ἔνθα δὴ ὁ πρεσβύτης, τὴν δέσμην λύσας, ἐνεχείρισεν αὐτοῖς τὰς ῥάβδους κατὰ μίαν, τούτῳ δὲ τῷ τρόπῳ οἱ παῖδες ῥᾳδίως τὰς ῥάβδους ἔρρηξαν. Καὶ ὁ πρεσβύτης· « Ὦ παῖδες, ἔφη, ταύτῃ τῇ δέσμῃ ὅμοιοί ἐστε. Ἐὰν μὲν γὰρ ἐν ὁμονοίᾳ πρὸς ἀλλήλους ἐθελήσητε διάγειν, ἀνίκητοι ἔσεσθε· ἐὰν δὲ ἀλλήλοις ἐρίζητε, ἕκαστος ἐχθρὸς καὶ μαλακώτατος ἱκανὸς ἔσται ὑμῶν περιγίγνεσθαι.

116. — Maximes.

Τὸ συνεχὲς ἔργον παντὸς εὑρίσκει τέλος·
τῷ γὰρ πονοῦντι καὶ Θεὸς συλλαμβάνει.
Ξένοις ἐπαρκῶν, τῶν ἴσων τεύξει ποτέ.
Αὐτὸς πένης ὢν τοῖς ἔχουσι μὴ φθόνει.

117. — Marchandage.

Προσαγαγών τις τὸν υἱὸν τῷ Ἀριστίππῳ ἐπὶ παι-
δείᾳ, ὡς ἐκεῖνος ᾔτει πεντακοσίας δραχμάς, ἔφη
« Τοσούτου δύναμαι ἀνδράποδον πρίασθαι. » Ὁ δέ
« Πρίω, ἔφη, καὶ δύο ἕξεις. »

118. — Le laboureur et ses enfants.

Γεωργός τις, μέλλων καταλύειν τὸν βίον, καὶ βου-
λόμενος τοὺς ἑαυτοῦ παῖδας πεῖραν λαβεῖν τῆς γεωργίας,
προσκαλεσάμενος αὐτούς, ἔφη · « Παῖδες ἐμοί, ἐγὼ
μὲν ἤδη τοῦ βίου ἀπαλλάξομαι · ὑμεῖς δ' ἅπερ ἐν τῇ
ἀμπέλῳ μοι κέκρυπται, ζητήσαντες εὑρήσετε πάντα. »
Οἱ μὲν οὖν οἰηθέντες θησαυρὸν ἐκεῖ που κατορωρύχθαι,
πᾶσαν τὴν τῆς ἀμπέλου γῆν μετὰ τὸν θάνατον τοῦ
πατρὸς κατέσκαψαν · καὶ θησαυρῷ μὲν οὐ περιέτυχον,
ἡ δὲ ἄμπελος, καλῶς σκαφεῖσα, πολλαπλάσιον τὸν
καρπὸν ἀνέδωκεν.

Ὁ μῦθος δηλοῖ ὅτι ὁ πόνος θησαυρός ἐστι τοῖς
ἀνθρώποις.

119. — Maximes.

Ψευδὴς διαβολὴ τὸν βίον λυμαίνεται ·
ὅστις δὲ διαβολαῖσι πείθεται ταχύ,
ἤτοι πονηρὸς αὐτός ἐστι τοὺς τρόπους,
ἢ παντάπασι παιδαρίου γνώμην ἔχει.
Οὐπώποτ' ἐζήλωπα πολυτελῆ νεκρόν ·
εἰς τὸν ἴσον οἶκον τῷ σφόδρ' ἔρχετ' εὐτελεῖ.
Ὧν τοῖς Θεοῖς ἄνθρωπος εὔχεται τυχεῖν,
τῆς εὐθανασίας κρεῖττον οὐδὲν εὔχεται.
Ἀγορὰν ἰδεῖν εὔοψον, εὐποροῦντι μὲν
ἥδιστον · ἂν δ' ἀπορῇ τις, ἀθλιώτατον.
Ὃς ἂν γονεῦσιν ὀργίζηται πλημμελεῖ.

QUESTIONS DE TEMPS ET DE LIEU

120. — Les voyageurs et le platane.

Ὁδοιπόροι, ἐν θέρει, περὶ μεσημβρίαν ὑπὸ καύματος
τρυχόμενοι, ὡς κατεῖδον πλάτανον, ὑπὸ ταύτης χωρή-
σαντες καὶ ἐν τῇ σκιᾷ κατακλιθέντες ἀνεπαύοντο. Ἀνα-
βλέψαντες δὲ εἰς τὴν πλάτανον, ἔλεγον πρὸς ἀλλήλους
« Ὡς ἀνωφελὲς καὶ ἀλυσιτελὲς τοῖς ἀνθρώποις ἐστὶ τὸ
ἄκαρπον τοῦτο δένδρον. » Ἡ δὲ ἀκούσασα ἔφη αὐτοῖς·
« Ὦ ἀχάριστοι, ἔτι τῆς ἐξ ἐμοῦ εὐεργεσίας ἀπολαύον-
τες, ἄκαρπόν με καὶ ἀχρείαν ἀποκαλεῖτε; »

121. — Le mauvais peintre.

Ζωγράφος ἄθλιος Ἀπελλῇ δείξας εἰκόνα · « Ταύτην,
ἔφη, ἐν μιᾷ ἡμέρᾳ γέγραφα. » Ὁ δὲ θεασάμενος εἶπε ·
« Θαυμάζω ὅπως οὐχὶ πλείους τοιαύτας ἐν ἡμέρᾳ ἔγρα-
ψας. »

122. — Trois jours de congé.

Εὐήθης τις εἰς ἀγρὸν ἐλθὼν ἐθεάσατο τὰ ποίμνια ἐπὶ
νομὴν ἐξιόντα. Ὡς δὲ ἐβληχᾶτο τὰ πρόβατα, ἐπύθετο
τούτου τὴν αἰτίαν. Τοῦ δὲ οἰκονόμου μετὰ παιδιᾶς
εἰπόντος · « Ἀσπάζονταί σε, » ἡσθεὶς ἔφη · « Δὸς οὖν
αὐτοῖς ἐμοῦ ἕνεκα ἀργίαν καὶ τριῶν ἡμερῶν μὴ ἔξαγε
αὐτὰ ἐπὶ νομήν. »

123. — Maximes.

Ὀργὴ φιλούντων ὀλίγον ἰσχύει χρόνον.
Τὸν δόλιον ἄνδρα φεῦγε παρ' ὅλον τὸν βίον.
Ψευδόμενος οὐδεὶς λανθάνει πολὺν χρόνον.

124. — Le cheval et le palefrenier.

Τὰς κριθὰς τοῦ ἵππου ἱπποκόμος κλέπτων καὶ πωλῶν,
τὸν ἵππον ἔτριβε καὶ ἐκτένιζεν ἑκάστης ἡμέρας. Ἔφη δὲ

ὁ ἵππος · « Εἰ βούλει ἀληθῶς καλὸν εἶναί με, τὴν κριθὴν τὴν τρέφουσαν μὴ πώλει. »

125. — Modération de Philippe.

Ἐν Χαιρωνείᾳ τοὺς Ἀθηναίους ἐνίκησε Φίλιππος. Ἐπαρθεὶς δὲ τῇ εὐπραγίᾳ, ὅμως οὐχ ὕβρισε · καὶ διὰ ταῦτα ᾤετο δεῖν ὑπομιμνήσκεσθαι καθ' ἑκάστην ἡμέραν ἕωθεν ὅτι ἄνθρωπος εἴη, καὶ προσέταξε τοῦτό τινι τῶν παίδων. Καὶ οὐ πρότερον οὔτε αὐτὸς προῄει, οὔτε τις τῶν δεομένων αὐτοῦ παρ' αὐτὸν εἰσῄει, πρὶν αὐτῷ τὸν παῖδα ἑκάστης ἡμέρας εἰπεῖν · « Φίλιππε, ἄνθρωπος εἶ. »

126. — Le figuier stérile.

Ἰησοῦς διηγήσατο τήνδε τὴν παραβολήν.

Συκῆν εἶχέ τις ἐν τῇ ἀμπέλῳ αὐτοῦ πεφυτευμένην · καὶ ζητῶν ποτε καρπὸν ἐν αὐτῇ, οὐχ εὗρεν. Εἶπε δὲ πρὸς τὸν ἀμπελουργόν · « Ταῦτα τρία ἔτη ζητῶ καρπὸν ἐν τῇ συκῇ ταύτῃ, καὶ οὐχ εὑρίσκω · ἔκκοψον οὖν αὐτήν · μάτην γὰρ τοσαύτην χώραν ἔχει. » Ὁ δὲ ἀπεκρίνατο αὐτῷ · « Κύριε, αὐτὴν ἔασον καὶ τόδε τὸ ἔτος, ἕως ἂν σκάψω περὶ αὐτὴν καὶ βάλω κόπρον · κἂν μὲν ποιήσῃ καρπόν, καλῶς ἔσται · εἰ δὲ μή, τότε δὴ ἐκκόψεις αὐτήν. »

SYNTAXE DES ADJECTIFS

127. — Maximes.

Δίκαια δράσας συμμάχου τεύξει Θεοῦ.

Χρεία διδάσκει, κἂν βραδύς τις ᾖ, σοφόν.

Θεὸς συνεργῶν πάντα ποιεῖ ῥᾴδια.

Τὸ κέρδος ἡγοῦ κέρδος, ἂν δίκαιον ᾖ ·

τὰ δ' αἰσχρὰ κέρδη συμφορὰς ἐργάζεται.

Πλάνη βίον τίθησι σωφρονέστερον.

Ἴδιας νόμιζε τῶν φίλων τὰς συμφοράς.

Νόμιζ' ἀδελφοὺς τοὺς ἀληθινοὺς φίλους.

128. — Diogène et la souris.

Διογένης ὁ Σινωπεὺς μόνος ἦν καὶ ἔρημος φίλων · καὶ οὔτε τινὰ δι' ἀπορίαν ἐδέχετο, οὔτε τις αὐτὸν ἐξένιζε, τὸν ἄνδρα ἐκτρεπόμενος ὅτι ἦν τῶν πραττομένων καὶ λεγομένων ἐλεγκτικός. Ἤθυμει οὖν ὁ Διογένης, καὶ μόνος ἐδείπνει. Τοῖς δὲ ἀποπίπτουσι τοῦ ἄρτου μορίοις μῦς ἐχρῆτο φοιτῶν. Ὁ οὖν Διογένης ἐσκέψατο τὸ πραττόμενον, καὶ μειδιάσας καὶ ἑαυτοῦ γενόμενος φαιδρότερος, εἶπεν · « Ὁ μὲν μῦς οὗτος τῆς Ἀθηναίων πολυτελείας δεῖται οὐδέν · σὺ δὲ, ὦ Διόγενες, ἄχθει ὅτι οὐ πονδειπνεῖς Ἀθηναίοις; » Καὶ πάσης εὐθυμίας ἐνεπλήσθη.

129. — Excès de crédulité.

Ἀνόητος φίλῳ ἀπαντήσας εἶπεν · « Ἤκουσα ὅτι ἀπέθανες. » Ὁ δὲ ἀπεκρίνατο · « Ἀλλ' ὁρᾷς με ἔτι ζῶντα. » Ὁ δὲ μωρός · « Καὶ μήν, ἔφη, ὁ εἰπών μοι πολλῷ σοῦ ἀξιοπιστότερός ἐστιν. »

130. — Eschyle et son frère.

Αἰσχύλος ὁ τραγῳδὸς ἐκρίνετο ἀσεβείας ἐπί τινι δράματι. Ἑτοίμων οὖν ὄντων Ἀθηναίων βάλλειν αὐτὸν λίθοις, Ἀμεινίας ὁ νεώτερος ἀδελφὸς διακαλυψάμενος τὸ ἱμάτιον ἔδειξε τὸν πῆχυν ἔρημον τῆς χειρός. Ἀριστεύων γὰρ ἐν Σαλαμῖνι ὁ Ἀμεινίας ἀπέβαλε τὴν χεῖρα, καὶ τῶν ἀριστείων ἔτυχεν. Ἐπεὶ δὲ εἶδον οἱ δικασταὶ τοῦ ἀνδρὸς τὸ τραῦμα, ὑπεμνήσθησαν τῶν ἔργων αὐτοῦ, καὶ ἀφῆκαν τὸν Αἰσχύλον.

131. — Maximes.

Οὐδέποτ' ἀθυμεῖν τὸν κακῶς πράττοντα δεῖ,
ἄνδρες, τὰ βελτίω δὲ προσδοκᾶν ἀεί.
Πένητος ἀνδρὸς οὐδὲν εὐτυχέστερον ·
τὴν γὰρ ἐπὶ τὸ χεῖρον μεταβολὴν οὐ προσδοκᾷ.
Εἰ μὴ φυλάξεις μικρ', ἀπολεῖς τὰ μείζονα.

SYNTAXE DES PRONOMS

132. — Le poète dépité.

Ποιητής τις ἐν Θήβαις ἀναγιγνώσκων τὰ ἑαυτοῦ ποιήματα, ὡς οὐδεὶς ἐπεσημήνατο, κλείσας τὸ βιβλίον· « Δικαίως, ἔφη, Βοιωτοὶ καλεῖσθε· βοῶν γὰρ ὦτα ἔχετε. »

133. — Le geai et les pigeons.

Κολοιός ἔν τινι περιστερεῶνι περιστερὰς ἰδὼν καλῶς τρεφομένας, λευκὸν ἑαυτὸν ποιήσας, ἐκεῖσε ἦλθεν, ὅπως καὶ αὐτὸς τῆς αὐτῆς διαίτης μεταλάβοι. Αἱ δέ, μέχρι μὲν οὐ ἡσύχαζεν, οἰόμεναι περιστερὰν αὐτὸν εἶναι, προσίεντο. Ἐπεὶ δέ ποτε ἐπιλαθόμενος ἐφθέγξατο, τηνικαῦτα αὐτοῦ γνοῦσαι τὴν φύσιν, ἐξήλασαν παίουσαι. Καὶ ὅς, ἀποτυχὼν τῆς ἐνταῦθα τροφῆς, ἐπανῆκε πρὸς τοὺς κολοιοὺς πάλιν. Κἀκεῖνοι, διὰ τὸ χρῶμα αὐτὸν οὐκ ἐπιγνόντες, τῆς μεθ' αὑτῶν διαίτης ἀπεῖρξαν, ὥστε, δυοῖν ἐπιθυμήσαντα, μηδετέρας τυχεῖν.

Ὁ μῦθος δηλοῖ ὅτι δεῖ καὶ ἡμᾶς τοῖς ἑαυτῶν στέργειν, λογιζομένους ὅτι ἡ πλεονεξία, πρὸς τῷ μηδὲν ὠφελεῖν, ἀφαιρεῖ καὶ τὰ προσόντα πολλάκις.

134. — Il y a plusieurs sortes de vanités.

Διογένης, εἰς Ὀλυμπίαν ἐλθὼν καὶ θεασάμενος ἐν τῇ πανηγύρει ἁβρούς τινας νεανίσκους πολυτελῶς ἠμφιεσμένους, γελάσας εἶπεν· « Ὑπερηφανία τοῦτό ἐστιν. » Εἶτα περιτυχὼν Λακεδαιμονίοις ἐν ἐξωμίσι φαύλαις καὶ ῥυπώσαις· « Ἄλλη, ἔφη, αὕτη ὑπερηφανία. »

135. — Maximes.

Πάντ' ἔστιν ἐξευρεῖν, ἐὰν μὴ τὸν πόνον
φεύγῃ τις, ὃς πρόσεστι τοῖς ζητουμένοις.

Ὁ σοφὸς ἐν αὑτῷ περιφέρει τὴν οὐσίαν.

Λίαν φιλῶν ἑαυτὸν οὐχ ἕξεις φίλον.

136. — Le chien et les brebis.

Φασίν, ὅτε φωνήεντα ἦν τὰ ζῷα, τὴν οἶν πρὸς τὸν δεσπότην εἰπεῖν · « Θαυμαστὸν ποιεῖς, ὃς ἡμῖν μὲν ταῖς καὶ ἔριά σοι καὶ ἄρνας καὶ τυρὸν παρεχούσαις οὐδὲν δίδως, ὅ τι ἂν μὴ ἐκ τῆς γῆς λάβωμεν · τῷ δὲ κυνί, ὃς οὐδὲν τοιοῦτόν σοι παρέχει, μεταδίδως οὗπερ αὐτὸς ἔχεις σίτου. » Τὸν κύνα οὖν ἀκούσαντα εἰπεῖν · « Ναὶ μὰ Δία · ἐγὼ γάρ εἰμι ὁ καὶ ὑμᾶς αὐτὰς σῴζων, ὥστε μήτε ὑπ' ἀνθρώπων κλέπτεσθαι, μήτε ὑπὸ λύκων ἁρπάζεσθαι · ἐπεὶ ὑμεῖς γε, εἰ μὴ ἐγὼ προφυλάττοιμι ὑμᾶς, οὐδ' ἂν νέμεσθαι δύναισθε, φοβούμεναι μὴ ἀπόλησθε. » Οὕτω δὴ λέγεται καὶ τὰ πρόβατα συγχωρῆσαι τὸν κύνα προτιμᾶσθαι. (XÉNOPHON.)

137. — Prière d'un saint.

Οἶδα ἐγώ τινα ἅγιον ἄνδρα ὧδε εὐχόμενον · « Χάριν ἴσμεν σοι ὑπὲρ πασῶν τῶν εὐεργεσιῶν σου τῶν ἐκ πρώτης ἡμέρας ἄχρι τῆς παρούσης εἰς ἡμᾶς τοὺς ἀναξίους ἐπιδεικνυμένων, ὑπὲρ ὧν ἴσμεν καὶ οὐκ ἴσμεν, ὑπὲρ τῶν φανερῶν, ὑπὲρ τῶν ἀφανῶν, τῶν ἐν ἔργῳ γενομένων, τῶν ἐν λόγῳ, τῶν ἡμῖν ἑκουσίως, τῶν ἀκουσίως γεγενημένων. Παρακαλοῦμέν σε φυλάξαι τὴν ἡμετέραν ψυχὴν ἁγίαν, καθαρὰν συνείδησιν ἔχουσαν. Ὁ οὕτως ἀγαπήσας ἡμᾶς ὥστε τὸν σεαυτοῦ Μονογενῆ δοῦναι ὑπὲρ ἡμῶν, ἀξίωσον ἀξίους γενέσθαι τῆς σῆς ἀγάπης. Εἰ γοῦν τι ἑκόντες ἢ ἄκοντες ἡμάρτομεν, συγχώρησον καὶ μὴ λογίσῃ · μνήσθητι πάντων τῶν ἐπικαλουμένων τὸ ὄνομά σου · μνήσθητι πάντων τῶν εὖ, καὶ τἀναντία ἡμῖν, βουλομένων · πάντες γὰρ ἄνθρωποί ἐσμεν. » Εἶτα ἐπιθεὶς τὴν εὐχὴν τῶν πιστῶν, ἐνταῦθα ἐπαύετο, νομίζων παντελῆ τὴν εὐχὴν ποιήσασθαι. Πολλὰ γὰρ ἡμᾶς ὁ Θεὸς καὶ ἄκοντας εὖ ποιεῖ · πολλὰ δὲ καὶ οὐκ εἰδότας. Ὅταν γὰρ τἀναντία εὐχώμεθα, αὐτὸς δὲ τἀναντία ποιῇ, δῆλον ὅτι καὶ οὐκ εἰδότας εὖ ποιεῖ.

SYNTAXE DES VERBES

VOIX

138. — L'esclave obéissant.

Πείσων ὁ ῥήτωρ προσέταξε τοῖς οἰκέταις πρὸς τὰ ἐρωτώμενα μόνον λαλεῖν καὶ μηδὲν πλέον. Εἶτα Κλώδιον τὸν δήμαρχον δεξιώσασθαι βουλόμενος, ἐκέλευσεν αὐτὸν ἐπὶ δεῖπνον καλέσαι καὶ λαμπρὰν ἑστίασιν παρεσκευάσατο. Ὡς δὲ ὁ Κλώδιος ἐπὶ πολὺν χρόνον προσεδοκᾶτο καὶ ἦν ἤδη ἑσπέρα · « Τί δέ; ἔφη πρὸς τὸν οἰκέτην, ἐκάλεσας αὐτόν; — Ἔγωγε, εἶπε. — Διὰ τί οὖν οὐκ ἀφῖκται; — Ὅτι ἠρνήθη. — Πῶς οὖν τοῦτό μοι οὐκ εὐθὺς ἔφρασας; — Ὅτι με τοῦτο οὐκ ἠρώτησας. »

139. — La crainte du médecin.

Ἀνόητός τις ἰατρὸν ἰδὼν προσιόντα ἀπέκρυψεν ἑαυτόν. Ἐρωτηθεὶς δὲ ὑπό τινος · « Διὰ τί τοῦτο ποιεῖς; » ἀπεκρίνατο · « Πολὺς ἐστι χρόνος ἐξ οὗ οὐκ ἐνόσησα καὶ αὐτὸν φοβοῦμαι. »

140. — Le voleur.

Φώρ τις, συλήσας νύκτωρ ἱερόν, λάθρα ἀπῄει. Ἐν δὲ σκολιᾷ ἀγυιᾷ τὴν ἑαυτοῦ σκιὰν ἰδών, ᾠήθη φύλακα εἶναι καὶ ἀνὰ κράτος ἔφυγε. Πταίσας δὲ πρὸς σωρὸν ξύλων καὶ ὕπτιος ἀναπεσών, τὸν βραχίονα κατεάγη. Δι' ὀδύνης οὖν ἀνέκραγε, καὶ εὐμαρῶς ληφθεὶς εἰς τοὺς πρυτάνεις ἤχθη.

Ὁ μῦθος δηλοῖ ὅτι οἱ ἀδικοῦντες, ἀεὶ φοβούμενοι, αὐτοὶ ἑαυτοὺς πολλάκις προδιδόασιν.

141. — Maximes.

Ἀχάριστος ὅστις εὖ παθὼν ἀμνημονεῖ.
Καλῶς ἀκούειν μᾶλλον ἢ πλουτεῖν θέλε.

TEMPS

142. — Maximes.

Ἡ γλῶττα πολλοὺς εἰς ὄλεθρον ἤγαγεν·
ἡ γλῶττα πολλῶν ἐστιν αἰτία κακῶν.
Οὐδεὶς ἔπαινον ἡδοναῖς ἐκτήσατο.
Λιμὸς μέγιστον ἄλγος ἀνθρώποις ἔφυ·
λιμῷ γὰρ οὐδὲν ἔστιν ἀντειπεῖν ἔπος.

143. — Mauvaise excuse.

Μωρῷ τινι ἑταῖρος ἀποδημῶν ἔγραψεν ἐπιστολὴν ἀξιῶν βιβλία τινὰ αὐτῷ πρίασθαι. Ὁ δὲ ἠμέλησε, καὶ ἐπανελθόντι ἀπαντήσας εἶπε · « Τὴν ἐπιστολὴν ἥν μοι περὶ τῶν βιβλίων ἔγραψας οὐκ ἐκομισάμην. »

144. — L'astrologue.

Ἀστρολόγος ἀφυὴς παιδίου γένεσιν λέγων εἶπεν · « Οὗτος ἔσται ῥήτωρ, εἶτα Καίσαρος οἰκονόμος, εἶτα ἡγεμών. » Τεθνηκότος δὲ τοῦ παιδὸς μετ' ὀλίγον, πρὸς τὴν μητέρα ἐγκαλοῦσαν καὶ λέγουσαν · « Ὃν σὺ ῥήτορα ἔσεσθαι εἶπας καὶ οἰκονόμον Καίσαρος καὶ ἡγεμόνα, τέθνηκεν, » ἀπεκρίνατο · « Ναὶ μὰ τὴν μνήμην αὐτοῦ, εἰ ἐπεβίω, ταῦτα πάντα ἂν ἐγένετο. »

145. — Un pour deux.

Ἀνθρώπῳ ἠλιθίῳ ἀποδημήσειν μέλλοντι ἔλεγέ τις τῶν φίλων · « Ἀγόρασόν μοι δύο δούλους γεγονότας ἔτη πεντεκαίδεκα. » Ὁ δὲ εἶπεν · « Ἐὰν δὲ μὴ εὕρω τηλικούτους, ὠνήσομαί σοι ἕνα ὄντα ἐτῶν τριάκοντα. »

PROPOSITIONS ÉNONCIATIVES

146. — Maximes.

Τὸ κουφότατόν σε τῶν κακῶν πάντων δάκνει,
πενία. Τί γὰρ τοῦτ' ἐστίν, οὗ γένοιτ' ἂν εἰς
φίλος βοηθήσας ἰατρὸς ῥᾳδίως ;
Ἐχθροῖς ἀπιστῶν οὔποτ' ἂν πάθοις βλάβην.
Θεοῦ θέλοντος κἂν ἐπὶ ῥιπὸς πλέοις.

147. — Le printemps.

LETTRE D'UN EXILÉ

Τοῖς μὲν ἄλλοις ἅπασιν ἀνθρώποις ἡδὺ τὸ ἔαρ, ὅτι
τὴν ὄψιν τῆς γῆς ἄνθεσι καλλωπίζει, ἐμοὶ δέ, ὅτι καὶ
τοῖς συνήθεσι τοῖς ἐμοῖς συγγίγνεσθαι διὰ γραμμάτων εὐ-
κολίαν παρέχει πολλήν. Ἐβουλόμην μὲν γὰρ ἂν καὶ
αὐταῖς ὄψεσιν ὑμᾶς θεωρεῖν · ἐπειδὴ δὲ τοῦτο οὐκ ἔνι,
ὅπερ ἔνι μετὰ πολλῆς ποιῶ τῆς προθυμίας, διὰ γραμ-
μάτων ὑμῖν ὁμιλῶν. Καὶ οὐχ οὕτω ναῦται καὶ πλωτῆρες
μεθ' ἡδονῆς τὰ θαλάττια τέμνουσι νῶτα[1], ἐκείνης τοῦ
ἔτους τῆς ὥρας ἐπιστάσης, ὡς ἐγὼ κάλαμον καὶ χάρτην
καὶ μέλαν μεταχειρίζομαι, μέλλων ἐπιστέλλειν ὑμῖν.
Παρὰ μὲν γὰρ τὸν τοῦ χειμῶνος καιρόν, τοῦ ῥίγους πάντα
πηγνύντος καὶ τῆς ἀπλέτου χιόνος τὰς ὁδοὺς ἀποτειχι-
ζούσης, οὔτε ἔξωθέν τις ἡμῖν ἐπιχωριάζειν ἠνείχετο, οὔτε
ἐνθένδε ἀναστῆναι. Διόπερ καὶ ἡμεῖς, καθάπερ ἐν δεσμω-
τηρίῳ, τοῖς ἐνθάδε δωματίοις καθειργμένοι, τῇ τῶν
γραμματηφόρων ἀπορίᾳ καὶ ἄκοντες τὴν μακρὰν ἐσιγή-
σαμεν σιγήν. Ἐπειδὴ δὲ νῦν ἀνέῳξε τὰς λεωφόρους ὁ
καιρὸς καὶ ἡμῖν τὰ δεσμὰ τῆς γλώττης ἔλυσε, τὸν σὺν
ἡμῖν πρεσβύτερον ἐνθένδε ἀναστήσαντες, ἀπεστάλκαμεν[2]
πρὸς ὑμᾶς, εἰσόμενοι τὰ περὶ τῆς ὑγιείας ὑμῶν. Δεξά-

[1] Locution homérique. — [2] Les anciens, en écrivant une lettre,
se mettaient par la pensée au moment où le destinataire la lirait.

μένος τοίνυν αὐτόν, δέσποτά μου θαυμασιώτατε, ὥς σοι
πρέπον ἐστί, καὶ ἰδὼν μετὰ τῆς σοι πρεπούσης ἀγάπης,
ἡνίκα ἂν ἐπανίῃ, τὰ περὶ τῆς ὑγιείας σου δήλωσον ἡμῖν.
Οἶσθα γὰρ ὅπως ἡμῖν ἡδὺ περὶ ταύτης μανθάνειν.

(S. Jean Chrysostome.)

148. — Le cerf et la vigne.

Ἔλαφος, κυνηγέτας φεύγουσα, ὑπ' ἀμπέλῳ ἐκρύφθη.
Παρελθόντων δ' ὀλίγον ἐκείνων, ἡ ἔλαφος, τελέως ἤδη
λαθεῖν δόξασα, τὰ τῆς ἀμπέλου φύλλα ἐσθίειν ἤρξατο.
Τούτων δὲ σειομένων, οἱ κυνηγέται ἐπιστραφέντες, καὶ,
ὅπερ ἦν ἀληθές, νομίσαντες ζῷόν τι ὑπὸ τοῖς φύλλοις
κρύπτεσθαι, βέλεσιν ἀνεῖλον τὴν ἔλαφον. Ἡ δὲ ἀποθνή-
σκουσα τοιάδε ἔλεγε · « Δίκαια πέπονθα · οὐ γὰρ ἔδει
τὴν σώσασάν με λυμαίνεσθαι. »

Ὁ μῦθος δηλοῖ ὅτι οἱ λωβώμενοι τοὺς εὐεργετήσαντας
ὑπὸ Θεοῦ κολάζονται.

PROPOSITIONS VOLITIVES

149. — La tempête calmée.

Ἐμβὰς ποτε ὁ Ἰησοῦς μετὰ τῶν μαθητῶν εἰς πλοῖον ·
« Διέλθωμεν, ἔφη, εἰς τὸ πέραν τῆς λίμνης · » καὶ ἀνη-
γάγοντο. Πλεόντων δέ, ἐπὶ τῆς πρύμνης καθίσας ἐκοι-
μήθη. Καὶ καταβάσης ζάλης ἀνέμου εἰς τὴν λίμνην,
ἐπληροῦτο τὸ πλοῖον καὶ ἐκινδύνευον καταποντίζεσθαι.
Προσελθόντες δὲ αὐτὸν ἤγειραν καὶ · « Ἐπιστάτα, φασίν,
ἐπιστάτα, ἀπολλύμεθα. » Ὁ δὲ ἐγερθεὶς ἐπετίμησε τῷ
ἀνέμῳ καὶ τῷ κλύδωνι, καὶ παυσαμένων τούτων ἐγένετο
γαλήνη. Εἶπε δὲ αὐτοῖς · « Ποῦ ἐστιν ἡ πίστις ὑμῶν; »
Οἱ δὲ φοβηθέντες καὶ θαυμάζοντες ἔλεγον πρὸς ἀλλήλους ·
« Τίς δὴ οὗτός ἐστιν, ὅστις καὶ τοῖς ἀνέμοις ἐπιτάττει
καὶ τῷ ὕδατι, καὶ πείθονται αὐτῷ; »

150. — Maximes.

Μή μοι γένοιθ' ἃ βούλομ', ἀλλ' ἃ συμφέρει.
Φίλον δι' ὀργὴν ἐν κακοῖς μὴ περιΐδῃς.

151. — L'ours et le renard.

Ἄρκτος τίς ποτε μέγα ἐκαυχᾶτο ὡς φιλανθρωπό-
τατον πάντων εἴη τῶν ζῴων · φασὶ γὰρ ἄρκτον νεκρὸν
οὐ φαγεῖν. Ἡ δὲ ἀλώπηξ ἀκούουσα ταῦτα ἐμειδίασε,
καὶ πρὸς αὐτὴν ἀντέφη · « Εἴθε τοὺς νεκροὺς ἤσθιες, καὶ
μὴ τοὺς ζῶντας. »

152. — Mort de Caligula.

Ὡς ὁ θάνατος Καλιγόλα διηγγέλθη, πάντες ἔχαιρον
μεμνημένοι τοῦ λεχθέντος ποτὲ ὑπ' αὐτοῦ · « Εἴθε ἕνα
αὐχένα εἴχετε...! » Οἱ δὲ δὴ συνομόσαντες ἐπέδειξαν ὅτι
ἐκεῖνος αὐχένα ἕνα, αὐτοὶ δὲ χεῖρας πολλὰς ἔχοιεν.

SYNTAXE DES PROPOSITIONS SUBORDONNÉES

PROPOSITIONS COMPLÉTIVES

153. — Les Sybarites.

Οἱ Συβαρῖται τὰς ποιούσας ψόφον τέχνας οὐκ ἐῶσιν
ἐπιδημεῖν τῇ πόλει, οἷον χαλκέων καὶ τεκτόνων καὶ τῶν
ὁμοίων, ὅπως αὐτοῖς πανταχόθεν ἀθόρυβοι ὦσιν οἱ ὕπνοι.
Οὐκ ἐξῆν δ' οὐδ' ἀλεκτρυόνα ἐν τῇ πόλει τρέφεσθαι.
Διηγεῖται δὲ περὶ αὐτῶν Τίμαιος ὅτι ἀνὴρ Συβαρίτης,
εἰς ἀγρόν ποτε πορευόμενος, ἔφη, ἰδὼν τοὺς ἐργάτας
σκάπτοντας, αὐτὸς ῥῆγμα λαβεῖν.   (STRABON.)

154. — Maximes.

Λήσειν διὰ τέλους μὴ δόκει, πονηρὸς ὤν ·
ὅ τι δ' ἂν ποιῇς, νόμιζ' ὁρᾶν τοῦτο Θεόν ·
πάντη γὰρ ἐστι πάντα τε βλέπει Θεός.

155. — Le loup et l'agneau.

Λύκος ἀμνὸν ἐδίωκεν. Ὁ δὲ εἰς νεὼν κατέφυγε. Προσκαλουμένου δὲ τοῦ λύκου τὸν ἀμνὸν καὶ λέγοντος ὅτι θύσει αὐτὸν ὁ ἱερεὺς τῷ θεῷ, ἐκεῖνος ἔφη πρὸς αὐτόν · « Ἀλλ' αἱρετώτερόν μοί ἐστι θεῷ θυσίαν εἶναι, ἢ ὑπὸ σοῦ διαφθαρῆναι. »

156. — Anacharsis et Solon.

Ἀνάχαρσις, πρὸς τὴν Σόλωνος οἰκίαν ἀφικόμενος, τῶν θεραπόντων τινὰ ἐκέλευσε τῷ Σόλωνι μηνῦσαι ὅτι Ἀνάχαρσις ὁ Σκύθης παρείη βουλόμενος αὐτῷ φίλος γενέσθαι. Ὡς δὲ ὁ θεράπων, ὑπὸ τοῦ Σόλωνος κελευσθείς, αὐτῷ εἶπεν ὅτι δεῖ ἐν τῇ πατρίδι φίλους ποιεῖσθαι, ὁ Ἀνάχαρσις ἔφη · « Οὐκοῦν ὁ Σόλων, ἐν τῇ πατρίδι ὤν, φίλον ἐμὲ ποιησάσθω. » Ὁ δὲ τοῦτο ἀκούσας προσήκατο αὐτὸν καὶ φιλίαν πρὸς αὐτὸν ἐποιήσατο.

157. — La petite barbue.

Φιλόξενος, δειπνῶν ποτε παρὰ Διονυσίῳ, ὡς εἶδεν ἐκείνῳ μὲν μεγάλην τρίγλην παρατεθεῖσαν, ἑαυτῷ δὲ μικράν, λαβὼν αὐτὴν εἰς τὰς χεῖρας πρὸς τὸ οὖς προσήνεγκεν. Πυθομένου δὲ τοῦ Διονυσίου τίνος ἕνεκα τοῦτο ποιεῖ, εἶπεν ὁ Φιλόξενος ὅτι πύθοιτο παρ' ἐκείνης τινὰ περὶ τῶν Νηρήδων, ἡ δὲ ἠρωτημένη ἀποκρίναιτο νεωτέρα ἁλῶναι, τὴν δὲ τῷ Διονυσίῳ παρατεθεῖσαν πρεσβυτέραν οὖσαν εἰδέναι πάντα ἀκριβῶς ἃ βούλοιτο μαθεῖν. Γελάσας οὖν ὁ Διονύσιος τὴν αὐτῷ παρακειμένην τρίγλην αὐτῷ ἀπέστειλεν.

INTERROGATION INDIRECTE

158. — Sans peur.

Πωλῶν ἄγροικός τις ἵππον, ἐρωτηθεὶς εἰ δειλός ἐστιν, εἶπεν · « Οὐ μὰ τοὺς θεούς. Μόνος γὰρ ἐν τῷ ἱππῶνι εἱστήκει, καὶ οὐκ ἐφοβεῖτο. »

159. — Le bûcheron et Mercure.

Ξυλιζόμενός τις παρὰ ποταμὸν ἀπέβαλε τὸν πέλεκυν. Ἀμηχανῶν τοίνυν, παρὰ τὴν ὄχθην καθίσας ὠδύρετο. Ἑρμῆς δὲ μαθὼν τὴν αἰτίαν καὶ οἰκτίρας τὸν ἄνθρωπον, καταδὺς εἰς τὸν ποταμὸν χρυσοῦν ἀνήνεγκε πέλεκυν, καὶ, εἰ οὗτός ἐστιν ὃν ἀπώλεσεν, ἤρετο. Τοῦ δὲ οὐ τοῦτον εἶναι φήσαντος, αὖθις καταβὰς ἀργυροῦν ἀνεκόμισε. Τοῦ δὲ οὐδὲ τοῦτον εἶναι τὸν οἰκεῖον εἰπόντος, ἐκ τρίτου καταβὰς ἐκεῖνον τὸν οἰκεῖον ἀνήνεγκε. Τοῦ δὲ τοῦτον ἀληθῶς εἶναι τὸν ἀπολωλότα φαμένου, Ἑρμῆς, ἀποδεξάμενος αὐτοῦ τὴν δικαιοσύνην, ἅπαντας αὐτῷ ἐδωρήσατο. Ὁ δὲ πάντα τοῖς ἑταίροις τὰ συμβάντα διεξελήλυθεν. Ὧν εἷς τις τὰ ἴσα διαπράξασθαι ἐβουλεύσατο, καὶ παρὰ τὸν ποταμὸν ἐλθὼν καὶ τὴν οἰκείαν ἀξίνην ἐπίτηδες ἀφεὶς εἰς τὸ ῥεῦμα, κλαίων ἐκάθητο. Ἐπιφανεὶς οὖν ὁ Ἑρμῆς κἀκείνῳ καὶ τὴν αἰτίαν μαθὼν τοῦ θρήνου, καταβὰς ὁμοίως, χρυσῆν ἀξίνην ἐξήνεγκε, καὶ ἤρετο εἰ ταύτην ἀπέβαλε. Τοῦ δὲ μεθ' ἡδονῆς « Ναὶ ἀληθῶς ἥδ' ἐστί » φήσαντος, μισήσας ὁ θεὸς τὴν τοσαύτην ἀναίδειαν, οὐ μόνον ἐκείνην κατέσχεν, ἀλλ' οὐδὲ τὴν οἰκείαν ἀπέδωκεν.

Ὁ μῦθος δηλοῖ ὅτι ὅσον τοῖς δικαίοις τὸ θεῖον συναίρεται, τοσοῦτον τοῖς ἀδίκοις ἐναντιοῦται.

160. — Le vin volé.

Ἠλίθιος κεράμιον οἴνου ἔχων ἐπεσφραγίσατο ἐπιμελῶς. Τοῦ δὲ οἰκέτου κάτωθεν συντρήσαντος καὶ κλέψαντος, ἐθαύμαζεν ὅτι, τοῦ σφραγίσματος σώου ὄντος, ὁ οἶνος ἀεὶ ἠλαττοῦτο. Εἰπόντος δέ τινος « Ὅρα μὴ κάτωθεν ὑφῃρέθη. — Ὦ ἀμαθέστατε, ἔφη, οὐ τὸ κάτω ἐπιλείπει, ἀλλὰ τὸ ἄνω μέρος. »

161. — Prédiction certaine.

Μάντις ἄπειρος ἐμπεσὼν εἰς πολεμίους καὶ εἰπών·
« Μάντις εἰμί, » ἐσώθη. Μελλούσης δὲ αὐτοῖς μάχης
ἔσεσθαι ἠρώτησαν τὸν μάντιν πῶς ἀγωνιοῦνται. Ὁ δὲ
εἶπε · « Πάντως νικήσετε μεγάλην νίκην, ἐὰν μόνον οἱ
πολέμιοι ἐν τῇ παρατάξει τὰς ἐξόπισθε τρίχας τῶν κεφα-
λῶν ὑμῶν μὴ βλέψωσιν. »

PROPOSITIONS COMPLÉTIVES AVEC ὅπως OU μή

162. — Conseils à un roi.

Μελέτω σοι τοῦ πλήθους, καὶ περὶ παντὸς ποιοῦ
κεχαρισμένως αὐτοῖς ἄρχειν, γιγνώσκων ὅτι τῶν πολι-
τειῶν αὗται πλεῖστον χρόνον διαμένουσιν αἵτινες ἂν ἄριστα
τὸ πλῆθος θεραπεύωσιν. Καλῶς δὲ δημαγωγήσεις, ἢν μὴ
ὑβρίζειν τὸν ὄχλον ἐᾷς, ἀλλὰ σκοπῇς ὅπως οἱ βέλτιστοι
μὲν τὰς τιμὰς ἕξουσιν, οἱ δ’ ἄλλοι μηδὲν ἀδικήσονται ·
ταῦτα γὰρ στοιχεῖα πρῶτα καὶ μέγιστα χρηστῆς πολι-
τείας ἐστίν.   (Isocrate.)

163. — Sage libéralité de Pisistrate.

Πεισίστρατος, ὅτε τῆς ἀρχῆς ἐγκρατὴς ἐγένετο, μετε-
πέμπετο τοὺς ἐν ταῖς ἀγοραῖς σχολάζοντας, καὶ ἐπυνθά-
νετο τί δήποτε εἴη αἴτιον τοῦ ἀργεῖν αὐτούς. Καὶ ἐπέλε-
γεν · « Εἰ μέν σοι τέθνηκε ζεῦγος, παρ’ ἐμοῦ λαβὼν
ἄπιθι καὶ ἐργάζου · εἰ δὲ ἀπορεῖς σπερμάτων, παρ’ ἐμοῦ
σοι γενέσθω · » δεδιὼς μὴ ἡ σχολὴ ἐπιβουλὴν τέκῃ.

ANTICIPATION DU SUJET

164. — Les lièvres et les grenouilles.

Οἱ λαγώ ποτε συνελθόντες τὸν ἑαυτῶν πρὸς ἀλλήλους
ἀπεκλαίοντο βίον, ὡς ἐπισφαλὴς εἴη καὶ δειλίας πλέως ·

καὶ γὰρ καὶ ὑπ' ἀνθρώπων καὶ κυνῶν καὶ ἀετῶν καὶ
ἄλλων πολλῶν ἀναλίσκεσθαι · βέλτιον οὖν εἶναι ἀπο-
θανεῖν ἅπαξ ἢ διὰ βίου τρέμειν. Τοῦτο τοίνυν κυρώσαν-
τες, ὥρμησαν κατὰ ταὐτὸν εἰς τὴν λίμνην, ὡς εἰς αὐτὴν
ἐμπεσούμενοι καὶ πνιγησόμενοι. Τῶν δὲ καθημένων κύκλῳ
τῆς λίμνης βατράχων, ὡς τὸν τοῦ δρόμου κτύπον ᾔσθοντο,
εὐθὺς εἰς ταύτην πηδησάντων, τῶν λαγῶν τις, ἀγχινού-
στερος εἶναι δοκῶν τῶν ἄλλων, ἔφη · « Στῆτε, ἑταῖροι,
μηδὲν δεινὸν ὑμᾶς αὐτοὺς δράσητε · ἤδη, ὡς ὁρᾶτε, καὶ
ἡμῶν ἕτερά ἐστι ζῷα δειλότερα. »

Ὁ μῦθος δηλοῖ ὅτι οἱ δυστυχοῦντες, ἑτέρους ὁρῶντες
χείρω πάσχοντας, παραμυθίαν οὐ μικρὰν ἔχουσιν.

PROPOSITIONS FINALES ET CONSÉCUTIVES

165. — Châtiment désirable.

Στρατόνικος, ὢν ἐν Σερίφῳ, μικροτάτῃ καὶ τραχυ-
τάτῃ νήσῳ, Σερίφιόν τινα ἠρώτησεν ἐφ' ὅτῳ τῶν ἀδι-
κημάτων φυγὴ τέτακται παρ' αὐτοῖς ἐπιτίμιον · ἀκού-
σας δ' ὅτι τοὺς ῥᾳδιουργοῦντας φυγαδεύουσιν · « Τί οὖν,
ἔφη, οὐκ ἐρρᾳδιούργησας, ἵνα ἐκ τῆς στενοχωρίας ταύτης
ἐξῆλθες ; »

166. — Philippe et le musicien.

Φίλιππος πρὸς ψάλτην τινὰ περὶ κρουμάτων διεφέρετο ·
ὁ δέ · « Ὦ βασιλεῦ, ἔφη, μὴ γένοιτό σοι οὕτω κακῶς,
ὥστε ταῦτα ἐμοῦ βέλτιον εἰδέναι. »

167. — Le médecin Ménécrate.

Μενεκράτης ὁ ἰατρὸς εἰς τοσοῦτον προῆλθε φρονήματος
ὥστε ἑαυτὸν ὀνομάζειν Δία. Εἱστία δέ ποτε μεγαλοπρε-
πῶς ὁ Φίλιππος, καὶ δὴ καὶ τοῦτον ἐπὶ θοίνην ἐκάλεσε,

καὶ ἰδίᾳ κλίνην αὐτῷ ἐκέλευσε παρασκευάσθαι, καὶ κατα-
κλιθέντι θυμιατήριον παρέθηκε, καὶ ἐθυμιᾶτο[1] αὐτῷ· οἱ
δὲ λοιποὶ εἱστιῶντο, καὶ ἦν μεγαλοπρεπὲς τὸ δεῖπνον.
Ὁ τοίνυν Μενεκράτης τὰ μὲν πρῶτα ἔχαιρε τῇ τιμῇ·
ἐπεὶ δὲ κατὰ μικρὸν ὁ λιμὸς ἐπίεσεν αὐτόν, καὶ ἠλέγχετο
ὅτι ἦν ἄνθρωπος, καὶ ταῦτα[2] εὐήθης, ἀναστὰς ἀπιὼν
ᾤχετο[3], καὶ ἔλεγεν ὑβρίσθαι, ἐμμελῶς πάνυ τοῦ Φιλίππου
τὴν ἄνοιαν αὐτοῦ ἐκκαλύψαντος.

<h3 style="text-align:center">168. — Le singe et le dauphin.</h3>

Ἔθους ὄντος τοῖς πλέουσι κυνίδια καὶ πιθήκους ἐπά-
γεσθαι πρὸς παραμυθίαν τοῦ πλοῦ, πλέων τις εἶχε μεθ᾽
ἑαυτοῦ καὶ πίθηκον. Γενομένων δὲ αὐτῶν κατὰ Σούνιον,
τὸ τῆς Ἀττικῆς ἀκρωτήριον, χειμῶνα σφοδρὸν συνέβη
γενέσθαι. Τῆς δὲ νεὼς ἀνατραπείσης καὶ πάντων κολυμ-
βώντων, ἔνευσε καὶ ὁ πίθηκος. Δελφὶς δέ τις αὐτὸν θεα-
σάμενος καὶ ἄνθρωπον εἶναι ὑπολαβὼν διεκόμισεν ἐπὶ
τὴν γῆν. Ὡς δὲ κατὰ τὸν Πειραιᾶ ἐγένετο, τὸν τῶν
Ἀθηναίων λιμένα, ἐπυνθάνετο τοῦ πιθήκου εἰ τὸ γένος
ἐστὶν Ἀθηναῖος. Τοῦ δὲ φήσαντος καὶ λαμπρῶν ἐνταῦθα
εἶναι γονέων, ἐπανήρετο εἰ καὶ τὸν Πειραιᾶ ἐπίσταται.
Ὑπολαβὼν δὲ ὁ πίθηκος περὶ ἀνθρώπου αὐτὸν λέγειν,
ἔφη καὶ μάλα φίλον εἶναι αὐτῷ καὶ συνήθη. Καὶ ὁ δελφὶς
ἐπὶ τοσούτῳ ψεύδει ἀγανακτήσας ἐβάπτισεν αὐτόν.

<h3 style="text-align:center">169. — Un rieur complaisant.</h3>

Διονυσίου κόλαξ τις, ἰδὼν τὸν τύραννον μετά τινων
φίλων γελῶντα (ἀπεῖχε δ᾽ ἀπ᾽ αὐτῶν τοσοῦτον ὥστε μὴ
ἀκούειν), καὶ αὐτὸς ἐγέλασεν. Ἐρωτῶντος δὲ τοῦ Διο-
νυσίου διὰ τί οὐκ ἀκούων τῶν λεγομένων γελᾷ, εἶπεν·
« Ὑμῖν πιστεύω τὸ ῥηθὲν γελοῖον εἶναι. »

----

[1] Ce passif est employé impersonnellement. — [2] Cf. Gr. gr.,
§ 375. — [3] Pléonasme consacré par l'usage.

PROPOSITIONS CAUSALES

170. — Critique muette.

Φιλόξενος ὑπὸ τοῦ Διονυσίου εἰς τὰς λατομίας ἐμβλη-
θεὶς διὰ τὸ ἀεὶ ψέγειν αὐτοῦ τὰς τραγῳδίας, ἐπειδὴ
ἀφεθεὶς πάλιν ἐπὶ τὴν ἀκρόασιν ἐκλήθη, ὀλίγον χρόνον
ὑπομείνας ἀνέστη. Πυθομένου δὲ τοῦ τυράννου · « Ποῖ δὴ
σύ; — Εἰς τὰς λατομίας, » ἔφη.

171. — L'envieux.

Πλείσταρχος ὁ Λακεδαιμονίων βασιλεὺς ἀκούσας ὅτι
κακολόγος τις πάνυ αὐτὸν ἐπήνεσε · « Θαυμάζω, ἦ δ' ὅς,
εἰ μή τις αὐτῷ εἴρηκεν ὅτι ἀπέθανον. Ζῶντα γὰρ ἐκεῖνος
οὐδένα καλῶς λέγειν δύναται. »

172. — L'art d'amplifier.

Ἐπαινοῦντός τινος ῥήτορα ἐπὶ τῷ δύνασθαι μικρὰ
πράγματα τῷ λόγῳ αὐξάνειν, παρὼν ὁ Ἀγησίλαος
εἶπεν · « Ἀλλ' οὐ σκυτοτόμον ἡγοῦμαι σπουδαῖον, ὃς
μικρῷ ποδὶ ὑποδήματα μεγάλα περιτίθησιν. »

PROPOSITIONS CONDITIONNELLES

173. — Contre la précipitation.

Λόγου περὶ τῆς Ἀλεξάνδρου τελευτῆς ἐμπεσόντος, οἱ
μὲν ἄλλοι ῥήτορες Ἀθήνησιν ἀναπηδῶντες ἐπὶ τὸ βῆμα
ἐκέλευον πολεμεῖν παραχρῆμα, ὁ δὲ Φωκίων ἠξίου περι-
μεῖναι λέγων · « Εἰ γὰρ τήμερον τέθνηκε, καὶ αὔριον
καὶ εἰς τρίτην ἔσται τεθνηκώς. »

174. — Le cheval et le cerf.

Στησίχορος, ἑλομένων στρατηγὸν αὐτοκράτορα τῶν
Ἱμεραίων Φάλαριν καὶ μελλόντων φυλακὴν διδόναι τοῦ

σώματος, τἄλλα διαλεχθεὶς εἶπεν αὐτοῖς τόνδε τὸν λόγον·
« Ἵππος κατεῖχε λειμῶνα μόνος· ἐλθόντος δ' ἐλάφου καὶ
διαφθείροντος τὴν νομήν, βουλόμενος τιμωρήσασθαι τὸν
ἔλαφον, ἠρώτα ἄνθρωπον εἰ δύναιτ' ἂν μετ' αὐτοῦ
κολάσαι τὸν ἔλαφον· ὁ δ' ἔφησεν, ἐὰν λάβῃ χαλινόν
τε καὶ ἡνίαν, καὶ αὐτὸς ἀναβῇ ἐπ' αὐτὸν ἔχων ἀκόντια'.
Συνομολογήσας δέ, ἀντὶ τοῦ τιμωρήσασθαι, αὐτὸς ἐδού-
λευσεν τῷ ἀνθρώπῳ. Οὕτω δὲ καὶ ὑμεῖς, ἔφη, ὁρᾶτε
μὴ τοὺς πολεμίους βουλόμενοι τιμωρήσασθαι ταὐτὸ πά-
θητε τῷ ἵππῳ· τὸν μὲν γὰρ χαλινὸν ἤδη ἔχετε, ἑλόμενοι
στρατηγὸν αὐτοκράτορα· ἐὰν δὲ φυλακὴν δῶτε καὶ
ἀναβῆναι ἐάσητε, δουλεύσετε Φαλάριδι. »

(D'après Aristote, *Rhétor.*, liv. II, 20.)

175. — Les lois.

Οἱ νόμοι εἴξασι[2] τοῖς ἀραχνίοις. Ὥσπερ γὰρ εἰς ἐκεῖνα
ἐὰν μὲν μυῖα ἐμπέσῃ ἢ κώνωψ, κατέχεται, ἐὰν δὲ μέλιττα
ἢ σφήξ, διαρρήξας ἀποπέτεται, οὕτω καὶ εἰς τοὺς νόμους
ὁ μὲν πένης ἐμπεσὼν ἐνέχεται, ὁ δὲ πλούσιος διακόψας
ἀποτρέχει.

176. — Maximes.

Ὡς ἡδὺς ὁ βίος, ἄν τις αὐτὸν μὴ μάθῃ.
Ἔρημός ἐστ' ἄνθρωπος ἠπορημένος·
ἐὰν δ' ἔχωμεν χρήμαθ', ἕξομεν φίλους.
Εἰ μὴ καθέξεις γλῶτταν, ἔσται σοι κακά.

177. — La Providence.

Ὁ ποιήσας ἀνθρώπους ἐπ' ὠφελείᾳ προσέθηκεν αὐτοῖς
δι' ὧν αἰσθάνονται ἕκαστα, ὀφθαλμοὺς καὶ ὦτα. Ὀσμῶν
γε μήν, εἰ μὴ ῥῖνες προσετέθησαν, τί ἂν ἡμῖν ὄφελος
ἦν; τίς δ' ἂν αἴσθησις ἦν γλυκέων καὶ δριμέων, εἰ μὴ
γλῶττα τούτων γνώμων ἀνειργάσθη; Πρὸς δὲ τούτοις οὐ

---

[1] Cf. *Gr. gr.*, § 301, 1. — [2] Forme accessoire de ἔοικα.

δοκεῖ σοι καὶ τόδε προνοίας ἔργοις ἐοικέναι, τὸ ἐπεὶ
ἀσθενής ἐστιν ἡ ὄψις, βλεφάροις αὐτὴν θυρῶσαι καὶ ὀφρύσι
ἀπογεισῶσαι τὰ ὑπὲρ τῶν ὀμμάτων; Ταῦτα οὕτω προ-
νοητικῶς πεπραγμένα πότερα τύχης ἢ γνώμης ἔργα
ἐστίν; Πάνυ ἔοικε σοφοῦ τινος δημιουργοῦ εἶναι.

178. — Visiteur mal reçu.

Δύσκολόν τις ἐπεσκόπει. Ὁ δὲ αὐτὸς ἀπεκρίνατο·
« Οὐκ εἰμὶ ἔνδον. » Τοῦ δὲ γελάσαντος καὶ εἰπόντος·
« Ψεύδει, ἀκούω γάρ σου τῆς φωνῆς, » ἀντεῖπεν· « Ὦ
κάθαρμα, εἰ μὲν ὁ δοῦλός μου τοῦτ' εἰπέ σοι, ἐπίστευες
ἄν, ἐγὼ δὲ αὐτὸς οὐ φαίνομαί σοι ἀξιοπιστότερος ἐκείνου; »

179. — Le vin.

Εἰ τοῦ μεθύσκεσθαι πρότερον τὸ κραιπαλᾶν
παρεγίνεθ' ἡμῖν, οὐδ' ἂν εἰς οἶνόν ποτε
προσίετο πλεῖον τοῦ μετρίου· νυνὶ δὲ τὴν
τιμωρίαν οὐ προσδοκῶντες τῆς μέθης
ἥξειν, προχείρως τοὺς ἀκράτους πίνομεν.   (Alexis.)

180. — Le loup et la grue.

Λύκου τραχήλῳ ὀστοῦν ἐπεπήγει· ὁ δὲ γεράνῳ μι-
σθὸν παρέξειν εἶπεν, εἰ, τὴν αὐτῆς κεφαλὴν ἐπιβαλοῦσα,
τὸ ὀστοῦν ἐκ τοῦ τραχήλου αὐτοῦ ἐκβάλοι. Ἡ δὲ, τοῦτ'
ἐκβαλοῦσα, μέγαν αὐχένα ἔχουσα, τὸν μισθὸν ἀπῄτει.
Ὁ δὲ γελάσας καὶ τοὺς ὀδόντας θήξας· « Ἀρκεῖ σοι
μισθός, ἔφη, τοῦτο καὶ μόνον, ὅτι ἐκ λύκου στόματος
καὶ ὀδόντων ἐξεῖλες κεφαλὴν σῶν καὶ οὐδὲν παθοῦσαν. »

PROPOSITIONS RELATIVES

181. — Épaminondas et son écuyer.

Ἐπαμεινώνδας αἰσθόμενος τὸν ὑπασπιστὴν χρήματα
πολλὰ εἰληφότα παρά τινος τῶν αἰχμαλώτων· « Ἐμοὶ

μέν, ἔφη, ἀπόδος τὴν ἀσπίδα, σεαυτῷ δὲ πρίω καπη-
λεῖον, ἐν ᾧ διαζήσεις. Οὐκέτι γὰρ ἐθελήσεις κινδυνεύειν,
πλούσιος γενόμενος.

182. — Maximes.

Ἐν οἷς ἂν ἀτυχήσῃ τις ἄνθρωπος τόποις,
ἥκιστα τούτοις πλησιάζων ἥδεται.
Μακάριος ὅστις εὐτύχησεν εἰς τέκνα ·
στῦλοι γὰρ οἴκων παῖδές εἰσι σώφρονες.
Κρεῖττον σιωπᾶν ἢ λέγειν ἃ μὴ πρέπει.

PROPOSITIONS TEMPORELLES

183. — L'homme.

Διογένης ἔλεγεν, ὁπότε μὲν ἴδοι κυβερνήτας καὶ ἰατροὺς
καὶ φιλοσόφους, συνετώτατον ζῴων ἁπάντων τὸν ἄνθρω-
πον νομίζειν, ὁπότε δὲ μάντεις καὶ γόητας καὶ χρησμο-
λόγους καὶ τοὺς τούτοις προσέχοντας, οὐδὲν ἡγεῖσθαι
ματαιότερον ἀνθρώπου ζῷον.

184. — Prudente résolution.

Ἠλίθιός τις νέων παρὰ μικρὸν ἀπεπνίγη. Ὤμοσεν οὖν
μὴ εἰσιέναι πρότερον εἰς τὸ ὕδωρ πρὶν ἂν μάθῃ καλῶς
νεῖν.

185. — Contre la vieillesse.

Ὦ γῆρας, ὡς ἐπαχθὲς ἀνθρώποισιν[1] αἶ
καὶ πανταχῆ λυπηρόν, οὐ καθ' ἓν μόνον[2] ·
ἐν ᾧ γὰρ οὐδὲν δυνάμεθ' οὐδ' ἰσχύομεν,
σὺ τηνικαῦθ' ἡμᾶς προδιδάσκεις εὖ φρονεῖν.

(PHÉRÉCRATE.)

[1] Datif poétique pour ἀνθρώποις. — [2] Non pas d'une seule façon.

186. — La petite guerre.

Ἐκάλεσεν ἐπὶ δεῖπνον ὁ Κῦρος καὶ ὅλην τάξιν σὺν τῷ
ταξιάρχῳ, ἰδὼν αὐτὸν τοὺς μὲν ἡμίσεις τῶν ἀνδρῶν τῆς
τάξεως ἀντιτάξαντα ἑκατέρωθεν εἰς ἐμβολήν, θώρακας
μὲν ἀμφοτέρους ἔχοντας καὶ γέρρα ἐν ταῖς ἀριστεραῖς·
εἰς δὲ τὰς δεξιὰς νάρθηκας παχεῖς τοῖς ἡμίσεσιν ἔδωκε,
τοῖς δ' ἑτέροις εἶπεν ὅτι βάλλειν δεήσοι ἀναιρουμένους[1]
ταῖς βώλοις. Ἐπεὶ δὲ παρεσκευασμένοι ἔστησαν, ἐσή-
μαινεν αὐτοῖς μάχεσθαι.

Ἐνταῦθα δὴ οἱ μὲν βάλλοντες βώλοις ἔστιν οἵ[2] καὶ
ἐτύγχανον καὶ θωράκων καὶ γέρρων, οἱ δὲ καὶ μηροῦ καὶ
κνημῖδος. Ὅπου δὲ ὁμόσε γένοιντο, οἱ τοὺς νάρθηκας
ἔχοντες ἔπαιον τῶν μὲν μηρούς, τῶν δὲ χεῖρας, τῶν δὲ
κνήμας· τῶν δὲ καὶ ἐπικυπτόντων ἐπὶ βώλους ἔπαιον
τοὺς τραχήλους καὶ τὰ νῶτα. Τέλος δὲ τρεψάμενοι ἐδίω-
κον οἱ ναρθηκοφόροι, παίοντες σὺν πολλῷ γέλωτι καὶ
παιγνιᾷ. Ἐν μέρει γε μὴν οἱ ἕτεροι λαβόντες πάλιν τοὺς
νάρθηκας ταὐτὰ ἐποίησαν τοὺς ταῖς βώλοις βάλλοντας.

(Ξένοφων, Cyr., II, ᴍ, 18.)

SYNTAXE DE L'INFINITIF

187. — Maximes.

Εἰ τὸ συνεχῶς καὶ πολλὰ καὶ ταχέως λαλεῖν
ἦν τοῦ φρονεῖν παράσημον, αἱ χελιδόνες
ἐλέγοντ' ἂν ἡμῶν σωφρονέστεραι πολύ.

Ἄνθρωπος · ἱκανὴ πρόφασις εἰς τὸ δυστυχεῖν.

188. — Excès de discrétion.

Κληθείς τις ἐπὶ δεῖπνον οὐκ ἤσθιεν · ἐρωτηθεὶς δὲ
ὑπό τινος τῶν συμποτῶν · « Διὰ τί οὐδὲν ἐσθίεις; »
ἀπεκρίνατο · « Ἵνα μὴ τοῦ φαγεῖν ἕνεκα δοκῶ παρεῖναι. »

---

[1] Sous-entendu βώλους. — [2] Ἔστιν οἵ, *il y en a qui*, locution
équivalant à ἔνιοι, *quelques-uns, en partie.*

189. — Excès de sincérité.

Πεινῶν κωμῳδίας ὑποκριτὴς τὸν χορηγὸν πρὸ τοῦ
εἰσελθεῖν ἄριστον ᾔτει. Τοῦ δὲ πυθμένου διὰ τί προκρι-
στῆσαι ἐθέλοι, ἔφη · « Ἵνα μὴ ἐπιορκῶν λέγω ·

ἐγὼ μὲν ἠρίστησα, νὴ τὴν Ἄρτεμιν,
μάλ' ἡδέως. »

190. — Aventure de chasse.

Ἀντίγονος, ἐν κυνηγεσίῳ τινὶ πλανηθεὶς ἀπὸ τῶν
φίλων καὶ τῶν θεραπόντων, εἰς καλύβην πενήτων ἀνθρώ-
πων ἀγνοούμενος εἰσῆλθεν. Ἐμβαλὼν δὲ παρὰ τὸ δεῖπνον
λόγον περὶ τοῦ βασιλέως ἤκουσεν ὅτι τὰ μὲν ἄλλα χρη-
στός ἐστι, φίλοις δὲ μοχθηροῖς τὰ πράγματα ἐπιτρέπει
καὶ πολλάκις τῶν ἀναγκαίων ἀμελεῖ διὰ τὸ ἄγαν φιλό-
θηρος εἶναι. Τότε μὲν οὖν ἐσιώπησεν · ἅμα δὲ ἡμέρᾳ
παρόντων τῶν φίλων καὶ τῶν δορυφόρων καὶ τὴν πορ-
φύραν καὶ τὸ σκῆπτρον καὶ τὸ διάδημα προσφερόντων,
εἶπεν · « Ἀφ' ἧς ἡμέρας¹ ταῦτα ἀνείληφα, πρῶτον χθὲς
ἀληθινῶν λόγων περὶ ἐμαυτοῦ ἤκουσα. »

191. — Maximes.

Δίκαιον εὖ πράττοντα² μεμνῆσθαι Θεοῦ.
Βιοῦν ἀλύπως θνητὸν ὄντ' οὐ ῥᾴδιον.
Ἐν γῇ πένεσθαι κρεῖττον ἢ πλουτοῦντα πλεῖν.
Ὅσος τὸ κατέχειν ἐστὶ τὴν ὀργὴν πόνος ·
ὀργὴ δὲ πολλὰ δρᾶν ἀναγκάζει κακά.
Γράμματα μαθεῖν δεῖ καὶ μαθόντα νοῦν ἔχειν.
Ῥᾷον παραινεῖν ἢ παθόντα καρτερεῖν.
Εὔτακτον εἶναι τἀλλότρια δειπνοῦντα δεῖ.

¹ Depuis le jour où. — ² Δίκαιον (s.-e. ἐστί) est neutre, πράττοντα
est masculin. Cf. Gram. gr., § 281.

192. — Le secret.

Διονυσίῳ τῷ τυράννῳ προσελθών τις ὑπέσχετο διδάξειν αὐτὸν ὅπως ἅπαντας τοὺς ἐπιβουλεύοντας αἰσθήσεται· τοῦ δὲ ἰδίᾳ φράζειν κελεύοντος · « Δός μοι τάλαντον, ἔφη, ἵνα δοκῇς τὸ ἀπόρρητον μεμαθηκέναι. » Ὁ δὲ θαυμάζων αὐτοῦ τὴν σύνεσιν ἔδωκεν.

193. — Ruse d'un philosophe.

Ἀρίστιππος Διονύσιον ᾔτει ἀργύριον. Τοῦ δὲ εἰπόντος · « Ἀλλὰ μὴν εἴρηκας οὐκ ἂν ἀπορεῖν χρημάτων τὸν σοφόν. » Ὁ δέ · « Δὸς πρῶτον, ἔφη, καὶ περὶ τούτου ζητήσομεν. » Δόντος δέ · « Ὁρᾷς, ἔφη, ὅτι οὐκ ἠπόρηκα. »

194. — Maximes.

Θεὸν προτίμα, δεύτερον τοὺς σοὺς γονεῖς ·
ἔλπιζε, τιμῶν Θεόν, πράξειν καλῶς.
Μαθεῖν ἀνάγκη τοὺς θέλοντας εὐτυχεῖν.
Πρὸς εὖ λέγοντας οὐδὲν ἀντειπεῖν ἔχω.
Τὸ πολλὰ τολμᾶν πόλλ' ἁμαρτάνειν ποιεῖ.

195. — Un bon papa.

Ἀγησίλαος, φιλοτεκνότατος ὤν, μετὰ τῶν ἑαυτοῦ παιδίων κάλαμον περιβεβηκὼς ὥσπερ ἵππον οἴκοι ἔπαιζεν. Ἐξαίφνης δὲ ξένου τινὸς ἐπιστάντος, παρεκάλει μηδενὶ φράζειν πρὶν ἂν καὶ αὐτὸς πατὴρ γένηται.

196. — Le nègre.

Αἰθίοπά τις ἐπρίατο, τοιαύτην εἶναι τὴν χρόαν αὐτοῦ νομίζων ἀμελείᾳ τοῦ πρότερον ἔχοντος. Καὶ παραλαμβάνων αὐτὸν οἴκαδε, πάντα μὲν αὐτῷ προσῆγε τὰ ῥύμματα, πᾶσι δὲ βαλανείοις αὐτὸν ἐπειρᾶτο φαιδρύνειν.

Καὶ τὸ μὲν χρῶμα μεταβάλλειν οὐχ οἷός τε ἦν, νοσεῖν δὲ τὸν δοῦλον τῷ πονεῖν ἐποίησε. Μένουσιν αἱ φύσεις τῶν ἀνθρώπων, ἃς οὐ ζητητέον μεταβάλλειν, ἀλλὰ φέρειν.

197. — Folie de Thrasylle.

Θράσυλλος παράδοξον καὶ καινὴν ἐνόσησε μανίαν. Ἀπολιπὼν γὰρ τὸ ἄστυ καὶ κατελθὼν εἰς τὸν Πειραιᾶ, καὶ ἐνταῦθα οἰκῶν, τὰ στρογγύλα πλοῖα τὰ καταίροντα ἐν αὐτῷ πάντα ἑαυτοῦ ἐνόμιζεν εἶναι, καὶ ἀπεγράφετο αὐτά, καὶ αὖ πάλιν ἐξέπεμπε, καὶ τοῖς περισῳζομένοις καὶ εἰσιοῦσιν εἰς τὸν λιμένα ὑπερέχαιρε · χρόνον δὲ διετέλεσε συχνὸν συνοικῶν τῷ ἀρρωστήματι τούτῳ. Ἐκ Σικελίας δὲ ἀναγόμενος ὁ ἀδελφὸς αὐτοῦ παρέδωκεν αὐτὸν ἰατρῷ ἰάσασθαι · καὶ ἐπαύσατο τῆς νόσου οὕτως. Ἐμέμνητο δὲ πολλάκις τῆς ἐν μανίᾳ διατριβῆς, καὶ ἔλεγε οὐδέποτε ἡσθῆναι τοσοῦτον ὅσον τότε ἥδετο ἐπὶ ταῖς μηδὲν αὐτῷ προσηκούσαις ναυσὶν σῳζομέναις.

198. — Hardiesse de Gélon.

Γέλων, ὁ τῶν Συρακοσίων τύραννος, τὴν ἀρχὴν πρᾴτατα ἦρχε. Στασιώδεις δέ τινες ἐπεβούλευον αὐτῷ · ἃ πυθόμενος, ὁ Γέλων εἰς ἐκκλησίαν συγκαλέσας τοὺς Συρακοσίους εἰσῆλθεν ὡπλισμένος, καὶ διεξελθὼν ὅσα ἀγαθὰ αὐτοὺς εἰργάσατο, τὴν ἐπιβουλὴν ἐξεκάλυψε καὶ ἀπέδυ τὴν πανοπλίαν, λέγων πρὸς πάντας · « Ἐγὼ τοίνυν ὑμῖν ἐν χιτωνίσκῳ γυμνὸς τῶν ὅπλων παρέστηκα, καὶ δίδωμι χρῆσθαι ὅ τι βούλεσθε. » Καὶ ἐθαύμασαν αὐτοῦ τὴν ἀνδρείαν καὶ μεγαλοφροσύνην οἱ Συρακόσιοι, καὶ τοὺς ἐπιβουλεύοντας παρέδοσαν αὐτῷ κολάσαι. Ὁ δὲ καὶ τούτους ἀπέδωκε τῷ δήμῳ τιμωρήσασθαι. Τοιγαροῦν εἰκόνα αὐτοῦ οἱ Συρακόσιοι ἔστησαν ἐν ἀζώστῳ χιτῶνι · καὶ ἦν τοῦτο τῆς μὲν δημαγωγίας αὐτοῦ ὑπόμνημα, τοῖς δὲ μετὰ ταῦτα μέλλουσιν ἄρχειν δίδαγμα.

SYNTAXE DU PARTICIPE

199. — Précieux renseignement.

Ἐν Κύμῃ ἀνδρὸς ἐπισήμου θαπτομένου καὶ πολλοῦ ὄχλου συνδραμόντος, προσελθών τις πρὸς τοὺς ἐκφέροντας ἠρώτησε · « Τίς ἐστιν ὁ τεθνηκώς; » Κυμαῖος δέ τις ἐπιστραφεὶς καὶ τῷ δακτύλῳ δείξας · « Ἐκεῖνος, ἔφη, ὁ ἐπὶ τῆς κλίνης ἀνακείμενος. »

200. — L'homme mordu.

Δηχθείς τις ὑπὸ κυνὸς λυττῶντος τὸν ἰασόμενον περιῄει ζητῶν. Ἐντυχὼν δέ τις αὐτῷ καὶ γνοὺς ὃ ἐζήτει · « Ὦ οὗτος, ἔφη, εἰ σώζεσθαι βούλει, λαβὼν ἄρτον καὶ τούτῳ τὸ αἷμα τῆς πληγῆς ἐκμάξας, τῷ δακόντι κυνὶ φαγεῖν ἐπίδος. » Κἀκεῖνος γελάσας ἔφη · « Ἀλλ' εἰ τοῦτο ποιήσω, ἀνάγκη ἔσται με ὑπὸ πάντων τῶν ἐν τῇ πόλει κυνῶν δηχθῆναι. »

Ὁ μῦθος δηλοῖ ὅτι τῶν ἀνθρώπων οἱ πονηροὶ εὐεργετούμενοι μᾶλλον ἀδικεῖν παροξύνονται.

201. — Le preneur de villes.

Τιμόθεος εὐδαίμων ἐδόκει στρατηγὸς εἶναι · φθονοῦντες οὖν οἱ ἐχθροὶ ἐζωγράφουν τὰς πόλεις, καθεύδοντος αὐτοῦ, εἰς δίκτυον εἰσδυομένας. Ὁ δὲ Τιμόθεος ἔλεγεν · « Εἰ καθεύδων πόλεις τηλικαύτας αἱρῶ, τί με ποιήσειν οἴεσθε ἐγρηγορότα; »

202. — Terrible menace.

Ἀνόητος φίλον νοσοῦντα ἐπεσκέψατο καὶ ἠρώτησε · « Πῶς ἔχεις; » Τοῦ δὲ ἀποκρίνασθαι οὐ δυναμένου, ὀργισθεὶς εἶπεν · « Ἐλπίζω νοσήσειν ποτὲ καὶ αὐτός, καὶ προσελθόντι σοι οὐδὲν ἀποκρινοῦμαι. »

203. — La reconnaissance de l'estomac.

Δημώνακτι πλεῖν μέλλοντι διὰ χειμῶνος εἰπέ τις ·
« Οὐ δέδοικας μή, ἀνατραπέντος τοῦ πλοίου, ὑπὸ τῶν
ἰχθύων καταβρωθῇς; » Ὁ δὲ γελάσας ἀπεκρίνατο ·
« Ἆρ᾽ οὖν οὐκ ἀγνώμων ἂν εἴην, δεδιὼς ὑπ᾽ ἰχθύων
κατεδεσθῆναι, αὐτὸς τοσούτους ἰχθῦς καταφαγών; »

204. — Réplique lacédémonienne.

Λακεδαιμόνιοι πρέσβεις ἧκον πρὸς Λύγδαμιν τὸν τύ-
ραννον · τοῦ δὲ τὴν ἔντευξιν ἀναβαλλομένου καὶ ἀεί τι
προφασιζομένου καὶ ἐπὶ πᾶσιν ἀσθενεῖν λέγοντος, εἶπον οἱ
πρέσβεις · « Λέγε αὐτῷ ὅτι οὐ παλαίσοντες πρὸς αὐτὸν
ἐληλύθαμεν, ἀλλὰ διαλεξόμενοι, »

205. — Plus de chefs que de soldats.

Ἐμβαλόντων τῶν Μακεδόνων εἰς τὴν Ἀττικήν, ὁ
Φωκίων ἔχων τοὺς ἐν ἡλικίᾳ ἐβοήθει. Πολλῶν δὲ συντρε-
χόντων πρὸς αὐτὸν καὶ παρακελευομένων, τοῦ μὲν λόφον
καταλαβεῖν, τοῦ δὲ ἐκεῖσε τάξαι τὴν δύναμιν « Ὦ
Ἡράκλεις, ἔφη, ὡς πολλοὺς ἔχω στρατηγούς, στρατιώτας
δὲ ὀλίγους. »

206. — Concours jugé par Momos.

Φησὶν ὁ μῦθος ἐρίσαι Ἀθηνᾶν καὶ Ποσειδῶνα καὶ
Ἥφαιστον δεξιότητος πέρι, καὶ τὸν μὲν Ποσειδῶ ταῦρον
πλάσαι, τὴν Ἀθηνᾶν δὲ οἰκίαν ἐπινοῆσαι · ὁ Ἥφαιστος
δὲ ἄνθρωπον συνεστήσατο. Καὶ ἐπείπερ ἐπὶ τὸν Μῶμον
ἧκον, ὅνπερ δικαστὴν εἵλοντο, θεασάμενος ἐκεῖνος ἑκάστου
τὸ ἔργον, τῶν μὲν ἄλλων ἄτινα ᾐτιάσατο περιττὸν ἂν
εἴη λέγειν · ἐπὶ τοῦ ἀνθρώπου δὲ τὸν ἀρχιτέκτονα ἐπέ-
πληξε τὸν Ἥφαιστον, διότι οὐ θυρίδας ἐποίησεν αὐτῷ
κατὰ τὸ στέρνον, ὥστε, ἀναπτυχθεισῶν, γνώριμα γίγνε-
σθαι ἅπασιν ἃ βούλεται καὶ ἐπινοεῖ, καὶ εἰ ψεύδεται ἢ
ἀληθεύει.

207. — Misères des riches.

Ἀνάγκη ἀεὶ δεδιέναι τοὺς πλουσίους, μή τι ὁ οἰκονόμος ἀναλώσας λάβῃ, ἢ ὁ φὼρ ὑφέληται τὰ ἐκπώματα καὶ τοὺς κυάθους, μὴ πιστεύσῃ τοῖς συκοφάνταις ὁ τύραννος καὶ ἐξοστρακίσῃ ἢ τὴν φλέβα τέμνειν κελεύῃ, μὴ ὁ δεῖνα ἐγχειρίδιον κολεοῦ γυμνὸν ὑπὸ μάλης ἔχων αἰφνιδίως εἰς τὸν κόλπον ἐμπήξῃ. Ταῦτα δὲ πάντα οὐδὲ τὸ πολλοστὸν ἂν εἴη μέρος τῶν ἀνιώντων αὐτούς. Καὶ γὰρ ἃ οἰμώζεις, ὡς τοὺς μὲν πλακούντων ἐμπιπλαμένους, ὑμᾶς δὲ κάρδαμον ἢ θύμον ἢ κρόμμυον ἢ κυάμους τρώγοντας ἐν τῇ ἑορτῇ, σκέψαι ὁποῖά ἐστι. Ἐκεῖνοι γὰρ ἢ φθόην ἢ περιπνευμονίαν ἢ ὕδερον οὐ χαλεπῶς συνελέξαντο ἐκ τῆς πολλῆς τρυφῆς. Καὶ ἢν ἴδητέ ποτε ἐξελαύνοντας ἐπὶ δίφρου, κεχήνατε καὶ προσκυνεῖτε, δέον τούτων καταφρονεῖν. Πάντα γὰρ ἐκεῖνα κίβδηλά ἐστι, καὶ τούτων οὐδὲν ὄφελος τοῖς ἐν τῇ πυρᾷ κειμένοις.

208. — Dernières paroles d'un gourmand.

Φιλόξενος ὁ ποιητής, ὀψοφάγος ὤν, πολύποδα παμμεγέθη πριάμενος καὶ σκευάσας σχεδόν τι ὅλον κατέφαγε πλὴν τῆς κεφαλῆς. Ἁλόντος δ' ὑπὸ δυσπεψίας, εἰσελθὼν ἰατρὸς καὶ ἰδὼν αὐτὸν φαύλως πάνυ ἔχοντα εἶπεν · « Εἴ τί σοι μὴ ᾠκονόμηται, ὦ Φιλόξενε, ταχέως διατίθεσο, ἀποθανεῖ γὰρ μετ' ὀλίγον. » Κἀκεῖνος εἶπε · « Πάντα μοι τέλος ἔχει, ὦ ἰατρέ, καὶ πάλαι καλῶς μοι διῴκηται. Τούτων οὖν ἄριστα ἐχόντων, ἵνα πάντα τὰ ἐμαυτοῦ ἔχων ἀποτρέχω κάτω, δότε μοι, ἔφη, τοῦ πολύποδος τὸ λοιπόν. »

209. — Annibal et Antiochus.

Ἀννίβας ὁ Καρχηδόνιος Ἀντίοχον τὸν βασιλέα ἐκέλευεν ἐπιθέσθαι τοῖς πολεμίοις, ὡς τοῦ καιροῦ εὖ διδόντος · τοῦ δὲ θυσαμένου καὶ τὰ σπλάγχνα κωλύειν φάσκοντος, ἐπετίμησεν ὁ Ἀννίβας εἰπών · « Σὺ ὅ τι κρέας λέγει ποιεῖς, οὐχ ὅ τι νοῦν ἔχων ἄνθρωπος. »

210. — Service récompensé.

Φίλιππος, αἰχμαλωτοὺς πωλῶν, ἐκάθητο οὐκ εὐπρεπῶς τὸν χιτῶνα ἀνασεσυρμένος. Τῶν δὲ πωλουμένων τις ἀνέκραγε · « Φεῖσαί μου, ὦ βασιλεῦ, πατρικὸς γάρ εἰμί σου φίλος. » Ἐρωτήσαντος οὖν τοῦ Φιλίππου · « Πῶς γενόμενος, καὶ τίς εἶ; — Ἐγγὺς προσελθών, ἔφη, φράσω σοι. » Ὡς οὖν προσήχθη, πρὸς τὸ οὖς εἶπε · « Κατάστειλον τὴν χλαμύδα, ἀσχημονεῖς γὰρ οὕτω καθήμενος. » Καὶ ὁ Φίλιππος · « Ἄφετε αὐτόν, ἔφη, ἀληθῶς γὰρ εὔνους ὢν καὶ φίλος ἐλάνθανεν. »

211. — Le berger et la mer.

Ποιμὴν ἐν παραθαλαττίῳ τόπῳ ποίμνιον νέμων, ἑωρακὼς γαληνιῶσαν τὴν θάλατταν, ἐπεθύμησε πλεῦσαι πρὸς ἐμπορίαν. Ἀποδόμενος οὖν τὰ πρόβατα καὶ φοινίκων βαλάνους πριάμενος, ἀνηγάγετο. Χειμῶνος δὲ σφοδροῦ γενομένου καὶ τῆς νεὼς κινδυνευούσης καταποντίζεσθαι, πάντα τὸν φόρτον ἐκβαλὼν εἰς τὴν θάλατταν, μόλις κενῇ τῇ νηί[1] διεσώθη. Μετὰ δ' ἡμέρας οὐκ ὀλίγας, παριόντος τινὸς καὶ τῆς θαλάττης (ἔτυχε γὰρ αὕτη γαληνιῶσα) τὴν ἠρεμίαν θαυμάζοντος, ὑπολαβὼν οὗτος εἶπε · « Βαλάνων αὖθις, ὡς ἔοικεν, ἐπιθυμεῖ, καὶ διὰ τοῦτο φαίνεται ἡσυγάζουσα. »

Τὰ παθήματα τοῖς ἀνθρώποις μαθήματα γίγνεται.

212. — Denys l'Ancien et Denys le Jeune.

Διονύσιος ὁ πρεσβύτερος τῷ υἱῷ ἀκολάστῳ ὄντι καὶ πολλὰ σπαθῶντι ἐπιτιμῶν εἶπε · « Τί ἐμοὶ πώποτε πέπρα-

---

[1] Τῇ νηί, avec son vaisseau. Cf. Gr. gr. § 172, rem. 1.

χται τοιοῦτον; » Τοῦ δὲ εἰπόντος · « Οὐ γὰρ εἶχες πατέρα τύραννον. — Οὐδὲ σύ, ἔφη, μὰ τὸν Ἡρακλέα, υἱὸν τύραννον ἕξεις, ἢν μὴ παύσῃ τοιαῦτα δρῶν. »

213. — Pas de dots, pas de prétendants.

Τὰς Ἀριστείδου θυγατέρας, ἔτι αὐτοῦ ζῶντος, ἐμνήστευον πολλοὶ καὶ εὐδόκιμοι. Ἔβλεπον δὲ ἄρα οὐκ εἰς τὸν Ἀριστείδου βίον, ἀλλ' εἰς τὴν ἐκείνου φρενήν · κἂν γὰρ μετὰ ταῦτα ἐνέμειναν τῇ μνηστείᾳ. Νῦν δὲ ὁ μὲν ἀπέθανεν, οἱ δὲ οὐδὲν ἡγήσαντο εἶναι πρᾶγμα κοινὸν πρὸς τὰς κόρας. Ἀποθανὼν γὰρ ἐγνώσθη Ἀριστείδης ὅτι πένης ἦν · καὶ διὰ τοῦτο ἀφεῖντο ἐκεῖνοι οἱ κακοδαίμονες ἔνδοξόν τε ἅμα καὶ σεμνότατον γάμον.

214. — Maximes.

Ἅπαντές ἐσμεν εἰς τὸ νουθετεῖν σοφοί ·
αὐτοὶ δ' ἁμαρτάνοντες οὐ γιγνώσκομεν.
Ἅπαν τὸ κέρδος, ἄδικον ὄν, φέρει βλάβην ·
ἀνὴρ πονηρός δυστυχεῖ, κἂν εὐτυχῇ.

215. — La femme et les servantes.

Χήρα φιλεργός, θεραπαινίδας ἔχουσα, ταύτας εἰώθει νυκτός ἐγείρειν ἐπὶ τὰ ἔργα, πρὸς τὰς τῶν ἀλεκτρυόνων ᾠδάς. Αἱ δέ, συνεχῶς τῷ πόνῳ ταλαιπωρούμεναι, ἔγνωσαν τὸν τῆς οἰκίας ἀποκτεῖναι ἀλεκτρυόνα, ὡς ἐκείνου νύκτωρ ἀνιστάντος τὴν δέσποιναν. Συνέβη δ' αὐταῖς, τοῦτο διαπραξαμέναις, χαλεπωτέροις περιπεσεῖν κακοῖς. Ἡ γὰρ δεσπότις, ἀγνοοῦσα τὴν τῶν ἀλεκτρυόνων ὥραν, ἔτι πρωιαίτερον ταύτας ἀνίστη.

Ὁ μῦθος δηλοῖ ὅτι πολλοῖς ἀνθρώποις τὰ βουλεύματα κακῶν αἴτια γίγνεται.

216. — L'âne et le renard.

Ὄνος, ἐνδὺς λεοντῆν, περιῄει, γραῦς καὶ παιδία ἐκφοϐῶν. Καὶ δὴ κατιδὼν ἀλώπεκα, ἐπειρᾶτο καὶ ταύτην δεδίττεσθαι. Ἡ δὲ (ἐτύγχανε γὰρ αὐτοῦ φθεγξαμένου ἀκηκουῖα) πρὸς αὐτὸν ἔφη · « Καὶ ἐγὼ ἄν σε ἐφοϐήθην, εἰ μὴ ὀγκωμένου ἤκουσα. »

Ὁ μῦθος δηλοῖ ὅτι ἔνιοι τῶν ἀπαιδεύτων, τοῖς ἔξω δοκοῦντές τινες εἶναι, ὑπὸ τῆς ἀδολεσχίας ἐλέγχονται.

217. — Lettre de consolation.

Οἶδα ὅτι ἐν πολλῇ ἀνίᾳ καθέστηκας νῦν. Ἀλλ' ὥσπερ τοῦτο οἶδα, οὕτως κἀκεῖνο ἐπίσταμαι, ὅτι πολύς σε ἐκ τῶν ἀνιῶν τούτων μένει μισθός. Εἰ γὰρ καὶ λύπη ἐστιν, ἀλλὰ τήν γε ψυχὴν ὠφελοῦσα. Ταῦτ' οὖν εἰδυῖα καὶ λογιζομένη, μεγίστην ἐντεῦθεν καρποῦ παράκλησιν, μὴ τὸ ὀδυνηρὸν μόνον ὁρῶσα τῶν ἀνιῶν, ἀλλὰ καὶ τὸ ἐκ τούτων συναγόμενον κέρδος. Καὶ γράφε συνεχῶς ἡμῖν περὶ τῆς ὑγιείας τῆς σῆς. Ἐπεὶ καὶ νῦν οὐχ ὡς ἔτυχεν ἠλγήσαμεν ἀκούσαντές σε ἀρρωστεῖν · διὸ καὶ σφόδρα ἐπιθυμοῦμεν μανθάνειν μετὰ πολλοῦ τοῦ τάχους, εἰ ῥᾷον σοι διετέθη τὰ τῆς ἀρρωστίας, ὥστε τῆς ἐπὶ ταύτῃ φροντίδος ἐλευθερωθῆναι.

SYNTAXE DES NÉGATIONS

218. — Maximes.

Μὴ πάντα πειρῶ πᾶσι πιστεύειν ἀεί.
Οὐδὲν πέπονθας δεινόν, ἂν μὴ προσποιῇ.
Κακῷ σὺν ἀνδρὶ μηδ' ὅλως ὁδοιπόρει.
Μηδέποτε πειρῶ δύο φίλων εἶναι κριτής.
Οὐκ ἔστιν οὐδεὶς ὅστις οὐχ αὑτὸν φιλεῖ.

219. — Le Scythe peu frileux.

Σκύθης χειμῶνος μέσου γυμνός περιπατῶν ἠρωτήθη
μὴ ῥιγοῖ. Τὸν δ' ἐρωτήσαντα ἀντήρετο · « Σὺ δὲ μὴ
ῥιγοῖς τὸ μέτωπον; » Οὐ φήσαντος δέ · « Ἐγώ, ἔφη,
ὅλος μέτωπόν εἰμι. »

220. — Maximes.

Οὐκ ἔστιν οὐδὲν κτῆμα κάλλιον φίλου.
Ὁ μὴ δαρεὶς ἄνθρωπος οὐ παιδεύεται·
νέος ἂν πονήσῃς, γῆρας ἕξεις εὐθαλές.
Ἀνὴρ δίκαιός ἐστιν, οὐχ ὁ μὴ ἀδικῶν,
ἀλλ' ὅστις, ἀδικεῖν δυνάμενος, μὴ βούλεται.
Οὔτε... ἰατρός, οὐδὲ εἷς, ἂν εὖ σκοπῇς,
τοὺς αὑτὸς αὑτοῦ βούλεθ' ὑγιαίνειν φίλους,
οὔτε στρατιώτης πόλιν ὁρᾶν ἄνευ κακοῦ.

221. — La justice est le fondement de la piété.

Μηδὲ βελόνης,
ὦ φίλτατ', ἐπιθύμησον ἀλλοτρίας ποτέ.
Ὁ γὰρ Θεὸς ἔργοις τοῖς δικαίοις ἥδεται.
Θεῷ δὲ θῦε διὰ τέλους δίκαιος ὤν,
μὴ λαμπρὸς ὤν[1] ταῖς χλαμύσιν ὡς τῇ καρδίᾳ.
Βροντῆς δ' ἀκούσας, μηδαμῶς πόρρω φύγῃς,
μηδὲν συνειδὼς αὐτὸς αὑτῷ, δέσποτα.
Ὁ γὰρ Θεὸς βλέπει σε πλησίον παρών.
Εἴ τις δὲ θυσίαν προσφέρων, ὦ Πάμφιλε,
ταύρων γε πλῆθος ἢ ἐρίφων ἤ, νὴ Δία,
ἑτέρων τοιούτων, ἢ κατασκευάσματα,
χρυσᾶς ποιήσας χλαμύδας ἤτοι πορφυρᾶς,
εὔνουν νομίζει τὸν Θεὸν καθιστάναι,
πεπλάνητ' ἐκεῖνος καὶ φρένας κούφας ἔχει.

(Philémon.)

[1] Entendez : μὴ (οὕτω) λαμπρὸς ὤν... ὡς, moins... que.

222. — Grand-père et petit-fils.

Ὁ Ἀστυάγης, ὅ τι δέοιτο αὐτοῦ ὁ Κῦρος, οὐδὲν ἐδύνατο ἀντέχειν μὴ οὐ χαρίζεσθαι. Καὶ γάρ, ἀσθενήσαντος αὐτοῦ, οὐδέποτε ἀπέλειπε τὸν πάππον οὐδὲ κλαίων ποτὲ ἐπαύετο, ἀλλὰ δῆλος ἦν πᾶσιν ὅτι ὑπερεφοβεῖτο μὴ οἱ ὁ πάππος ἀποθάνῃ · καὶ γὰρ ἐκ νυκτὸς εἴ τινος δέοιτο Ἀστυάγης, πρῶτος ᾐσθάνετο Κῦρος καὶ πάντων ἀοκνότατα ἀνεπήδα ὑπηρετήσων ὅ τι οἴοιτο χαριεῖσθαι · ὥστε παντάπασι ἀνεκτήσατο τὸν Ἀστυάγην.

(Xénophon, Cyr., I, iv, 2.)

EMPLOI DES PARTICULES

223. — Les ennuis de la tyrannie.

Ὁ τύραννος δούλους ἀντὶ φίλων ἔχει τοὺς ἑταίρους. Καὶ φοβεῖται μὲν ὄχλον, φοβεῖται δ᾽ ἐρημίαν, φοβεῖται δὲ ἀφυλαξίαν, φοβεῖται δὲ καὶ αὐτοὺς τοὺς φυλάττοντας, καὶ οὔτ᾽ ἀόπλους ἐθέλει ἔχειν περὶ αὐτὸν οὔθ᾽ ὡπλισμένους ἡδέως θεᾶται. Ἔτι δὲ ξένοις μὲν μᾶλλον ἢ πολίταις πιστεύει, βαρβάροις δὲ μᾶλλον ἢ Ἕλλησιν, ἐπιθυμεῖ δὲ τοὺς μὲν ἐλευθέρους δούλους ἔχειν, τοὺς δὲ δούλους ἀναγκάζεται ποιεῖν ἐλευθέρους. Πάντοθεν γὰρ πολεμίους ὁρᾶν νομίζουσιν οἱ τύραννοι.

(Xénophon.)

224. — Les deux chiens.

Ἔχων τις δύο κύνας, τὸν μὲν θηρεύειν ἐδίδαξε, τὸν δὲ οἰκουρὸν ἐποίησε. Καὶ δή, εἴ ποτε ὁ θηρευτικὸς ἐξιὼν πρὸς ἄγραν συλλάβοι τι, τούτου μέρος καὶ τῷ ἑτέρῳ παρέβαλλεν. Ἀγανακτοῦντος δὲ τοῦ θηρευτικοῦ, καὶ τῷ ἑτέρῳ ὀνειδίζοντος ὅτι αὐτὸς μὲν ἐξιὼν ἀεὶ μοχθοίη, ὁ δὲ οὐδὲν ποιῶν τοῖς πόνοις αὐτοῦ ἀπολαύοι, ἐκεῖνος ἔφη πρὸς αὐτόν · « Ἀλλὰ μὴ ἐμὲ λοιδόρει, ἀλλὰ τὸν δεσπότην, ὃς οὐ πονεῖν με ἐδίδαξεν, ἀλλ᾽ ἀλλοτρίους πόνους ἐσθίειν. »

225. — L'autre vie.

Πενθεῖν μετρίως δεῖ τοὺς ἀπελθόντας φίλους.
Οὐ γὰρ τεθνᾶσιν, ἀλλὰ τὴν αὐτὴν ὁδόν,
ἣν πᾶσιν ἐλθεῖν ἔστ' ἀναγκαίως ἔχον,
προεληλύθασιν · εἶτα χ' ἡμεῖς[1] ὕστερον
ἐς ταὐτὸ καταγώγειον αὐτοῖς ἥξομεν,
κοινῇ τον ἄλλον συνδιατρίψαντες χρόνον.

(ANTIPHANE.)

226. — Parabole du mauvais juge.

Εἶπεν ὁ Ἰησοῦς τοῖς μαθηταῖς τήνδε τὴν παραβολήν, ὡς δέον[2] ἀεὶ εὔχεσθαι καὶ μήποτε ἀπαγορεύειν. Δικαστής τις ἦν ἔν τινι πόλει, οὔτε τὸν Θεὸν φοβούμενος οὔτε τῶν ἀνθρώπων ἐντρεπόμενος. Χήρα δὲ ἦν ἐν τῇ πόλει ἐκείνῃ, ἣ ἐλθοῦσα πρὸς αὐτόν · « Βοήθησόν μοι, ἔφη, ἐπὶ τον ἀντίδικον. » Ὁ δὲ πολὺν χρόνον οὐκ ἤθελεν. Τῆς δὲ γυναικὸς αὐτῷ ἐγκειμένης, τελευτῶν εἶπε καθ' ἑαυτόν · « Εἰ μήτε τὸν Θεὸν φοβοῦμαι μήτε τῶν ἀνθρώπων ἐντρέπομαι, ἀλλ' οὖν διά γε τὸ παρέχειν μοι πράγματα τὴν χήραν ταύτην, βοηθήσω αὐτῇ, ἵνα μὴ αὖθις ἐρχομένη ἐνοχλήσῃ μοι. » Ὁ μὲν οὖν δικαστὴς ὁ ἄδικος ἠκούσατε ὅ τι λέγει · ὁ δὲ Θεὸς ὁ πατὴρ ὑμῶν, ἆρ' οὖν οὐ βοηθήσει τοῖς ἑαυτοῦ παισὶν τοῖς βοῶσιν πρὸς αὐτὸν ἡμέρας καὶ νυκτός;

227. — Les renards.

Ἀλώπηξ ἐν πάγῃ ληφθεῖσα, καὶ ἀποκοπείσης τῆς οὐρᾶς ἀποδρᾶσα, ἀβίωτον ὑπ' αἰσχύνης ἦγε τὸν βίον. Ἔγνω οὖν καὶ τὰς ἄλλας ἀλώπεκας τοῦτ' αὐτὸ παθεῖν ἀναπεῖσαι, ἵνα τῷ κοινῷ πάθει τὸ ἴδιον συγκαλύψειν αἶσχος. Πάσας μὲν οὖν ἀθροίσασα, παρήνει τὰς οὐρὰς ἀποκόπτειν, ὡς οὐκ ἀπρεπὲς μόνον τοῦτο τὸ μέλος ὄν, ἀλλὰ καὶ περιττὸν βάρος ἠρτημένον. Ὑπολαβοῦσα δὲ

---

[1] Élision pour καὶ ἡμεῖς. — [2] Pour prouver qu'il faut.

τις αὐτῶν, εἶπεν · « Ὦ αὕτη, ἀλλ' εἰ μή σοι τοῦτο συνέφερεν, οὐκ ἂν ἡμῖν αὐτὸ συνεβούλευες. »

Ὁ μῦθος δηλοῖ ὅτι οἱ πονηροὶ τῶν ἀνθρώπων οὐ δι' εὔνοιαν τὰς πρὸς τοὺς πέλας ποιοῦνται συμβουλίας, ἀλλὰ διὰ τὸ αὐτοῖς συμφέρον.

228. — Les maux volontaires.

Ἅπαντα τὰ ζῷ' ἐστὶ μακαριώτερα,
καὶ νοῦν ἔχοντα μᾶλλον ἀνθρώπου πολύ.
Τὸν ὄνον ὁρᾶν ἔξεστι πρῶτα τουτονί.
Οὗτος κακοδαίμων ἐστὶν ὁμολογουμένως ·
τούτῳ κακὸν δι' αὐτὸν οὐδὲν γίγνεται,
ἃ δ' ἡ φύσις δέδωκε, ταῦτ' ἔχει μόνα.
Ἡμεῖς δέ, χωρὶς τῶν ἀναγκαίων κακῶν,
αὐτοὶ παρ' αὑτῶν ἕτερα προσπορίζομεν.
Λυπούμεθ', ἂν πτάρῃ τις · ἂν εἴπῃ κακῶς,
ὀργιζόμεθ' · ἂν ἴδῃ τις ἐνύπνιον, σφόδρα
φοβούμεθ' · ἂν γλαὺξ ἀνακράγῃ, δεδοίκαμεν.
Ἀγωνίαι, δόξαι, φιλοτιμίαι, νόμοι,
ἅπαντα ταῦτ' ἐπίθετα τῇ φύσει κακά. (Ménandre.)

229. — Humanité des Athéniens.

Νόμος ὅδε Ἀττικός. Ὃς ἂν ἀτάφῳ περιτύχῃ σώματι ἀνθρώπου, ἐπιβαλλέτω αὐτῷ γῆν, θαπτέτω δὲ πρὸς δυσμὰς βλέπων. Καὶ τοῦτο δὲ ἦν φυλαττόμενον παρ' αὐτοῖς, βοῦν ἀροτῆρα καὶ ὑπὸ ζυγὸν πονήσαντα μὴ θύειν, ὅτι καὶ οὗτος εἴη γεωργὸς καὶ τῶν ἐν ἀνθρώποις πόνων κοινωνός.

230. — Le renard et le singe.

Ἐν συνόδῳ ποτὲ τῶν ζῴων ὠρχήσατο πίθηκος, καὶ εὐδοκιμήσας βασιλεὺς ὑπ' αὐτῶν ἐχειροτονήθη. Ἀλώπηξ δέ, αὐτῷ φθονήσασα, ὡς ἔν τινι πάγῃ κρέας κατεῖδε, τὸν πίθηκον ἐνταῦθα ἤγαγεν, λέγουσα ὡς εὕροι μὲν αὐτὴ τὸν θησαυρὸν τοῦτον, οὐ μέντοι βούλοιτο χρήσασθαι αὐτῷ · τῷ βασιλεῖ γὰρ τοῦτον ὁ νόμος δίδωσι. Καὶ προὔτρεπε αὐτόν, ἅτε δὴ βασιλέα ὄντα, τὸν θησαυρὸν ἀνελέσθαι. Ὁ δ' ἀπερισκέπτως προσελθὼν καὶ συλληφθεὶς ὑπὸ τῆς πάγης ὡς ἐξαπατήσασαν ἐμέμφετο τὴν ἀλώπεκα. Ἡ δὲ πρὸς αὐτόν · « Ὦ πίθηκε, τοιαύτην σὺ μωρίαν ἔχων τῶν ζώων βασιλεύσεις; »

Οἱ πράξεσί τισιν ἀπερισκέπτως ἐπιχειροῦντες δυστυχήμασι περιπίπτουσιν.

231. — Le parc de Cyrus.

Ὁ Κῦρος λέγεται Λυσάνδρῳ τὸν ἐν Σάρδεσι παράδεισον ἐπιδεικνύναι. Ἐπεὶ δὲ ἐθαύμαζεν αὐτὸν ὁ Λύσανδρος, ὡς καλὰ μὲν τὰ δένδρα εἴη, ὀρθοὶ δὲ οἱ στίχοι τῶν δένδρων, εὐγώνια δὲ πάντα καλῶς εἴη, ὀσμαὶ δὲ πολλαὶ καὶ ἡδεῖαι συμπαρομαρτοῖεν αὐτοῖς περιπατοῦσι · « Ἀλλ' ἐγώ τοι, ὦ Κῦρε, ἔφη, πάντα μὲν ταῦτα θαυμάζω ἐπὶ τῷ κάλλει, πολὺ δὲ μᾶλλον ἄγαμαι τοῦ καταμετρήσαντός σοι καὶ διατάξαντος ἕκαστα τούτων. » Ἀκούσας δὲ ταῦτα ὁ Κῦρος ἥσθη τε καὶ εἶπε · « Ταῦτα τοίνυν, ὦ Λύσανδρε, ἐγὼ πάντα καὶ διεμέτρησα καὶ διέταξα, ἔστι δ' αὐτῶν ἃ καὶ ἐφύτευσα αὐτός. » Καὶ ὁ Λύσανδρος, ἀποβλέψας εἰς αὐτὸν καὶ ἰδὼν τῶν ἱματίων τὸ κάλλος ὧν εἶχε · « Τί λέγεις, ἔφη, ὦ Κῦρε; ἦ γὰρ σὺ ταῖς σαῖς χερσὶ τούτων τι ἐφύτευσας; » Καὶ ὁ Κῦρος ἀπεκρίνατο · « Ὄμνυμί σοι τὸν Μίθρην, ὅτανπερ ὑγιαίνω, μήποτε δειπνῆσαι πρὶν ἱδρῶσαι ἢ τῶν πολεμικῶν τι ἢ τῶν γεωργικῶν ἔργων μελετῶν. » (Χένορηον, Écon., IV, 20.)

LOCUTIONS ET IDIOTISMES

232. — Qu'y a-t-il de meilleur que la langue?

Καλέσας ὁ Ξάνθος μαθητὰς εἰς ἄριστον τῷ Αἰσώπῳ φησὶν · « Ὀψώνησον ἀπελθὼν εἰς ἀγορὰν πᾶν ὅ τι ἂν ἢ χρηστότατόν τε καὶ βέλτιστον. » Ὁ δὲ ἀπιὼν γλώττας μόνας πριάμενος, πρῶτον ἀνακλινθεῖσι γλῶτταν ὀπτὴν παρέθηκε. Καὶ πάλιν ἑφθὰς γλώττας, καὶ ἄλλο οὐδὲν ὅτι μὴ γλώττας προὐτίθει. Ὁ δὲ Ξάνθος φησὶ πρὸς ὀργήν · « Οὐδέν σοι πάρεστιν ἕτερον, Αἴσωπε; — Οὐ δῆτα. » Κἀκεῖνος · « Οὔκουν ἐνετειλάμην σοί, μιαρώτατε, πᾶν ὅ τι χρηστότατόν τε καὶ ἄριστον εἴη ὀψωνῆσαι; » Καὶ ὁ Αἴσωπος · « Τί ἂν οὖν γένοιτο γλώττης γλυκύτερον καὶ χρησιμώτερον καὶ βέλτιον ἐν τῷ βίῳ; πᾶσα γὰρ παιδεία καὶ φιλοσοφία καὶ μουσικὴ δι’ αὐτῆς · δι’ αὐτῆς μὲν οὖν ἀσπασμοὶ καὶ εὐφημίαι, δι’ αὐτῆς δὲ γάμοι πράττονται, πόλεις διοικοῦνται, ἄνθρωποι διασῴζονται · οὐδὲν ἄρα τῆς γλώττης ἄμεινον. »

233. — L’ombre de l’âne.

Δημοσθένης λέγειν ποτὲ κωλυόμενος ὑπ’ Ἀθηναίων ἐν ἐκκλησίᾳ, βραχὺ ἔφη βούλεσθαι πρὸς αὐτοὺς εἰπεῖν. Τῶν δὲ σιωπησάντων · « Νεανίας, ἔφη, θέρους μισθωσάμενος ὄνον ᾔει Μέγαράδε, ἑπομένου τοῦ ὀνηλάτου · μεσούσης δὲ τῆς ἡμέρας καὶ σφοδρῶς φλέγοντος τοῦ ἡλίου, ἑκάτερος αὐτῶν ἐβούλετο ὑποδύεσθαι ὑπὸ τὴν τοῦ ὄνου σκιάν. Εἶργον δὲ ἀλλήλους, ὁ μὲν μεμισθωκέναι τὸν ὄνον, οὐ τὴν σκιάν, λέγων · ὁ δὲ μεμισθωμένος, τὴν πᾶσαν ἔχειν ἐξουσίαν. » Δημοσθένης ταῦτα εἰπὼν ἀπῄει. Τῶν δὲ Ἀθηναίων ἐπισχόντων, καὶ δεομένων πέρας ἐπιθεῖναι τῷ λόγῳ · « Εἶθ’ ὑπὲρ μὲν ὄνου σκιᾶς, ἔφη, βούλεσθε ἀκούειν, λέγοντος δὲ ὑπὲρ σπουδαίων πραγμάτων οὐ βούλεσθε! »

234. — Histoire du jeune Phénix.

Οἶσθά που τὸν νέον ἐκεῖνον, τὸν Φοίνικα, τὸν ἐν ὀρφανίᾳ μὲν καταλειφθέντα ἀώρῳ, κύριον δὲ πολλῶν χρημάτων καὶ οἰκετῶν γενόμενον καὶ ἀγρῶν. Οὗτος τὸ μὲν πρῶτον ἐρρῶσθαι πολλὰ ταῖς ἐν τοῖς μουσείοις διατριβαῖς εἰπών, καὶ τὰ λαμπρὰ ἐκεῖνα ἀμφιέσματα ἀφεὶς καὶ τὸν τῦφον ἅπαντα τὸν βιωτικόν, ἐξαίφνης ἱμάτιον εὐτελὲς περιθέμενος καὶ πρὸς τὴν ἐν τοῖς ὄρεσιν ἐρημίαν ἀναχωρήσας, πολλὴν ἐπεδείξατο τὴν φιλοσοφίαν, οὐ κατὰ τὴν ἡλικίαν μόνον, ἀλλ' ὅσην ἄν τις τῶν μεγάλων καὶ θαυμαστῶν ἀνδρῶν. Μετὰ δὲ ταῦτα καὶ τῆς ἱερᾶς τῶν μυστηρίων τελετῆς ἀξιωθείς, πολλῷ μᾶλλον ἐπεδίδου πρὸς ἀρετήν. Καὶ πάντες ἔχαιρον, καὶ ὕμνουν τον Θεὸν ὅτι καὶ ἐν πλούτῳ μεγάλῳ τραφεὶς καὶ προγόνους ἔχων λαμπροὺς καὶ σφόδρα ἔτι νέος ὤν, ἐξαίφνης πᾶσαν τὴν λαμπρότητα τοῦ βίου καταπατήσας, πρὸς τὸ ὕψος ἀνέδραμε τὸ ἀληθινόν.

Ἐν τούτῳ δὲ αὐτὸν ὄντα καὶ θαυμαζόμενον φθόροι τινὲς ἄνδρες, διὰ συγγένειαν ἐπισκεψάμενοι, αὖθις ἐπὶ τὸν πρότερον κλύδωνα ἐπανήγαγον. Καὶ πάλιν ἀπὸ τῶν ὀρῶν εἰς μέσην κατέβη τὴν ἀγοράν · καὶ ἵππῳ ὀχούμενος, καὶ ἀκολούθους ἔχων πολλούς, οὕτω παρῄει τὴν πόλιν ἅπασαν, καὶ οὐδὲ σωφρονεῖν λοιπὸν ἤθελεν. Ὑπὸ γὰρ τῆς πολλῆς ἐκκαιόμενος τρυφῆς, καὶ εἰς ἔρωτας ἀτόπους ἐμπίπτειν ἠναγκάζετο · καὶ οὐδεὶς ἦν ὅστις τὴν σωτηρίαν οὐκ ἀπηγόρευσε τὴν ἐκείνου · τοσοῦτος αὐτὸν συνεῖχε κολάκων ἑσμός, καὶ προσῆν ὀρφανία καὶ νεότης καὶ πλοῦτος πολύς.

Τούτων δὲ οὕτως ἐχόντων, ἅγιοί τινες ἄνδρες καὶ πολλάκις τοιαύτης θήρας τυχόντες, καὶ διὰ τῆς πείρας μαθόντες καλῶς ὅτι οὐδὲν τῶν τοιούτων ἀπογιγνώσκειν χρὴ ταῖς εἰς τὸν Θεὸν ὁπλιζομένους ἐλπίσι, παρατηροῦντες αὐτὸν συνεχῶς, εἴ ποτε ἴδοιεν φανέντα ἐπ' ἀγορᾶς, καὶ προσῄεσαν καὶ ἠσπάζοντο.

Καὶ τὸ μὲν πρῶτον ἄνωθεν αὐτοῖς ἐκεῖνος ἀπὸ τοῦ ἵππου ἐκ πλαγίων διελέγετο · τοσαύτη κατεῖχεν αὐτὸ ἀναισχυντία τὴν ἀρχήν[1]. Οἱ δὲ ἐλεήμονες καὶ φιλόπαιδες

---

[1] Τὴν ἀρχήν : accusatif adverbial, comme τὸ τέλος.

ἐκεῖνοι τούτων μὲν ᾐσχύνοντο οὐδέν, εἰς ἓν δὲ μόνον ἑώρων, ὅπως τῶν λύκων τὸν ἄρνα ἀποσπάσουσιν· ὅπερ οὖν καὶ διὰ τῆς καρτερίας ἤνυσαν. Ὕστερον γὰρ ὥσπερ ἐκ τινος μανίας ἐν ἑαυτῷ γενόμενος ἐκεῖνος, καὶ τὴν πολλὴν αὐτῶν προσεδρείαν ἐρυθριάσας, εἴ ποτε αὐτοὺς πόρρωθεν προσιόντας ἴδοι, ἀπεπήδα τε εὐθέως, καὶ κάτω νεύων, οὕτω μετὰ σιγῆς τὰ παρ' ἐκείνων ἤκουεν ἅπαντα, καὶ προϊὼν πλείω τὴν πρὸς αὐτοὺς αἰδῶ καὶ τιμὴν ἐπεδείκνυτο. Καὶ οὕτως αὐτὸν κατὰ μικρὸν τῇ τοῦ Θεοῦ χάριτι ἀπὸ πάντων ἐκείνων ἑλκύσαντες τῶν δικτύων, τῇ προτέρᾳ πάλιν ἐρημίᾳ καὶ φιλοσοφίᾳ παρέδοσαν.

(D'après S. Jean Chrysostome.)

HISTOIRE DE JOSEPH

I. — Les songes de Joseph.

Ἦσαν τῷ Ἰακὼβ υἱοὶ δώδεκα. Ὁ δὲ ἠγάπα τὸν Ἰωσὴφ μᾶλλον πάντων τῶν ἄλλων, ὅτι υἱὸς γήρως ἦν αὐτῷ. Ἐποίησε δὲ αὐτῷ χιτῶνα ποικίλον.

Αἰσθόμενοι δὲ οἱ ἀδελφοὶ ὅτι αὐτὸν ὁ πατὴρ μάλιστα φιλοίη, ἐφθόνησαν· ἐκεῖνος δὲ αὐτοὺς αἰτιασάμενος πονηρᾶς πράξεως, ἀπήχθετο αὐτοῖς, καὶ οὐκ ἐδύναντο λέγειν αὐτῷ οὐδὲν εἰρηνικόν.

Ἰδὼν δέ ποτε ὁ Ἰωσὴφ ἐνύπνιον, τοῖς ἀδελφοῖς εἶπεν· « Ἀκούσατε τοῦ ἐνυπνίου οὗ εἶδον. Ὤμην γὰρ ὑμᾶς σφίγγειν δράγματα ἐν μέσῳ τῷ πεδίῳ· καὶ ἀνέστη μὲν τὸ ἐμὸν δράγμα, περιστάντα δὲ τὰ δράγματα ὑμῶν προσεκύνησαν[1] τὸ ἐμόν. » Εἶπον δὲ αὐτῷ οἱ ἀδελφοί· « Ἀρ' οὖν μὴ βασιλεύσεις ἡμῶν; »

Εἶδε δὲ ὁ Ἰωσὴφ ἐνύπνιον ἕτερον καὶ διηγήσατο τῷ πατρὶ καὶ τοῖς ἀδελφοῖς· « Εἶδον, ἔφη, ἐνύπνιον ἕτερον.

[1] Exception, nécessaire ici pour la clarté, à la règle τὰ ζῷα τρέχει, qui, du reste, n'est pas absolue.

Ἐδόκει γὰρ ὁ ἥλιος καὶ ἡ σελήνη καὶ ἕνδεκα ἀστέρες προσκυνεῖν με. » Καὶ ἐπετίμησεν αὐτῷ ἐρρωμένως ὁ πατήρ · « Τί τὸ ἐνύπνιον τοῦτο; Ἆρά γε ἐλθόντες ἐγώ τε καὶ ἡ μήτηρ σου καὶ οἱ ἀδελφοί προσκυνήσομέν σε; »

II. — Jacob envoie Joseph visiter ses frères.

Ἦλθον δὲ οἱ ἀδελφοί αὐτοῦ νεμοῦντες τὰ πρόβατα τοῦ πατρὸς εἰς Συχέμ. Καὶ εἶπεν Ἰσραὴλ τῷ Ἰωσήφ · « Οἱ ἀδελφοί σου ποιμαίνουσιν ἐν Συχέμ · βούλομαι δὲ πέμπειν σε πρὸς αὐτούς. » Ὁ δέ · « Ἕτοιμος ἐγώ, » ἔφη. Εἶπε δὲ ὁ Ἰσραήλ · « Πορευθεὶς ἰδὲ εἰ ὑγιαίνουσιν οἱ ἀδελφοί σου καὶ τὰ πρόβατα · καὶ ἀνάγγειλόν μοι. »

Ἀπιὼν δὲ ὁ Ἰωσήφ εἰς Συχέμ ἐπλανήθη ἐν τῷ πεδίῳ, καὶ ἤδη δίψην καὶ πεινήν ἤρχετο, ὅτε ἄνθρωπός τις αὐτὸν ηὗρε πλανώμενον. « Τί ζητεῖς; » ἔφη. Ὁ δὲ εἶπε · « Τοὺς ἀδελφούς · δεῖξόν μοι ποῦ βόσκουσιν. » Εἶπε δὲ ὁ ἄνθρωπος · « Ἀπήρκασιν ἐνθένδε · ἤκουσα γὰρ λεγόντων · Πορευθῶμεν εἰς Δωθαείμ καὶ ἐκεῖ τὰς σκηνὰς πήξωμεν. » Καὶ ἐπορεύθη ὁ Ἰωσήφ αὐτόσε.

III. — Les frères de Joseph veulent le tuer.

Οἱ δὲ ἀδελφοί τοῦ Ἰωσήφ προϊδόντες αὐτὸν πόρρωθεν διενοήθησαν ἀποκτεῖναι. Ἔλεγον δὲ πρὸς ἀλλήλους · « Δεῦρο ἔρχεται ἐκεῖνος ὁ ὀνείρατα λέγων καὶ πλάττων. Νῦν οὖν ἀποκτείνωμεν αὐτὸν καὶ ῥίψωμεν εἰς λάκκον τινά · τίς γὰρ ἡμᾶς εἴργει τοῦτο δρᾶν; Ἐροῦμεν δὲ ὅτι θηρίον διέφθειρεν αὐτόν · καὶ ὀψόμεθα τί ἔσται τὰ ἐνύπνια αὐτοῦ. »

Ἀκούσας δὲ Ῥουβὴν ἠναντιώθη αὐτοῖς · « Μὴ χέητε αἷμα, ἔφη, ἀλλ' ἐμβάλλετε αὐτὸν εἰς λάκκον τινά τῶν ἐν τῇ ἐρήμῳ ὀρωρυγμένων · χεῖρα δὲ μὴ ἐπενέγκητε αὐτῷ. » Ἐβούλετο γὰρ σοφίᾳ χρώμενος ἐξελέσθαι αὐτὸν ἐκ τῶν χειρῶν αὐτῶν καὶ ἀποδοῦναι τῷ πατρί.

Ἡνίκα δὲ ἀφίκετο ὁ Ἰωσὴφ πρὸς τοὺς ἀδελφούς, ἐκδύσαντες αὐτὸν τὸν χιτῶνα τὸν ποικίλον ἔωσαν ἔξω τῆς ὁδοῦ καὶ ἔρριψαν εἰς λάκκον· ὁ δὲ λάκκος ὕδωρ οὐκ εἶχεν.

IV. — Joseph est vendu à des marchands ismaélites.

Ἐκάθισαν δὲ ἀριστήσοντες, καὶ ἀναβλέψαντες ὁδοιπόρους Ἰσμαηλίτας εἶδον ἐρχομένους ἐκ Γαλαάδ, ὧν αἱ κάμηλοι ἔφερον θυμιάματα. Ἐτύγχανον δὲ ἐλαύνοντες εἰς Αἴγυπτον.

Εἶπε δὲ Ἰούδας, ἀπόντος τοῦ Ῥουβήν, πρὸς τοὺς ἀδελφούς· « Τί χρήσιμον, ἐὰν ἀποκτείνωμεν τὸν ἀδελφόν; Φέρε δὴ ἀποδώμεθα αὐτὸν τοῖς Ἰσμαηλίταις τούτοις, μηδὲν βιασάμενοι· ἀδελφὸς γὰρ ἡμῶν ἐστιν. »

Ταῦτα ἀκούσαντες οἱ ἀδελφοὶ ἀνεβίβασαν τὸν Ἰωσὴφ ἐκ τοῦ λάκκου, καὶ οὐκ ᾐσχύνθησαν ἀποδιδόμενοι αὐτὸν εἴκοσιν ἀργυρίων. Οἱ δὲ κατήγαγον τὸν Ἰωσὴφ εἰς Αἴγυπτον.

V. — Jacob apprend la disparition de Joseph.

Ἐλθὼν δ᾽ αὖθις ὁ Ῥουβὴν ἐπὶ τὸν λάκκον καὶ οὐχ ὁρῶν τὸν Ἰωσὴφ διέρρηξε τὰ ἱμάτια. Καὶ ἥκων πρὸς τοὺς ἀδελφούς· « Τὸ παιδίον, ἔφη, οὐκέτ᾽ ἐστὶν ἐκεῖ. Ἐγὼ δὲ ποῖ ποτ᾽ ἤδη πορεύωμαι[1]; »

Σφάξαντες δὲ ἔριφον, ἐμόλυναν τὸν χιτῶνα τῷ αἵματι καὶ ἔπεμψαν τῷ πατρὶ μῦθον πλάσαντες· « Τοῦτον ηὕρομεν· σκέψαι εἰ χιτὼν τοῦ υἱοῦ σού ἐστιν ἢ οὔ. » Καὶ ἐπιγνοὺς αὐτὸν εἶπε· « Χιτὼν τοῦ υἱοῦ μού ἐστι· θηρίον πονηρὸν κατέφαγεν αὐτόν, θηρίον ἥρπασε τὸν Ἰωσήφ. » Διέρρηξε μέντοι ὁ Ἰακὼβ τὰ ἱμάτια, καὶ τεταλαιπωρημένος ἐπένθει τὸν υἱὸν ἡμέρας πολλάς. Καὶ οὐκ ἤθελε παρηγορεῖσθαι, οὐδὲ τὸ λοιπὸν οὔτε γελῶν οὔτε γεγηθὼς οὐδέποτε ὤφθη.

[1] Subjonctif délibératif. Cf. Gr. gr., § 232.

VI. — Joseph chez Putiphar.

Ὁ δὲ Ἰωσήφ, κατιὼν εἰς Αἴγυπτον, ἐπράθη Πετεφρῇ, ἀνδρὶ Αἰγυπτίῳ, τῷ ἀρχιμαγείρῳ, ὑπὸ τῶν Ἰσμαηλιτῶν. Ὁ δὲ δεσπότης αὐτὸν ἐπέστησε τῷ οἴκω · καὶ ὁ Κύριος εὖ ἐποίησε τὴν οἰκίαν τοῦ Αἰγυπτίου διὰ τὸν οἰκέτην.

Ἦν δὲ ὁ Ἰωσὴρ καλὸς τὸ εἶδος καὶ ὡραῖος σφόδρα. Ἡ μέντοι γυνὴ τοῦ κυρίου αὐτοῦ, πονηρὰ οὖσα καὶ αὐτοῦ ἐρασθεῖσα, ἐπεσπάσατό ποτε αὐτὸν τοῦ ἱματίου, ἐφ᾽ ἁμαρτίαν ἑλκύσαι ὀρεγομένη. Ὁ δὲ εἶπε · « Πῶς ἂν ἁμαρτεῖν δυναίμην ἐναντίον τοῦ Θεοῦ; » Καὶ ὁρμηθείς, καταλιπὼν τὸ ἱμάτιον ἐν ταῖς χερσὶν αὐτῆς, ἀπέδρα.

Ἡ δὲ γυνὴ ἐκάλεσεν εὐθὺς τοὺς ὄντας ἐν τῇ οἰκίᾳ καὶ διέβαλε τὸν Ἰωσήφ. Τοῦ δὲ κυρίου ἐλθόντος οἴκαδε · « Εἰσῆλθεν, ἔφη, ὑβριῶν εἰς ἐμὲ ὁ παῖς ὁ Ἑβραῖος, ὃν εἰσήγαγες πρὸς ἡμᾶς. Ὡς δὲ ἤκουσεν αἰρούσης τὴν φωνὴν καὶ σφόδρα βοώσης, καταλιπὼν τὰ ἱμάτια παρ᾽ ἐμοὶ ἔφυγεν. »

VII. — Joseph en prison.

Ταῦτα ἀκούσας ὁ κύριος ἐθυμώθη · καὶ τὸν Ἰωσὴρ ἐνέβαλεν εἰς τὸ δεσμωτήριον ἐν ᾧ οἱ δεσμῶται τοῦ βασιλέως κατέχονται. Καὶ ἦν ὁ Θεὸς μετὰ τοῦ Ἰωσήφ.

Μετὰ δὲ ταῦτα, ἥμαρτεν ὁ ἀρχιοινοχόος καὶ ὁ ἀρχισιτοποιὸς εἰς τὸν Αἰγύπτου βασιλέα. Καὶ ὀργισθεὶς ὁ Φαραὼ ἔθηκεν αὐτοὺς εἰς τὸ δεσμωτήριον ἐν ᾧπερ ἦν Ἰωσήφ.

Εἶδον δὲ ἀμφότεροι ἐνύπνιον ἐν μιᾷ νυκτί. Εἰσελθὼν δὲ πρὸς αὐτοὺς ὁ Ἰωσὴρ τὸ πρωΐ, καὶ ἰδὼν αὐτοὺς τεταραγμένους · « Τί τὰ πρόσωπα ὑμῶν, ἔφη, σκυθρωπὰ τήμερον; » Οἱ δὲ ἔφασαν · « Ἐνύπνιον εἴδομεν, καὶ ὁ ὑποκρινούμενος αὐτὸ οὐκ ἔστιν. » Εἶπε δὲ αὐτοῖς · « Ἆρ᾽ οὐχ οἷός τε ὁ Θεὸς ταῦτα διασαφεῖν; Διηγήσασθε οὖν μοι. »

Διηγησαμένων δέ, ἐμαντεύσατο καὶ εἶπεν ὅτι μετὰ τρεῖς ἡμέρας ὁ Φαραὼ τὸν μὲν ἀρχιοινοχόον πάλιν καταστήσει εἰς τὴν ἀρχὴν τὴν προτέραν, τὸν δὲ ἀρχισιτοποιὸν κρεμάσας ἀποκτενεῖ.

Τῇ δὲ ἡμέρᾳ τῇ τρίτῃ, ἡμέρα γενέσεως ἦν τοῦ Φαραὼ καὶ ἐποίει συμπόσιον πᾶσι τοῖς ἑαυτοῦ οἰκέταις. Μεμνημένος δὲ τῶν ἐν τῷ δεσμωτηρίῳ, κατέστησε τὸν ἀρχιοινοχόον πάλιν ἐπὶ τὴν ἀρχήν · τὸν δὲ ἀρχισιτοποιὸν ἐκρέμασεν, ὥσπερ προεῖπεν αὐτοῖς ὁ Ἰωσήφ. Καὶ οὐκ ἐμνήσθη ὁ ἀρχιοινοχόος τοῦ Ἰωσήφ, ἀλλ' ἐπελάθετο.

VIII. — Songes du Pharaon.

Συχνῷ χρόνῳ ὕστερον, τῷ Φαραὼ ἐφαντάσθη ὄνειρος. Ὤετο γὰρ ἑστάναι ἐπὶ τοῦ Νείλου, καὶ ἔδοξαν ἀναβαίνειν ἑπτὰ βόες τὸ σῶμα κάλλισται. Ἄλλαι δὲ ἑπτὰ βόες ἀνέβαινον μετὰ ταύτας, αἰσχραὶ τὸ εἶδος καὶ ἰσχνόταται, καὶ ἐνέμοντο παρὰ τὸν ποταμόν. Κατέφαγον δὲ αἱ ἑπτὰ βόες αἱ αἰσχραὶ τὰς ἑπτὰ βοῦς τὰς τὸ σῶμα καλλίους.

Ἐγερθεὶς δὲ ὁ Φαραὼ ἐκάθευδε τὸ δεύτερον. Καὶ ἐξαίφνης ἑπτὰ στάχυες ἀνέβαινον ἐκλεκτοὶ καὶ κάλλιστοι · ἑπτὰ δὲ στάχυες λεπτοὶ ἀνεφύοντο μετ' αὐτούς.

Καὶ κατέπιον οἱ ἑπτὰ στάχυες οἱ λεπτοὶ τοὺς ἑπτὰ στάχυς τοὺς ἐκλεκτοὺς καὶ πλήρεις. Ἠγέρθη δὲ ὁ Φαραώ.

Ἅμα δὲ τῷ ὄρθρῳ (ἐταράχθη γὰρ τὴν ψυχήν) ἐκάλεσε πάντας τοὺς ἐν Αἰγύπτῳ ἐξηγητὰς καὶ σοφούς. Συνελθόντων δέ, διηγήσατο αὐτοῖς τὸ ἐνύπνιον, καὶ οὐκ ἦν ὁ ἐξηγησόμενος αὐτό.

Τότε δὲ ὁ ἀρχιοινοχόος εἶπε τῷ Φαραὼ · « Τῆς ἐμῆς ἁμαρτίας ἀναμιμνήσκομαι τήμερον. Σοῦ γὰρ ὀργισθέντος ἡμῖν καὶ εἴρξαντος, ἐμέ τε καὶ τὸν ἀρχισιτοποιόν, εἴδομεν ἐνύπνιον ἀμφότεροι νυκτός. Ἦν δὲ ἐκεῖ μεθ' ἡμῶν νεανίσκος, παῖς Ἑβραῖος τοῦ ἀρχιμαγείρου, ὅς, ἐπειδὴ διηγησάμεθα ἐνύπνιον αὐτῷ, ὑπεκρίνατο ἡμῖν. Ὥσπερ δὲ ἡμῖν προεῖπεν, οὕτω καὶ συνέβη. »

Θαυμάσας δὲ ὁ Φαραὼ μετεπέμψατο τὸν Ἰωσήφ. « Ὄναρ ἑώρακα, ἦ δ' ὅς, καὶ οὐκ ἔστιν ὁ ἑρμηνεύσων αὐτό. Ἐγὼ δὲ ἀκήκοα περὶ σοῦ λεγόντων ὅτι ἐξηγητὴς εἶ τεράτων καὶ ἐνυπνίων. » Καὶ διεξῆλθε τὸν ὄνειρον. Ἀκροασάμενος δὲ εἶπεν ὁ Ἰωσήφ · « Ἅπερ ὁ Θεὸς μέλλει ποιήσειν, ταῦτα δὴ ἔδειξέ σοι. Αἱ γὰρ ἑπτὰ βόες αἱ καλαὶ ἑπτὰ ἔτη ἐστί, καὶ οἱ ἑπτὰ στάχυες οἱ καλοὶ ὁμοίως · αἱ δὲ ἑπτὰ βόες αἱ λεπταὶ αἱ ἀναβαίνουσαι ὀπίσω ἐκείνων ἑπτὰ ἔτη ἐστί, καὶ οἱ ἑπτὰ στάχυες οἱ λεπτοὶ ὁμοίως. Μέλλει γὰρ ἔσεσθαι ἑπτὰ ἔτη εὐετηρίας πολλῆς ἐν πάσῃ τῇ Αἰγύπτῳ. Ἥξει δὲ ἑπτὰ ἔτη λιμοῦ μετὰ ταῦτα, καὶ ἀναλώσει ὁ λιμὸς τὴν γῆν · ἰσχυρότατος γὰρ ἔσται.

« Νῦν οὖν πειρώμενος ἀκέσασθαι τὴν ἀπορίαν τὴν ἑπομένην, ζήτησον ἄνδρα φρόνιμον καὶ συνετὸν καὶ κατάστησον ἐπὶ γῆς Αἰγύπτου. Ὁ δὲ καταστησάτω ἐπιστάτας οἳ πάντων τῶν γεννημάτων τὸ πέμπτον μέρος συλλέξουσιν παρὰ τὰ ἑπτὰ ἔτη τῆς εὐετηρίας, καὶ συναγαγόντες τὸν σῖτον ἐν ταῖς πόλεσι φυλάξουσιν. Καὶ ἔσται τὰ σιτία τὰ φυλαχθέντα τῇ χώρα εἰς τὰ ἑπτὰ ἔτη τοῦ λιμοῦ, ἵνα μὴ τριβῶσιν οἱ ἄνθρωποι τῷ λιμῷ. »

Ἤρεσε δὲ τὰ λεγόμενα τῷ Φαραώ.

IX. — Joseph devient intendant de toute l'Égypte.

Εἶπε δὲ τῷ Ἰωσήφ · « Ἐπειδὴ ἔδειξεν ὁ Θεός σοι πάντα ταῦτα, οὐκ ἔστιν ἀνὴρ φρονιμώτερος οὐδὲ συνετώτερός σου. Διὸ καθίστημί σε τήμερον ἐπὶ πάσῃ Αἰγύπτῳ · νῦν ἄρα ἐνθυμήθητι καὶ σκόπει ὅπως ἐκ λιμοῦ σωθησόμεθα. » Καὶ ἑλόμενος τὸν δακτύλιον ἀπὸ τῆς χειρὸς περιέθηκεν τῷ δακτύλῳ τοῦ Ἰωσήφ, καὶ ἐνέδυσεν αὐτὸν στολὴν βυσσίνην, καὶ περιέθηκε κλοιὸν χρυσοῦν περὶ τὸν τράχηλον αὐτοῦ. Καὶ ἀναβιβάσας αὐτὸν ἐπὶ τὸ δεύτερον τῶν ἑαυτοῦ ἁρμάτων, ἐκήρυξεν πάντας τὸ γόνυ κάμπτειν ἔμπροσθεν αὐτοῦ.

Καὶ τοὔνομα μεταλλάξας αὐτὸν τῇ αἰγυπτιακῇ γλώττῃ Κοσμοσωτήριον ὠνόμασεν. Ἦν δὲ ὁ Ἰωσὴφ ἔτη τριάκοντα γεγονὼς ὅτε ταῦτα ἐγένετο, καὶ τὴν τοῦ βασιλέως θυγατέρα ἔγημεν.

Ποιούσης δὲ τῆς γῆς διὰ τῶν ἑπτὰ ἐτῶν τῆς εὐετηρίας πάμπολλα δράγματα, συνήγαγε σῖτον τοσοῦτον ὥστε οὐκ ἐδύνατο ἀριθμηθῆναι.

Παρῆλθον δὲ ἐκεῖνα τὰ ἑπτὰ ἔτη, καὶ οὐδὲν οὐκέτι ἐβλάστεν ἐκ τῆς γῆς, εἰ καὶ οἱ γεωργοὶ αὐτὴν εἰργάζοντο. Μάτην γὰρ ἔσκαπτον καὶ ἔσπειρον τὰ γήδια. Γενομένου δὲ λιμοῦ ἐν πάσῃ τῇ χώρᾳ, πᾶσιν ἐφάνη ὁ Ἰωσὴφ ὅτι οὐκ ἔσφαλτο τῆς ἀληθείας, καὶ αὐτὸν ὡς θεὸν ἐσέβοντο.

Ἀνέκραγε δὲ ὁ λέως πρὸς τὸν Φαραὼ περὶ ἄρτων. Ὁ δὲ προηγόρευσε πᾶσι · « Πορεύεσθε πρὸς τὸν Ἰωσήφ, καὶ ὅ τι ἂν εἴπῃ ὑμῖν, ποιήσατε. » Ἀνέῳξε δὲ ὁ Ἰωσὴφ τὰ σιτοβόλια καὶ ἐπώλει σῖτον τοῖς Αἰγυπτίοις · ἐκ πασῶν δὲ τῶν χωρῶν ἦλθον εἰς Αἴγυπτον σῖτον ὠνησόμενοι, ἦν γὰρ ὁ λιμὸς πανταχοῦ, ἐβλάβη δὲ ὑπ' αὐτοῦ οὐδεὶς τῶν Αἰγυπτίων.

X. — Premier voyage des fils de Jacob en Égypte.

Ὁ δὲ Ἰακὼβ εἶπε τοῖς υἱοῖς · « Τί ῥᾳθυμεῖτε; Ἀκήκοα ὅτι ἐστὶ σῖτος ἐν Αἰγύπτῳ · καταβάντες ἐκεῖσε πρίασθε ἡμῖν ὀλίγα σιτία, ἵνα βιῶμεν. Κρεῖττον γάρ ἐστι καὶ πολλὰ χρήματα δαπανᾶν ἢ ἀποθανεῖν »

Κατέβησαν οὖν οἱ δέκα ἄλλοι εἰς Αἴγυπτον, τὸν δὲ Βενιαμὶν τὸν ἀδελφὸν τοῦ Ἰωσὴφ οὐκ ἀπέστειλεν ὁ πατὴρ μετὰ τῶν ἀδελφῶν, δεδοικὼς μὴ συμβῇ ποτε αὐτῷ νόσος.

Οἱ δὲ ἀφικόμενοι τὸν Ἰωσὴφ προσεκύνησαν. Αὐτοὺς μὲν οὖν ἰδὼν ἀνεγνώρισε, αὐτοὶ δὲ οὐκ ἐπέγνωσαν αὐτόν· καὶ πρῶτον πραότητι πρὸς αὐτοὺς οὐκ ἐχρήσατο, ἀλλ᾽ ἀγανακτήσας αὐτοῖς σκληρὰ εἶπεν· « Πόθεν ἤλθετε; » Οἱ δὲ· « Ἐκ γῆς Χαναάν, ἔφασαν, ἀγοράσοντες τὰ ἐπιτήδεια. »

Μεμνημένος δὲ ὁ Ἰωσὴφ τῶν ἐνυπνίων ὧν πάλαι εἶδεν, εἶπεν αὐτοῖς· « Κατάσκοποί ἐστε· τηρήσοντες τὴν χώραν ἤλθετε. — Οὐχί, κύριε, ἔφασαν, ἀλλ᾽ ὠνησόμενοι σιτία. Πάντες γάρ ἐσμεν υἱοὶ ἑνὸς ἀνθρώπου, καὶ εἰρηνικοί ἐσμεν, ἀλλ᾽ οὐ κατάσκοποι. Δώδεκα ἦμεν ἀδελφοὶ ἐν τῇ Χαναάν· καὶ ὁ μὲν νεώτερος μετὰ τοῦ πατρός ἐστι τήμερον, ὁ δὲ ἕτερος οὐ πάρεστι. »

Ὁ δὲ Ἰωσὴφ εἶπε· « Ἐν τούτῳ δὴ φανήσεται οἵτινές ἐστε. Ὑμεῖς γάρ, μὰ τὴν ὑγίειαν τοῦ Φαραώ, οὐ μὴ ἐξέλθητε ἐνθένδε, ἕως ἂν ὁ ἀδελφὸς ὑμῶν ὁ νεώτερος ἔλθῃ ἐνθάδε. Ἀποπέμψατε τοίνυν ὑμῶν ἕνα ὅστις ἄξει τοῦτον· ὑμεῖς δὲ φυλαχθήσεσθε, ἕως ἂν φανερὸν γίγνηται εἰ ἀληθεύετε ἢ οὔ. » Καὶ ἔσχεν αὐτοὺς ἐν φυλακῇ ἡμέρας τρεῖς.

XI. — Joseph retient Siméon en prison.

Τῇ δὲ τρίτῃ ἡμέρᾳ εἶπεν αὐτοῖς· « Εἰ εἰρηνικοί ἐστε, ὑμῶν τις κατασχεθήτω ἐν τῇ φυλακῇ· αὐτοὶ δὲ οἰχόμενοι ἀπαγάγετε τὰ σιτία. Καὶ ἐὰν τὸν νεώτερον ἀδελφὸν ἀγάγητε μοι, πιστεύσω ὑμῖν. »

Ἐνταῦθα δὲ ἔλεγον ἀλλήλοις· « Ἀλλ᾽ ἄδικοι καὶ ἡμεῖς ἦμεν εἰς τὸν ἀδελφόν, ὑπερορῶντες τὴν λύπην αὐτοῦ, καὶ δεομένου ἡμῶν οὐκ ἀκούοντες. Διὰ τοῦτο νῦν ἀνιώμεθα. » Ὁ δὲ Ῥουβήν· « Οὐκ ἔλεγον, ἦ δ᾽ ὅς, μὴ ἀδικήσητε τὸ παιδίον; ἀλλὰ γὰρ οὐκ ἐπείσθητε. Νῦν δὲ τοῦ αἵματος αὐτοῦ δίκην δεῖ ἡμᾶς ἐκτίνειν· μοχθηρίαν γὰρ μεγίστην ὠφλήκαμεν. »

Οὐκ ᾔδεσαν δὲ ὅτι συνιείη ὁ Ἰωσήφ · ὁ γὰρ ἑρμηνευτὴς μετ' αὐτῶν ἦν. Ἀποστραφεὶς δὲ ἐδάκρυσεν, καὶ πάλιν προσελθὼν διελέχθη αὐτοῖς. Λαβὼν δὲ τὸν Συμεὼν ἔδησεν ἐναντίον αὐτῶν.

Ἐκέλευσε δὲ ἐμπλῆσαι τὰ ἀγγεῖα αὐτῶν σίτου, καὶ θεῖναι τὸ ἀργύριον εἰς τὸν σάκκον ἑκάστου, καὶ δοῦναι αὐτοῖς ἐπισιτισμὸν εἰς τὴν ὁδόν.

Ἐπιθέντες δὲ τὸν σῖτον ἐπὶ τοὺς ὄνους, ἀπεχώρησαν ἐκεῖθεν. Λύσας δέ τις τὸν μάρσιπον ἵνα δοίη χόρτον τοῖς ὄνοις, εἶδε τὸ ἀργύριον καὶ εἶπε τοῖς ἀδελφοῖς · « Ἀπεδόθη μοι τὸ ἀργύριον, καὶ ἔστιν ἐν τῷ σάκκῳ. » Ἐξεπλάγησαν δὲ πρὸς ἀλλήλους λέγοντες « Τί τοῦτο ἐποίησεν ἡμᾶς ὁ Θεός; »

XII. — Jacob refuse de laisser partir Benjamin.

Ἐλθόντες δὲ πρὸς Ἰακὼβ ἤγγειλαν πάντα τὰ συμβάντα αὐτοῖς. « Εἴρηκεν, ἔφασαν, ὁ κύριος τῆς γῆς πρὸς ἡμᾶς σκληρὰ καὶ εἰσήγαγεν ἡμᾶς εἰς δεσμωτήριον ὡς κατασκοπεύοντας τὴν γῆν. Εἴπομεν δὲ αὐτῷ · Εἰρηνικοί ἐσμεν, ἀλλ' οὐ κατάσκοποι. Δώδεκα ἀδελφοί ἐσμεν, ὧν ὁ μὲν ἀπόλωλε, ὁ δὲ νεώτατός ἐστι μετὰ τοῦ πατρός. Ὁ δ' εἶπεν · Οὕτω γνώσομαι ὅτι εἰρηνικοί ἐστε, εἰ, ὑμῶν ἕνα μετ' ἐμοῦ ἐνθάδε καταλιπόντες καὶ μετὰ τοῦ σίτου οἴκαδε ἀπελθόντες, ἄξετε πρὸς ἐμὲ τὸν ἀδελφὸν τὸν νεώτερον. Τότε δὴ τὸν αἰχμάλωτον ἀποδώσω ὑμῖν. »

Ἐν ᾧ δὲ ἐκένουν τοὺς σάκκους, ηὗρεν ἕκαστος ἔνδον τὸ ἑαυτοῦ ἀργύριον, καὶ ἐφοβήθησαν.

Εἶπε δὲ αὐτοῖς ὁ πατήρ · « Τέκνων ἀπεστερήσατέ με · ὁ γὰρ Ἰωσὴφ οὐκ ἔστιν ἔτι, ὁ Συμεὼν οὐ πάρεστι, καὶ τὸν Βενιαμὶν λήψεσθε; » Εἶπε δὲ ὁ Ῥουβὴν τῷ πατρί · « Δὸς αὐτόν μοι κἀγὼ ἀνάξω πρὸς σέ. » Καὶ ἠγγυᾶτο μηδὲν τὸν παῖδα κακὸν πείσεσθαι. Ὁ δὲ σείσας τὴν κεφαλὴν εἶπε · « Οὐ καταβήσεται ὁ παῖς μεθ' ὑμῶν, ὅτι ὁ ἀδελφὸς αὐτοῦ ἀπέθανε, αὐτὸς δὲ μόνος καταλέλειπται. Συμβήσεται γὰρ αὐτὸν ἀσθενῆσαι ἐν τῇ ὁδῷ, καὶ κατάξετέ μου τὸ γῆρας μετὰ λύπης εἰς ᾅδου. »

XIII. — Juda insiste, et Jacob consent au départ de Benjamin.

Ὁ δὲ λιμὸς μέγας ἐγένετο πανταχοῦ. Ἡνίκα δὲ ἐπαύσαντο ἐσθίοντες τὸν σῖτον ὃν ἤνεγκαν ἐξ Αἰγύπτου, εἶπεν αὐτοῖς ὁ πατήρ · « Πάλιν πορευθέντες πρίασθε ἡμῖν ὀλίγα σιτία. »

Ὁ δὲ Ἰούδας · « Διισχυρίσατο, ἔφη, ἡμῖν ὁ κύριος τῆς γῆς · Οὐκ ὄψεσθέ με, ἐὰν μὴ ὁ ἀδελφὸς ὑμῶν ὁ νεώτερος μεθ' ὑμῶν ᾖ. Εἰ μὲν οὖν ἀποστελεῖς τὸν ἀδελφὸν μεθ' ἡμῶν, καταβάντες ἀγοράσομεν σιτία. Εἰ δὲ μή, οὐ πορευσόμεθα. »

Εἶπε δὲ ὁ Ἰσραήλ · « Τί ἐδηλώσατε τῷ ἀνθρώπῳ ὅτι εἴη ὑμῖν ἀδελφός; — Ἤρετο πολλάκις ἡμᾶς, ἔφασαν, εἰ ἔτι ζώη ὁ πατὴρ ἡμῶν καὶ εἴη ἡμῖν ἀδελφός. Ἆρ' ᾔδειμεν ὅτι ἐρεῖ ἡμῖν · Ἀγάγετε τὸν ἀδελφόν; »

Ὁ δὲ Ἰούδας · « Ἀπόστειλον, ἔφη, τὸ παιδίον μετ' ἐμοῦ, ἵνα μὴ ἀποθάνωμεν καὶ ἡμεῖς καὶ σύ. Ἐὰν δὲ μὴ ἀγάγω αὐτὸν πρός σέ, ἡμαρτηκὼς ἔσομαι εἰς σὲ πάντα τὸν βίον. Εἰ γὰρ μὴ ἐβραδύναμεν, ἤδη ἂν ὑπεστρέψαμεν δίς. »

Καὶ ὃς στενάξας · « Εἰ οὕτως ἔχει, ἔφη, τοῦτο ποιήσατε, εὐλαβήθητε δὲ μὴ κακόν τι πάθῃ τὸ παιδίον. Καταγάγετε δὲ τῷ ἀνθρώπῳ δῶρα, καὶ τὸ ἀργύριον διττὸν φέρετε. Ὁ δὲ Θεὸς ἵλεων ὑμῖν τὸν ἄνδρα ποιοίη, ἵνα ἀποπέμψῃ τὸν ἀδελφὸν ὑμῶν τὸν αἰχμάλωτον καὶ τὸν Βενιαμίν. » Λαβόντες οὖν οἱ ἄνδρες τὰ δῶρα καὶ ἀργύριον διπλοῦν καὶ τὸν Βενιαμὶν κατέβησαν εἰς Αἴγυπτον.

XIV. — Deuxième voyage des fils de Jacob en Égypte.

Ἰδὼν δὲ ὁ Ἰωσὴφ αὐτοὺς καὶ Βενιαμὶν τὸν ἑαυτοῦ ἀδελφὸν τὸν ὁμομήτριον, εἶπε τῷ ταμίᾳ· « Εἰσάγαγε τοὺς ἀνθρώπους εἰς τὴν οἰκίαν καὶ ἄριστον ἑτοίμασον καὶ δώδεκα κλίνας στρῶτον· μετ' ἐμοῦ γὰρ ἔδονται οἱ ἄνθρωποι μεσημβρίας, καὶ βούλομαι ἑστιᾶν αὐτούς. » Ἐτέλεσε δὲ τὰ προστάγματα ὁ ἄνθρωπος.

Προσελθόντες δὲ πρὸς τὸν ταμίαν ἔλεγον αὐτῷ ἐν τῷ προθύρῳ· « Δεόμεθα, ὦ κύριε. Κατέβημεν πρότερον δεῦρο ὠνησόμενοι σιτία. Ἐπειδὴ δὲ καταλύσαντες ἀνεῴξαμεν τοὺς μαρσίπους, ἦν τόδε τὸ ἀργύριον ἑκάστῳ ἐν τῷ μαρσίπῳ. Διὸ καὶ ἀργύριον ἕτερον ἠνέγκαμεν βουλόμενοι ἀγοράσαι σιτία. Οὐ μέντοι ἴσμεν τίς ἐνέβαλε τὸ ἀργύριον εἰς τοὺς σάκκους. »

Ὁ δὲ εἶπε αὐτοῖς· « Μὴ φοβεῖσθε· ἵλεως γὰρ ὑμῖν ὁ Θεὸς ὑμῶν, ἐγὼ δὲ τὸ ὑμέτερον ἀργύριον εὐδοκιμοῦν ἔχω. » Καὶ ἐξήγαγε μὲν πρὸς αὐτοὺς τὸν Συμεών, ἤνεγκε δὲ ὕδωρ ἵνα λούσαιντο τοὺς πόδας καὶ ἔλαιον ἵνα τὰ μέλη χρίσαιντο, ἔδωκε δὲ χόρτον τοῖς ὄνοις αὐτῶν.

XV. — Joseph donne un festin à ses frères.

Ἡτοίμασαν δὲ τὰ δῶρα πρὶν ἂν ἔλθῃ ὁ Ἰωσὴφ μεσημβρίας. Εἰσελθόντος δὲ ἐκείνου, προσήνεγκαν αὐτῷ τὰ δῶρα καὶ προσεκύνησαν αὐτόν. Ἐπύθετο δὲ παρ' αὐτῶν· « Πῶς ἔχετε; Ὑγιαίνει ὁ πατὴρ ὑμῶν ὁ πρεσβύτης, ὃν εἴπατε; ἔτι ζῇ; » Οἱ δὲ ἀπεκρίναντο· « Ὑγιαίνει ὁ δοῦλός σου ὁ πατὴρ ἡμῶν, ἔτι ζῇ. » Καὶ εἶπεν· « Εὐλογημένος ὁ ἄνθρωπος ἐκεῖνος τῷ Θεῷ. »

Ἀναβλέψας δὲ καὶ ἰδὼν Βενιαμίν· « Οὗτος, ἦ δ' ὅς, ἀδελφὸς ὑμῶν ὁ νεώτερος, ὃν ὑπέσχεσθε πρὸς ἐμὲ ἄξειν; Ὁ Θεὸς ἐλεήσαι σε, ὦ τέκνον. » Ἐταράχθη δὲ ἐπὶ τῷ ἀδελφῷ καὶ ἔμελλε κλάειν. Εἰσελθὼν οὖν εἰς τὸ ταμιεῖον ἐδάκρυσεν ἐκεῖ. Ἀπονιψάμενος μέντοι τὸ πρόσωπον, ἐξῆλθεν ἐγκρατὴς ἑαυτοῦ γενόμενος, καί · « Παράθετε ἄρτους, » ἔφη.

Ἐκάθισαν δὲ ἐναντίον αὐτοῦ ἕκαστος κατὰ τὴν ἡλικίαν · καὶ ἔλαβον μερίδας παρ' αὐτοῦ, μείζων δὲ ἦν ἡ μερὶς τοῦ Βενιαμίν, πενταπλασίων τῶν ἄλλων.

XVI. — Ruse de Joseph pour retenir Benjamin.

Μετὰ ταῦτα ἐνετείλατο ὁ Ἰωσὴφ τοῖς οἰκέταις · « Ἐμπλήσατε σίτου τοὺς μαρσίπους τῶν ἀνθρώπων, ὅσον ἂν δύνωνται ἆραι, καὶ ἐμβάλετε μὲν ἑκάστου τὸ ἀργύριον ἐπὶ τοῦ στόματος τοῦ μαρσίπου · τὸ δ' ἐμὸν ποτήριον τὸ ἀργυροῦν ἐμβάλετε εἰς τὸν μάρσιπον τοῦ νεωτέρου μετὰ τῆς τοῦ σίτου τιμῆς. » Ἐγένετο δὲ οὕτως.

Ἅμα δὲ τῷ ὄρθρῳ, οἱ ἄνθρωποι ἀπεστάλησαν αὐτοί καὶ οἱ ὄνοι αὐτῶν. Οὔπω δὲ μακρὰν ἀπεῖχον, καὶ ὁ Ἰωσὴφ εἶπε τῷ οἰκονόμῳ · « Δίωξον τοὺς ἀνθρώπους. Καταλαβὼν δὲ ἐρεῖς αὐτοῖς · Μὴ φύγητε. Τί ἀνταπέδοτε πονηρὰ ἀντὶ καλῶν; τί ἐκλέψατε τὸ ποτήριον τὸ ἀργυροῦν ἐν ᾧ εἴωθε πίνειν ὁ κύριός μου; Πονηρὰ πεποιήκατε. »

Εὑρὼν δὲ αὐτοὺς τὰ τοιαῦτα ὠνείδισεν. Οἱ δὲ ἔλεγον αὐτῷ · « Τί λαλεῖς οὕτω; Μὴ γένοιτό ποτε ἡμᾶς ταῦτα ποιῆσαι · καὶ γὰρ εἰ τὸ ἀργύριον, ὃ ηὕρομεν ἐν τοῖς μαρσίποις, ἀνεκομίσαμεν πρὸς σὲ ἐκ γῆς Χαναάν, πῶς ἂν κλέψαιμεν παρὰ τῷ κυρίῳ σου ἄργυρον ἢ χρυσόν; Παρ' ᾧ ἂν τοίνυν ἡμῶν εὕρῃς τὸ ποτήριον, ἀποθνησκέτω · ἡμεῖς δὲ δουλεύσομέν σοι . » Ὁ δὲ εἶπε · « Ἀλλ' ὥσπερ λέγετε, οὕτως ἔσται · παρ' ᾧ γὰρ ἂν εὑρεθῇ τὸ ποτήριον, ἐκεῖνος μὲν δουλεύσει μοι, ὑμεῖς δ' αὖ ἔσεσθε ἐλεύθεροι. »

Καὶ ταχέως καταθεὶς ἕκαστος τὸν μάρσιπον ἐπὶ τὴν

γῆν ἐχάλασεν. Ὁ δ' ἠρεύνησεν ἀπὸ τοῦ πρεσβυτέρου ἀρξάμενος, ἕως ἦλθεν ἐπὶ τὸν νεώτερον · καὶ ηὗρε τὸ ποτήριον ἐν τῷ μαρσίπῳ τοῦ Βενιαμίν. Τότε δή, ὁρῶντες ὅτι παρὰ δόξαν ἑάλωσαν, ἔφριξαν καὶ διέρρηξαν τὰ ἱμάτια, καὶ ἐπιθέντες τοὺς μαρσίπους ἐπὶ τοὺς ὄνους ἐπανῆλθον εἰς τὴν πόλιν.

Ἐλθόντες δὲ πρὸς τὸν Ἰωσὴφ ἐσιώπησαν. Εἶπε δὲ αὐτοῖς ὥσπερ σφόδρα παρωξυμμένος · « Τί τοῦτο ἐποιήσατε; » Ὁ δὲ Ἰούδας · « Τί ἀντεροῦμεν, ἔφη, ἢ τί δικαιολογησόμεθα; ὁ Θεὸς γὰρ ἤλεγξε τὴν ἀδικίαν τὴν ἡμετέραν, καὶ νῦν ἐσμεν οἰκέται σου ἡμεῖς τε καὶ παρ' ᾧ ηὑρέθη τὸ ποτήριον. » Εἶπε δὲ ὁ Ἰωσήφ · « Οὐ μὴ ταῦτα γένηται, ἀλλ' ὁ ἄνθρωπος παρ' ᾧ ηὑρέθη τὸ ποτήριον αὐτὸς μὲν ἔσται δοῦλος ἐμός · ὑμεῖς γε μὴν ἀνάβητε ἀσφαλῶς πρὸς τὸν πατέρα. »

XVII. — Discours de Juda à Joseph.

Καὶ οἱ μὲν ἄλλοι ἐσίγων καὶ τὰ ὄμματα πεπηγότα εἶχον χαμαί. Πλησιάσας δὲ ὁ Ἰούδας εἶπε · « Ὦ κύριε, ἔα με λέγειν καὶ μὴ ὀργισθῇς. Σοῦ ἐρομένου ἡμᾶς εἰ ἔχομεν πατέρα ἢ ἀδελφόν · « Ἔστιν ἡμῖν, ἔφαμεν, πατὴρ « πρεσβύτερος καὶ παιδίον νεώτατον αὐτῷ, καὶ ὁ ἀδελφὸς « τούτου ἀπέθανεν· διὸ αὐτὸν ὁ πατὴρ μάλα ἠγάπησεν. » Εἶπες δὲ ἡμῖν · « Καταγάγετε αὐτὸν πρὸς ἐμὲ καὶ ἐπι- « μελήσομαι αὐτοῦ. » Λεγόντων δὲ ἡμῶν οὐ δυνήσεσθαι τὸ παιδίον καταλιπεῖν τὸν πατέρα, τοῦτον γάρ, ἐὰν κατα- λειφθῇ, ἀποθανεῖσθαι, σὺ ἡμῖν ἀπεκρίνω · « Ἐὰν μὴ « καταβῇ ὁ νεώτερος ἀδελφὸς μεθ' ὑμῶν, οὐκέτι ὄψεσθέ με. »

« Ἀφικόμενοι δὲ πρὸς τὸν πατέρα, ἀπηγγείλαμεν αὐτῷ τὰ σὰ ῥήματα. Ὁ δὲ εἶπεν · « Ὑμεῖς ἴστε ὅτι « δύο υἱούς ἔτεκέ μοι ἡ γυνή, καὶ διεφθάρη μοι ὁ ἕτε- « ρος · εἴπετε γὰρ ὅτι ὑπὸ θηρίου κατηδέσθη, καὶ αὐτὸν

« οὐκ εἶδον μέχρι νῦν. Ἐὰν οὖν λάβητε καὶ τοῦτον καὶ
« συμβῇ αὐτῷ κακὸν ἐν τῇ ὁδῷ, κατάξετέ μου τὸ γῆρας
« λύπῃ τετηκὸς εἰς ᾅδου. » Νῦν τοίνυν, ἐὰν πρὸς τὸν
πατέρα ἀνίωμεν τὸ παιδίον μὴ ἔχοντες (ἡ γὰρ ψυχὴ
ἐκείνου ἐκ τῆς τούτου ἐξήρτηται), τελευτήσει. Ἐγὼ δὲ
παρὰ τοῦ πατρὸς αὐτὸν δεχόμενος ἔλεξα · « Ἐὰν μὴ
« ἀγάγω αὐτὸν πρὸς σέ, ἡμαρτηκὼς ἔσομαι εἰς σὲ πάντα
« τὸν βίον. » Διὰ ταῦτα παραμενῶ σοι δοῦλος ἀντὶ
τούτου · τὸ δὲ παιδίον ἀναβήτω μετὰ τῶν ἀδελφῶν.
Πῶς γὰρ ἐγὼ πρὸς τὸν πατέρα παραγενήσομαι, τοῦ παι-
δίου ἀπόντος; »

XVIII. — Joseph se fait enfin connaître à ses frères.

Ὁ δὲ Ἰωσήφ, οὐ δυνάμενος ἀνέχεσθαι τῶν παρεστη-
κότων, ἐκέλευσε πάντας ἐξιέναι, καὶ ἀφῆκε φωνὴν μετὰ
κλαυθμοῦ, ἣν ἤκουσαν πάντες οἱ ἐν τοῖς βασιλείοις.

Εἶπε δὲ τοῖς ἀδελφοῖς · « Ἐγώ εἰμι Ἰωσήφ. Ἔτι
ζῇ ὁ πατήρ μου; » Οἱ δὲ ἀδελφοὶ οὐκ ἔτλησαν ἀποκρί-
νασθαι αὐτῷ · οὕτως ἐταράττοντο. Ὁ δέ · « Πλησιά-
σατε, ἔφη. Ναί, ἐγώ εἰμι Ἰωσὴφ ὁ ἀδελφὸς ὑμῶν, ὃν
ἀπέδοσθε, καίπερ ἀγνῶς ἔχοντα. Μὴ μέντοι λυπεῖσθε μηδὲ
δέδιτε, ἀλλ' εὐφράνθητε · τούτου γὰρ ἕνεκα ἔπεμψέ με
ὁ Θεὸς ἔμπροσθεν ὑμῶν, ἵνα σῴζητε. Τοῦτο γὰρ δεύτερον
ἔτος λιμός ἐστιν, καὶ ἔτι πέντε ἔτη οὐδεὶς οὔτε γεωργή-
σει οὔτε θεριεῖ.

« Σπεύσαντες οὖν πρὸς τὸν πατέρα παρακαλεύεσθε
αὐτῷ δεῦρο κατελθεῖν. Αὐτὸν γὰρ κατοικιῶ ἐν γῇ Γεσὲμ
καὶ τοὺς υἱοὺς αὐτοῦ καὶ τὰ ποίμνια καὶ τὰς ἀγέλας
καὶ ὅσα αὐτῷ ἐστιν. Ἀπαγγείλατε δὲ τῷ πατρὶ τὴν
ἐμὴν δόξαν καὶ ὅσα εἴδετε, καὶ ὅτι τάχιστα αὐτὸν κατα-
γάγετε ἐνθάδε. »

Προσπεσὼν δὲ εἰς τὸν τράχηλον τοῦ Βενιαμὶν ἐδάκρυ-

σεν, καὶ ὁ Βενιαμὶν ὁμοίως. Ἐφίλησε δὲ πάντας τοὺς
ἀδελφοὺς κλάων. Καὶ μετὰ ταῦτα ἀλλήλοις διελέχθησαν.

XIX. — Jacob vient en Égypte avec toute sa famille.

Λόγου δὲ διαδοθέντος εἰς τὴν οἰκίαν ὅτι ἦλθον οἱ
ἀδελφοὶ τοῦ Ἰωσήφ, ἐχάρη ὁ Φαραὼ καὶ οἱ μετ' αὐτοῦ.
Εἶπε δὲ τῷ Ἰωσήφ · « Τοὺς ἀδελφοὺς κέλευε πληροῦν
τὰ ἀγγεῖα, καὶ ἀπελθόντας εἰς γῆν Χαναὰν λαβόντας τὸν
πατέρα καὶ τὰ ὑπάρχοντα ἥκειν πρὸς ἐμέ · δώσω γὰρ
αὐτοῖς πάντων τῶν ἀγαθῶν Αἰγύπτου. »

Ἔδωκε δὲ ὁ Ἰωσὴφ αὐτοῖς ἁμάξας καὶ ἐπισιτισμὸν
εἰς τὴν ὁδόν, καὶ διττὰς ἑκάστῳ στολάς, τῷ δὲ Βενιαμὶν
πέντε στολάς. Τῷ δὲ πατρὶ ἀπέστειλε δέκα ὄνους καὶ
δέκα ἡμιόνους φερούσας ἄρτους εἰς ὁδόν.

Ἐλθόντες δὲ πάντα ταῦτα ἤγγειλαν τῷ Ἰακώβ.
Ὁ δὲ ἐξέστη τοῦ φρονεῖν καὶ οὐκ ἐδύνατο αὐτοῖς πισ-
τεύειν · ἰδὼν δὲ τὰς ἁμάξας, ἐζωπυρήθη καὶ ἔφη ·
« Μέγα μοί ἐστιν εἰ ἔτι Ἰωσὴφ ὁ υἱός μου ζῇ · τοιγα-
ροῦν πορευθεὶς ὄψομαι αὐτὸν πρὶν ἀποθανεῖν. » Μεγίστην
δὲ ἡδονὴν ἥσθη.

Ἀναλαβόντες δὲ τὸν πατέρα καὶ τὰς γυναῖκας καὶ
τὰ ὑπάρχοντα, εἰσῆλθον εἰς Αἴγυπτον, ὄντες ἑβδομήκοντα
πέντε οἱ πάντες. Ζεύξας δὲ ὁ Ἰωσὴφ τὰ ἅρματα ἀπήν-
τησε τῷ πατρί · τοῦτον δὲ οὐκ ἔφθασεν ἰδὼν καὶ παθή-
σας ἀπὸ τοῦ ἅρματος ἔδραμε καὶ περιέβαλεν αὐτὸν μετὰ
πολλῶν δακρύων. Καὶ εἶπεν ὁ Ἰσραὴλ αὐτῷ · « Νῦν
δύναμαι ἀποθανεῖν, ἐπεὶ ἑώρακά σε. »

XX. — Joseph présente son père au Pharaon.

Τῶν δὲ ἀδελφῶν ὁ Ἰωσὴφ ἔλαβε πέντε ἄνδρας καὶ
παρέστησε τῷ Φαραώ. Τοῦ δὲ εἰπόντος · « Τί τὸ ἔργον
ὑμῶν; — Ποιμένες ἐσμέν, ἔφασαν, καὶ κτήνη νέμομεν

ἡμεῖς τε καὶ πατέρες ἡμῶν. » Εἶπε δὲ ὁ βασιλεὺς τῷ Ἰωσήφ · « Κατοικούντων ἐν γῇ Γεσέμ. Εἰ δὲ ἐπίσταται ὄντας ἐν αὐτοῖς ἄνδρας δυνατούς, ἐπίτρεψον αὐτοῖς ἀρχὴν τῶν ἐμῶν κτηνῶν. »

Εἰσελθὼν δὲ καὶ ὁ Ἰακὼβ ἠσπάσατο τὸν βασιλέα. Ὁ δὲ τὸν πρεσβύτερον αἰδεσθεὶς · « Πόσα ἔτη βεβίωκας; ἔφη. — Ἑκατὸν τριάκοντα, ἦ δ' ὅς. Ὀλίγαι καὶ πονηραὶ γεγόνασιν αἱ ἡμέραι τῆς ἐμῆς ζωῆς, οὐκ ἀφικόμεναι εἰς τὰς τῶν πατέρων · πάνυ γὰρ γεγηρακότες ἦσαν. » Καὶ χαίρειν εἰπὼν τὸν Φαραὼ ἐξῆλθεν.

Ὁ δὲ Ἰωσὴφ ἑώρτασεν ἑορτὴν μεγάλην · καὶ κατοικίσας τὸν πατέρα καὶ τοὺς ἀδελφοὺς ἐν τῇ βελτίστῃ γῇ, ὥσπερ προσέταξεν ὁ βασιλεύς, αὐτοῖς σῖτον ἐδίδου · ὁ γὰρ λιμὸς σφοδρὸς ἐγένετο.

Οἱ δὲ Αἰγύπτιοι συνεχῶς πρὸς τὸν Ἰωσὴφ ἐφοίτων, ὅπως τῶν σιτίων τύχοιεν, καὶ ἔλεγον · « Ὅσα εὖ ἐπάθομεν ὑπ' αὐτοῦ. »

XXI. — Derniers moments de Jacob.

Κατῴκησε τοίνυν ὁ Ἰσραὴλ ἐν Αἰγύπτῳ, καὶ οἱ μετ' αὐτοῦ ηὐξήθησαν πολύ. Ἐπεβίω δὲ ἑπτὰ καὶ δέκα ἔτη. Ἰδὼν δὲ ὅτι ἔμελλεν ἤδη ἀποθνήσκειν, εἶπεν τῷ Ἰωσήφ · « Ἐὰν βουληθῇς χάριν μοι μεγάλην χαρίσασθαι, μή με θάψῃς ἐν Αἰγύπτῳ, ἀλλ' ἵνα κοιμηθῶναι μετὰ τῶν ἐμῶν πατέρων · ἄρας οὖν τὴν ἐμὴν σάρκα ἐκ τῆσδε τῆς χώρας θάψεις ἐν τῷ τάφῳ αὐτῶν. — Ὥνπερ ἐπιθυμεῖς, ταῦτα ποιήσω. — Ἀλλ' ὅμοσόν μοι. » Καὶ ὤμοσεν αὐτῷ.

Ὀλίγαις δὲ ἡμέραις ὕστερον, ἀπηγγέλθη τῷ Ἰωσὴφ ὅτι ὁ πατὴρ ἄρρωστος εἴη. Καὶ αὐτίκα λαβὼν τοὺς δύο υἱούς, τὸν Μανασσῆ καὶ τὸν Ἐφραίμ, ἦλθε πρὸς τὸν Ἰακώβ. Ὁ δέ, ἀκούσας ὅτι Ἰωσὴφ παρείη, ἐκάθισεν ἐπὶ τὴν κλίνην.

Ἰδὼν δὲ τὼ νεανίσκω εἶπε · « Τίνες οὗτοι; — Υἱοί μού εἰσιν, ἔφη ὁ Ἰωσήφ, οὓς ἔδωκέ μοι ὁ Θεός. — Προσάγαγέ μοι αὐτοὺς ἵνα εὐλογήσω. » Οἱ δὲ ὀφθαλμοὶ αὐτοῦ ἐσβέννυντο ὑπὸ τοῦ γήρως καὶ οὐ ῥαδίως ἔβλεπε. Φιλήσας οὖν αὐτοὺς περιέλαβεν, καὶ τὴν μὲν δεξιὰν ἔτεινεν ἐπὶ τὴν κεφαλὴν τοῦ Ἐφραίμ, νεωτέρου ὄντος, τὴν δὲ ἀριστερὰν ἐπὶ τὴν τοῦ Μανασσῆ, λέγων · « Ὁ Θεός, ᾧ ἤρεσκαν οἱ πατέρες μου καὶ ἔθρεψέ με ἐκ νεότητος μέχρι τῆσδε τῆς ἡμέρας, εὐλογήσειε τὰ παιδία ταῦτα. Καὶ γένοιτο τὸ γένος αὐτῶν πλῆθος πολὺ ἐπὶ τῆς γῆς. »

Ἰδὼν δὲ ὁ Ἰωσὴφ τὸν πατέρα τιθέντα τὴν δεξιὰν ἐπὶ τὴν Ἐφραίμ κεφαλὴν ἠχθέσθη, καὶ λαβὼν τὴν χεῖρα τοῦ πατρὸς ἀφήρει ἀπὸ τῆς Ἐφραίμ κεφαλῆς ἐπὶ τὴν τοῦ Μανασσῆ. « Οὐ χρὴ οὕτως, πάτερ, ἔφη · οὗτος γὰρ ὁ πρωτότοκος · ἐπίθες τὴν δεξιὰν ἐπὶ τὴν κεφαλὴν αὐτοῦ. » Ὁ δ' Ἰσραὴλ οὐκ ἠθέλησεν, ἀλλ' εἶπεν · «Οἶδα, τέκνον, οἶδα. Οὗτος μὲν γὰρ ἔσται μέγας, ὁ δὲ νεώτερος μείζων αὐτοῦ ἔσται. »

XXII. — Mort et funérailles de Jacob.

Καλέσας δὲ τοὺς υἱοὺς ἔλεξεν αὐτοῖς τάδε · « Ἀκούσατέ μου · τὸ γὰρ σῶμα τὸ ἐμὸν σχεδὸν ἔψυκται καὶ μέλλω ἤδη βίον τελεῖν. Ἰούδα, σὲ ἐπαινέσονται οἱ ἀδελφοὶ καὶ προσκυνήσουσι · οὐ παύσεται δὲ ἄρχων ἐξ Ἰούδα, ἕως ἂν ἔλθῃ ὁ πεμφθησόμενος, ὃν προσδοκᾷ τὰ ἔθνη. Ἐμὲ δὲ θάψατε μετὰ τῶν πατέρων μου, ἐν τῷ σπηλαίῳ ὅ ἐστιν ἐν τῷ ἀγρῷ Ἐφρών. »

Ταῦτα ἐπισκήψας τοῖς υἱοῖς ἐξέπνευσε τὴν ψυχήν. Οἱ δὲ οἰκέται τοῦ Ἰωσὴφ ἐταρίχευσαν τὸν νεκρόν, καὶ ἐπένθησεν αὐτὸν Αἴγυπτος ἑβδομήκοντα ἡμέρας.

Παρελθουσῶν δὲ τῶν ἡμερῶν τοῦ πένθους, εἶπεν ὁ

Φαραὼ τῷ Ἰωσήφ · « Θαπτέον τὸν πατέρα, καθάπερ ὥρκισέ σε. » Καὶ ἀνέβη ὁ Ἰωσὴφ θάψων τὸν πατέρα, καὶ εἵποντο αὐτῷ οἱ ἀδελφοὶ καὶ συγγενεῖς καὶ οἰκέται καὶ πάμπολλοι τῶν Αἰγυπτίων.

Καὶ παραγενόμενοι πέραν τοῦ Ἰορδάνου, ἐπένθησαν ὀδυρόμενοι καὶ κοπτόμενοι καὶ κόνει φύροντες τὴν κόμην. Τὸ δὲ πένθος ἑπτὰ ἡμέρας ἐγίγνετο. Καὶ τάφον χώσαντες, θάψαντες τὸν Ἰακὼβ ἐν τῷ σπηλαίῳ ὃ ἐκτήσατο Ἀβραὰμ παρὰ τοῦ Ἐφρών, ἐπανῆλθον εἰς Αἴγυπτον.

LA RETRAITE DES DIX MILLE

I. Κῦρος ὁ νεώτερος, μισθοφόρους πολλοὺς ἀγείρας, τῷ ἀδελφῷ ἐπολέμησε. Ἐπεὶ δὲ ἡττήθη μαχόμενος πρὸς τῇ Βαβυλῶνι, οἱ Ἕλληνες οἱ στόλον ἐπὶ βασιλέα μετ᾽ ἐκείνου ποιησάμενοι, εἴξαντες ἀνάγκῃ, ἐβουλεύσαντο πάλιν εἰς τὴν πατρίδα ἰέναι. Οἱ δὲ βάρβαροι, δόλῳ χρησάμενοι, τοὺς ἐκείνων στρατηγοὺς συλλαβόντες ἔσφαξαν.

II. Ἦν δὲ ἐν τῇ στρατιᾷ Ξενοφῶν Ἀθηναῖος, ἀνὴρ εὐσεβής τε καὶ τὰ βέλτιστα ἠσκημένος. Ἔδοξεν αὐτῷ καταδαρθόντι βροντῆς γενομένης σκηπτὸς πεσεῖν εἰς τὴν πατρῴαν οἰκίαν. Ἐγερθεὶς δέ, ὁρῶν ὅτι οὐδεὶς παρασκευάζοιτο ὅπως τοὺς πολεμίους ἀμυνοῦνται, λέγει τοῖς λοχαγοῖς τάδε · « Ἡμῖν μέν, ὦ ἄνδρες, οὐδεὶς κηδεμὼν πάρεστιν, ὁ δὲ βασιλεὺς ζητεῖ τὰ ἔσχατα ἡμᾶς αἰκίσασθαι. Ἐπεὶ οὖν τὰς σπονδὰς οἱ πολέμιοι ἔλυσαν καὶ τῶν ἐπιτηδείων δεόμεθα, τί κωλύει τούτους ἀλέξαι καὶ λαβεῖν ταῦτα τὰ ἀγαθὰ ἆθλα κείμενα ἐν μέσῳ, ὧν μέχρι νῦν στερρῶς ἀπειχόμεθα; Οἱ μὲν γὰρ θεοὶ ἡμῶν, ὡς εἰκός, κήδονται · ἔτι δὲ ἀκμάζομεν ῥώμῃ καὶ ἔχομεν σώματα ἱκανότερα τούτων καὶ ψύχη καὶ θάλπη καὶ πόνους φέρειν. »

III. Ταῦτα δὲ λέγοντος αὐτοῦ πτάρνυταί τις, ὅπερ οἰωνὸς Διὸς τοῦ σωτῆρος ἐφάνη. Διὸ ταῦτα ἔδοξε πᾶσι · αὐτὸ δὲ τὸ ἔργον τῷ Ξενοφῶντι ἐμαρτύρησεν. Ἐπειδὴ γὰρ ἦν ἀμφὶ τὴν ἀνατολὴν τοῦ ἡλίου, ἀναστάντες ἐπορεύοντο, πλαίσιον ποιησάμενοι, ἵνα τὰ σκευοφόρα[1] ἐν ἀσφαλεστέρῳ εἴη · καὶ ἀφίκοντο οὐκ ἀμαχεὶ ἐπὶ τὸν Τίγρητα ποταμόν. Εὑρίσκετο δὲ ἐν ταῖς κώμαις νεῦρα πολλὰ καὶ μόλυβδος, ὥστε χρῆσθαι εἰς τὰς σφενδόνας. Ὡς δὲ οἱ πολέμιοι εἵποντο ἀκροβολιζόμενοι, οἱ Ἕλληνες ἔγνωσαν ὅτι πλαίσιον πονηρὰ τάξις εἴη. Ἀνάγκη γὰρ ἦν τοὺς ὁπλίτας, ὁδοῦ στενωτέρας ἢ πλατυτέρας οὔσης, τοτὲ μὲν ἐκθλίβεσθαι, τοτὲ δὲ ἄγαν διασπᾶσθαι. Διὸ ἐξ λόχους ἐποίησαν.

IV. Ἀπορουμένοις δ' αὐτοῖς ὅποι ποτὲ τρέψονται, τοῦ ποταμοῦ βαθυτάτου ὄντος καὶ γεφύρας οὐκ οὔσης, Ῥόδιός τις εἶπε δεῖν παμπόλλους ἀσκοὺς ποιῆσαι, τῶν πέριξ βοσκημάτων ἀποδαρέντων καὶ φυσηθέντων· « Τούτους, ἔφη, ζεύξαντες δεσμοῖς καὶ ὁρμίσαντες, καὶ λίθους ἀρτήσαντες ὥσπερ ἀγκύρας, καὶ ὕλην ἐπιβαλόντες ὥστε μὴ ὀλισθάνειν, ἀσφαλῶς ταύτῃ τῇ διφθερᾷ σχεδίᾳ διαβησόμεθα. » Τὸ δὲ ἔργον ἦν ἀδύνατον διὰ τοὺς ἱππέας τῶν πολεμίων, καὶ ἔδοξε τοῖς στρατηγοῖς ἀναγκαῖον εἶναι τὴν πρὸς ἄρκτον[2] ἰέναι, εἰς Καρδούχους διὰ τῶν ὀρῶν ἄγουσαν.

V. Τῇ δὲ ὑστεραίᾳ πορευόμενοι ἀφικνοῦνται πρὸς τὰ ὄρη, καὶ ὑφηγεῖτο μὲν Χειρίσοφος, ἐφείπετο δὲ τὸ ὑπερβάλλον τοῦ στρατεύματος εἰς τὰς κώμας τὰς ἐν τοῖς ἄγκεσί τε καὶ μυχοῖς τῶν ὀρῶν. Καὶ στενῶν ὄντων τῶν

______
[1] S.-c. κτήνη. — [2] S.-c. ὁδόν.

χωρίων, οἱ πολέμιοι ἐγγὺς προσιόντες ἐτόξευον καὶ ἐσφεν-
δόνων · ὥστε ἠναγκάζοντο οἱ Ἕλληνες ἐπιδιώκοντες καὶ
πάλιν ἀναχάζοντες σχολῇ πορεύεσθαι · καὶ ὀπισθοφυλα-
κῶν θαμὰ παρήγγελλεν ὁ Ξενοφῶν ὑπομένειν, ὅτε οἱ
πολέμιοι ἰσχυρῶς ἐπικέοιντο.

VI. Καὶ ἦν μὲν δείλη, ὑετὸς δὲ πολὺς καὶ χάλαζα
ἐγένετο. Ἐπεὶ δὲ ἦσαν ἐπὶ χαράδρᾳ κρημνώδει οἱ ὀπι-
σθοφύλακες, ἣν ἔδει διαβάντας πρὸς τὸ ὄρθιον ἐκβαίνειν,
τηνικαῦτα οἱ βάρβαροι, ἐπὶ τῆς κορυφῆς μαστοῦ τινος
ὄντες, ἐκυλίνδουν ὁλοιτρόχους, οἳ φερόμενοι πρὸς τὰς
πέτρας παίοντες διεσφενδονῶντο · καὶ ταῦτα ἐποίουν δι'
ὅλης τῆς νυκτός · τεκμαίρεσθαι δ' ἦν τῷ ψόφῳ. Ἐπεὶ
δ' ἡμέρα ὑπέφαινεν, οἱ Ἕλληνες ἐπορεύοντο σιγῇ ἐπὶ τοὺς
πολεμίους · καὶ γὰρ ὁμίχλη ἐγένετο, ὥστ' ἔλαθον ἐγγὺς
προσελθόντες. Ἐπεὶ δὲ εἶδον ἀλλήλους, ἀλαλάξαντες
ἵεντο ἐπὶ τοὺς ἀνθρώπους · οἱ δὲ οὐκ ἐδέξαντο, ἀλλὰ
φεύγοντες ὀλίγοι ἀπέθνησκον · εὔζωνοι γὰρ ἦσαν καὶ
ἐλαφροί · οὐδὲν γὰρ εἶχον ἄλλο ἢ τόξα καὶ φαρέτρας
καὶ σφενδόνας.

VII. Ταύτην δ' αὖ τὴν ἡμέραν, τρόπαιον στήσαντες,
ηὐλίσθησαν ἐν ταῖς κώμαις ταῖς παρὰ τὸν Κεντρίτην
ποταμόν, εὖρος ὡς δύο πλέθρων. Καὶ οἱ Ἕλληνες ἐνταῦθα
ἀνέπνευσαν ἄσμενοι ἰδόντες τὸ ὁμαλόν. Ἅμα δὲ τῇ ἕῳ
τὸν ποταμὸν διαβάντες καὶ λείους γηλόφους, ἀφίκοντο
εἰς βασίλεια τῶν ἐπιτηδείων μεστά. Ἐνταῦθα εἶχον ὅσα
ἐστὶν ἀγαθά, ἱερεῖα, σῖτον, ἄλφιτα, οἴνους παλαιούς,
ἀσταφίδας, ὄσπρια παντοδαπά. Τῶν δὲ ἀποσκεδαννυμέ-
νων τινὲς ἀπὸ τοῦ στρατοπέδου ἔλεγον ὅτι κατίδοιεν
νύκτωρ πολλὰ πυρὰ λάμποντα. Ἐδόκει δὴ τοῖς στρα-
τηγοῖς οὐκ ἀσφαλὲς εἶναι διασκηνοῦν, ἀλλὰ συναγαγεῖν
τὸ στράτευμα πάλιν · καὶ γὰρ ἐδόκει διαιθριάζειν. Νυκ-

τερευόντων δ' αὐτῶν, ἐπιπίπτει χιὼν ἄπλετος καὶ τὰ
ὑποζύγια συνεπόδισεν · καὶ πολὺς ὄκνος ἦν ἀνίστασθαι ·
κατακειμένων γὰρ τῶν ἀνθρώπων ἀλεεινὸν ἦν ἡ χιὼν
ὅτῳ μὴ παραρρυείη. Ἐπεὶ δὲ Ξενοφῶν ἐτόλμησε γυμνὸς
ἀναστὰς σχίζειν ξύλα, τάχα καὶ ἄλλοι ἀναστάντες πῦρ
ἔκαον καὶ ἠλείφοντο · πολὺ γὰρ ἐνταῦθα ηὑρίσκετο χρῖμα
ᾧ ἐχρῶντο ἀντ' ἐλαίου, σύειον καὶ σησάμινον καὶ ἀμυγ-
δάλινον.

VIII. Ἐντεῦθεν ἐπορεύοντο διὰ χιόνος πολλῆς σταθ-
μοὺς τρεῖς. Οἱ δὲ ὀψὲ προσιόντες ξύλα οὐκ εἶχον · οἱ
οὖν πάλαι ἥκοντες οὐ προσίεσαν πρὸς τὸ πῦρ τοὺς ὀψί-
ζοντας, εἰ μὴ μεταδοῖεν αὐτοῖς πυροὺς ἢ ἄλλο τι βρωτόν.
Ἔνθα δὲ τὸ πῦρ ἔκαετο, διατηκομένης τῆς χιόνος, βόθροι
ἐγίγνοντο μεγάλοι ἔστε ἐπὶ τὸ δάπεδον · οὗ δὴ παρῆν
μετρεῖν τὸ βάθος τῆς χιόνος.

IX. Ἐλείποντο δὲ τῶν στρατιωτῶν οἱ ὑπὸ τοῦ ψύχους
τοὺς δακτύλους τῶν ποδῶν ἀποσεσηπότες. Ἦν δὲ ἐπι-
κούρημα, εἴ τις κινοῖτο καὶ μηδέποτε ἡσυχίαν ἔχοι καὶ
εἰς τὴν νύκτα ὑπολύοιτο · ὅσοι δὲ ὑποδεδεμένοι ἐκοιμῶντο,
εἰσεδύοντο εἰς τοὺς πόδας οἱ ἱμάντες καὶ τὰ ὑποδήματα
περιεπήγνυτο. Οἱ οὖν ὑπολειπόμενοι, ἰδόντες μέλαν τι
χωρίον, εἴκαζον τὴν χιόνα τετηκέναι · καὶ ἐτετήκει διὰ
κρήνην τινὰ ἣ πλησίον ἦν ἀτμίζουσα ἐν νάπῃ, καὶ ἐκ
ταύτης ὕδωρ ἤντλουν γρᾶες καὶ κόραι. Ἐνταῦθ' ἐκτρα-
πόμενοι ἐκάθηντο καὶ οὐκ ἔφασαν πορεύεσθαι. Τοὺς δὲ
ἑπομένους πολλῷ θορύβῳ πολεμίους οἱ ὀπισθοφύλακες
φοβήσαντες ἔτραπον, οἱ δὲ κάμνοντες τὰς ἀσπίδας πρὸς
τὰ δόρατα ἔκρουσαν.

X. Ἔνθα δὴ λοχαγός τις, λαβὼν τοὺς εὐζώνους,
θέων ἐπὶ τὴν κώμην ἣν εἰλήχει καταλαμβάνει πάντας
ἔνδον τοὺς κωμήτας καὶ τὸν κωμάρχην καὶ τὸν υἱὸν τοῦ

κωμάρχου ἄρτι ἡβάσκοντα, καὶ πώλους εἰς δασμὸν βασιλεῖ τρεφομένους ἑπτακαίδεκα. Αἱ δ' οἰκίαι ἦσαν κατάγειοι, καὶ οἱ ἄνθρωποι κατέβαινον ἐπὶ κλίμακος. Ἐν δὲ ταῖς οἰκίαις ἦσαν αἶγες, οἶες, βόες, μόσχοι, χῆνες, ὄρνιθες · τὰ δὲ κτήνη πάντα χιλῷ ἔνδον ἐτρέφοντο. Ἦν δὲ καὶ οἶνος κρίθινος ἐν κρατῆρσιν · ὁπότε δέ τις φιλοφρονούμενός τῳ βούλοιτο προπιεῖν, εἶλκεν ἐπὶ τὸν κρατῆρα, ἔνθεν ἐπικύψαντα ἔδει ῥοφοῦντα πίνειν ὥσπερ βοῦν. Ἐδιακόνουν δὲ Ἀρμένιοι παῖδες, παντοία καὶ δαψιλῆ κρέα παρατιθέντες ἐπὶ τὴν τράπεζαν, ὥστε πάντας ἄδην ἐμπίπλασθαι.

XI. Διαβάντες δὲ τὸν Φᾶσιν ποταμὸν ἀφίκοντο πρὸς χωρίον δασὺ πίτυσι ὑψηλαῖς μὲν οὔ, πυκνοῖς δέ. Ἐντεῦθεν ἐπορεύθησαν διὰ Χαλύβων. Οὗτοι ἦσαν ὧν διῆλθον ἀλκιμώτατοι καὶ θρασύτατοι. Εἶχον δὲ θώρακας λινοῦς μέχρι τοῦ ἤτρου · εἶχον δὲ καὶ κνημίδας καὶ κράνη καὶ παρὰ τὴν ζώνην μαχαίριον καὶ δόρυ μίαν λόγχην ἔχον. Ὤκουν δὲ ἐν ὀχυροῖς τόποις, καὶ τὰ πολίσματα τείχεσι ἔφραττον, φρούρους διατάττοντες.

XII. Ἐλθὼν δὲ ἡγεμών τις λέγει ὅτι ἄξει αὐτοὺς πέντε ἡμερῶν εἰς χωρίον ὅθεν ὄψονται θάλατταν · εἰ δὲ μή, τεθνάναι ἐπηγγείλατο. Τῇ δὲ πέμπτῃ ἡμέρᾳ, ἐπεὶ οἱ πρῶτοι ἐγένοντο ἐπὶ τοῦ ὄρους, κραυγὴ πολλὴ ἐγένετο. Ἐπειδὴ δὲ πολλῷ μείζων ἐγίγνετο ἡ βοή, ὁ Ξενοφῶν ἀναβὰς ἐφ' ἵππον παρεβοήθει · καὶ τάχα δὴ ἀκούει βοώντων τῶν στρατιωτῶν · « Θάλαττα, θάλαττα, » καὶ παρεγγυώντων. Ἐπεὶ δὲ ἀφίκοντο οἱ ἔσχατοι ἐπὶ τὸ ἄκρον, ἐνταῦθα δὴ περιέβαλλον ἀλλήλους δακρύοντες.

XIII. Καὶ ἐξαπίνης οἱ στρατιῶται φέρουσι λίθους καὶ ποιοῦσι κολωνὸν μέγαν. Ἐνταῦθα ἀνετίθεσαν δερμάτων πλῆθος ὠμοβοείων καὶ βακτηρίας καὶ τὰ αἰχμάλωτα γέρα. Μετὰ ταῦτα τὸν ἡγεμόνα ἀποπέμπουσι δῶρα δόντες, ἵππον καὶ φιάλην ἀργυρᾶν καὶ σκευὴν Περσικὴν καὶ ψέλλια καὶ δαρεικοὺς δέκα.

Τὰ δὲ σμήνη πολλὰ ἦν αὐτόθι καὶ μέλιτος μεστὰ· καὶ τῶν κηρίων ὅσοι ἔφαγον πάντες ἄφρονές τε ἐγίγνοντο καὶ ἤμουν· καὶ οἱ μὲν ὀλίγον γευσάμενοι σφόδρα μεθύουσιν ἐῴκεσαν, οἱ δὲ πολὺ μαινομένοις.

XIV. Ἐντεῦθεν δὲ ἦλθον ἐπὶ θάλατταν εἰς Τραπεζοῦντα πόλιν Ἑλληνίδα ἐν τῷ Εὐξείνῳ Πόντῳ, Σινωπέων ἀποικίαν. Κἀντεῦθεν ὁρμώμενοι ἐλήζοντο τὴν Κολχίδα, γείτονα οὖσαν. Ἐποίησαν δὲ καὶ ἀγῶνα γυμνικὸν ἐν τῷ ὄρει ἔνθαπερ ἐσκήνουν. Ἠγωνίζοντο δὲ παῖδες μὲν στάδιον, δόλιχον δὲ Κρῆτες ἔθεον, πάλην δὲ καὶ πυγμὴν καὶ παγκράτιον ἕτεροι.

XV. Ἐξελθόντες δὲ ἐπὶ λείαν, προσέβαλλον πρὸς χωρίον τι ἐρυμνόν· ἦν γὰρ περὶ αὐτὸ χαράκωμα καὶ σκόλοπες καὶ τύρσεις συχναί. Ὑπὸ δὲ τοῦ πλήθους τῶν βελῶν ἔλιπον οἱ πολέμιοι τὰ σταυρώματα. Καὶ οἱ μὲν πελτασταὶ καὶ οἱ ψιλοὶ εἰσδραμόντες ἐγένοντο ἐντὸς τῶν πυλῶν καὶ πάντα ἥρπαζον· οὐ πολλοῦ δὲ χρόνου μεταξύ, τῶν πολεμίων τὰς πύλας συγκλεισάντων καὶ τὸν μοχλὸν ἐμβαλόντων καὶ τὰς οἰκίας ἐμπρησάντων, δέος ἦν μὴ ἀπόλοιντο ἄρδην ἅπαντες. Διακόπτοντες δὲ ταῖς ἀξίναις τὰ κλεῖθρα, ἀναπεταννύασι τὰς πύλας καὶ ἐκτὸς τοῦ χωρίου ἀποφεύγουσιν. Στρατιωτῶν δέ τις, τοξευθεὶς εἰς τὰς πλευράς, μόλις ἀποδρὰς τοῖς ἄλλοις προσέμιξεν.

XVI. Ἐπεὶ δὲ ὁλκάδες ἱκαναὶ οὐκ ἦσαν (οὐδὲν γὰρ ἦν πλοίων σπανιώτερον), ἐδόκει ἀπιτέον εἶναι, καὶ ἀφίκοντο ἐπὶ τὰ Μοσσυνοίκων ὅρια. Οἳ δὲ εἶχον γέρρα εἰκασμένα κιττοῦ πετάλῳ, ἐν δὲ τῇ δεξιᾷ παλτὸν ὡς ἑξάπηχυ

ἔμπροσθεν τοῦ ξύλου σφαιροειδές. ἐπὶ τῇ κεφαλῇ δὲ κράνη
σκύτινα κρωβύλον ἔχοντα κατὰ μέσον. Οἱ δὲ Ἕλληνες
ηὕρισκον θησαυροὺς ἐν ταῖς οἰκίαις ἄρτων νενημένων περυ-
σινούς, τὸν δὲ νέον σῖτον ἔτι σὺν τῇ καλάμῃ ἀποκεί-
μενον. Καὶ δελφίνων τεμάχη ἐν ἀμφορεῦσιν ηὑρίσκετο
τεταριχευμένα καὶ στέαρ ἐν τεύχεσι · κάρυα δὲ ἐπὶ τῶν
ἀνώγεων ἦν πολλά. Τούτων αἴτῳ ἐχρῶντο ἕψοντες καὶ
ἄρτους ὀπτῶντες. Οἶνος δὲ ηὑρίσκετο ὃς ἄκρατος μὲν
ὀξὺς ἐφαίνετο εἶναι ὑπὸ τῆς αὐστηρότητος, κερασθεὶς δὲ
εὐώδης τε καὶ ἡδύς.

Καὶ ἐπεδείκνυσαν αὐτοῖς παῖδας τῶν εὐδαιμόνων σιτευ-
τούς, τεθραμμένους καρύοις ἑφθοῖς, ἁπαλοὺς καὶ λευκοὺς
σφόδρα καὶ οὐ πολλοῦ δέοντας ἴσους τὸ μῆκος καὶ τὸ
πλάτος εἶναι, ποικίλους δὲ τὰ νῶτα καὶ τὰ ἔμπροσθεν
πάντα ἐστιγμένους. Νόμος γὰρ ἦν οὗτός σφισι.

XVII. Ἔπειτα δὲ οἱ Ἕλληνες παραπλεύσαντες μὲν
ἀφίκοντο εἰς Σινώπην καὶ εἰς Ἡράκλειαν, πορευόμενοι
δὲ εἰς τὴν Κάλπην, οὗ ηὐλίζοντο ἐπὶ τοῦ αἰγιαλοῦ πρὸς
τῷ λιμένι καὶ τῇ χηλῇ. Καὶ τριήρει ἐστὶν ἐντεῦθεν εἰς
Βυζάντιον κώπαις ἡμισείας ἡμέρας πλοῦς.

Τέλος δὲ ἐκ τῆς Ἀσίας εἰς τὸ Βυζάντιον διέβη τὸ
στράτευμα. Γενομένης δὲ ἐξετάσεως, ἐγένοντο ὀκτακις-
χίλιοι καὶ ἑξακόσιοι. Οὗτοι ἐσώθησαν. Οἱ δὲ ἄλλοι ἀπώ-
λοντο ὑπό τε τῶν πολεμίων καὶ χιόνος καὶ εἴ τις νόσῳ.

DICTIONNAIRE

DES MOTS USUELS DE LA PROSE ATTIQUE

SERVANT DE LEXIQUE A LA *CHRESTOMATHIE*

—————

1. L'article qui accompagne les noms en ος fait voir s'ils se déclinent comme λόγος (masculins et féminins) ou comme τεῖχος (neutres). De même, on n'a pas indiqué le génitif des noms féminins en α et en η, des neutres en ον et en μα, des masculins en ευς, parce que ces noms ne peuvent se confondre avec d'autres.

2. Les verbes contractes sont indiqués par l'infinitif, et non par l'indicatif, parce que φιλεῖν, τιμᾶν, δηλοῦν, indiquent mieux que φιλῶ, τιμῶ, δηλῶ, à quelle conjugaison ces verbes appartiennent.

3. Les temps des verbes irréguliers sont indiqués d'ordinaire au verbe simple, et non aux verbes composés.

A

Ἄβδηρα (τά), Abdère, *ville de Thrace.*

Ἀβδηρῖται (οἱ), Abdéritains.

ἀ-βίωτος, ον, insupportable (vie).

ἀ-βλαβής, intact, non endommagé.

ἀ-βουλος, ον, irrésolu, indécis.

Ἀβραάμ (ὁ), *indécl.*, Abraham.

ἁβρός, délicat, efféminé; joli.

ἀγαθός, bon. Τὸ ἀγαθόν, le bien. *Comp.* ἀμείνων *et* βελτίων, *sup.* ἄριστος *et* βέλτιστος.

ἀγάλλομαι, tirer vanité de, se glorifier de, *dat.* avec ou sans ἐπί.

ἄγαλμα (τό), statue (d'un dieu).

ἄγαμαι, *aor.* ἠγάσθην, admirer, s'extasier.

ἄγαν, trop, excessivement.

ἀγανακτεῖν, s'indigner, être exaspéré; s'impatienter.

ἀγαπᾶν, aimer, chérir, *acc.*; se contenter de, *dat. ou acc.*

ἀγάπη (ἡ), charité.

ἀγγεῖον (τό), vase, récipient, caisse.

ἀγγέλλω, annoncer.

ἀγείρω, rassembler, réunir (des troupes, des vaisseaux).

ἀγέλη (ἡ), troupeau (de gros bétail), *armentum.*

Ἀγησίλαος (ὁ), Agésilas, *roi de Sparte.*

ἅγιος, saint.

ἀγκάλαι (αἱ), bras.

ἄγκιστρον (τό), hameçon.

ἄγκος (τό), enfoncement, courbure, sinuosité.

ἄγκυρα (ἡ), ancre.

ἀγνοεῖν, ignorer, ne pas reconnaître.

ἀγνός, innocent. Ἀγνὸς ἔχω, être innocent.

ἄγνυμι. V. κατ-άγνυμι.

ἀγνώμων, ingrat.

ἀγορά (ἡ), place publique, marché.

ἀγοράζω, acheter (au marché).

ἀγορεύω, haranguer, parler en public. V. ἀπ-αγορεύω.

ἄγρα (ἡ), chasse, capture.

ἀγρεύω, prendre (à la chasse, à la pêche).

ἄγριος, sauvage. R. ἀγρός.

ἄγροικος (ὁ), paysan, campagnard (ἀγροὺς οἰκεῖν).

ἀγρός (ὁ), champ.

ἀγρυπνεῖν, veiller, ne pas dormir.

ἀγυιά (ἡ), rue.

ἀγχί-νους, perspicace, judicieux.

ἄγχω, étrangler. V. ἀπ-άγχω.

ἄγω, f. ἄξω, aor. ἤγαγον, pf. ἦχα, conduire, mener; passer (sa vie). Aor. ps. ἤχθην.

ἀγών, ῶνος (ὁ), concours, combat, débat.

ἀγωνία (ἡ), angoisse.

ἀγωνίζομαι, concourir, lutter, combattre.

ἀδελφός (ὁ), frère.

ἄδην, abondamment, à satiété.

Ἅδης, ου (ὁ), le dieu des enfers; le tombeau. Εἰς Ἅδου, s.-e. οἶκον, aux enfers.

ἀδικεῖν, faire tort à, traiter injustement, acc.; commettre une injustice, être coupable.

ἀδίκημα (τό), acte d'injustice, crime.

ἀδικία (ἡ), injustice, iniquité.

ἄ-δικος, ον, injuste

ἀδολέσχης, ου (ὁ), bavard. R. ἄδην et λέσχη, conversation.

ἀδολεσχία (ἡ), bavardage.

ἀ-δύνατος, ον, sans force, impuissant; impossible.

ᾄδω, f. ᾄσομαι, aor. ᾖσα, chanter.

ἀεί, toujours, sans cesse.

ἄ-ελπτος, ον, sans espoir.

ἀετός (ὁ), aigle.

ἄ-ζωστος, ον, sans ceinture.

ἀ-ηδής, désagréable.

ἀηδών, όνος (ἡ), rossignol. R. ᾄδω, poét. ἀείδω.

ἀήρ, ἀέρος (ὁ), air.

Ἀθηνᾶ, ᾶς (ἡ), Minerve (Athéna).

Ἀθῆναι (αἱ), Athènes.

Ἀθηναῖος (ὁ), Athénien.

Ἀθήνησιν, adv., à Athènes (= ἐν Ἀθήναις).

ἄθλιος, misérable, malheureux.

ἆθλον (τό), prix du combat, récompense, enjeu.

ἀ-θόρυβος, ον, paisible, silencieux.

ἀθρεῖν, regarder fixement, considérer.

ἀθροίζω, rassembler.

ἀθρόος, serré ensemble, en bloc, tous à la fois.

ἀθρόως, en masse, d'un seul coup.

ἀθυμεῖν, se décourager. R. θυμός, ardeur.

αἴγειρος (ἡ), peuplier (noir).

αἰγιαλός (ὁ), plage, rivage (plat).

Αἰγυπτιακός, égyptien, d'Égypte.

Αἰγύπτιος (ὁ), Égyptien.

Αἴγυπτος (ἡ), Égypte.

αἰδεῖσθαι, f. αἰδέσομαι, aor. ᾐδέσθην, rougir, respecter, voir avec respect.

αἰδώς, οῦς (ἡ), respect.

ἀΐδιος, ον, éternel. R. ἀεί.

Αἰθίοψ, οπος (ὁ), Éthiopien, nègre (au visage brûlé). R. αἴθω, brûler; ὄψις, visage.

αἰκίζομαι, maltraiter (par des coups, des blessures).

αἴλουρος (ὁ), chat.

αἷμα (τό), sang.

αἰνεῖν. V. ἐπ-αινεῖν.

αἴνιγμα (τό), énigme. Cf. αἰνίτ-
τομαι, parler obscurément.

Αἶνος (ἡ), Énos, *ville de Thrace,
à l'embouchure de l'Hèbre.*

Αἴξ, αἰγός (ἡ), chèvre. Cf. ἀΐσσω,
bondir.

αἱρετός, souhaitable. *Comp.* αἱ-
ρετώτερος, préférable.

αἱρεῖν, *f.* αἱρήσω, *aor.* εἷλον,
pf. ᾕρηκα, *aor. ps.* ᾑρέθην,
prendre, captiver. *Moyen :* αἱ-
ρεῖσθαι, *aor.* εἱλόμην, choisir,
élire. Μᾶλλον —, préférer,
aimer mieux.

αἴρω, *f.* ἀρῶ, lever, soulever;
enlever; contenir.

αἰσθάνομαι, *f.* αἰσθήσομαι, *aor.*
ᾐσθόμην, s'apercevoir de, en-
tendre, avoir connaissance de.

αἴσθησις, εως (ἡ), perception.

ἀΐσσω, *f.* ἀΐξω, s'élancer (*rare
en prose*). V. ἀΐσσω.

αἶσχος (τό), honte, déshonneur.

αἰσχρός, honteux, laid. *Comp.*
αἰσχίων, *sup.* αἴσχιστος.

Αἰσχύλος (ὁ), Eschyle, *poète
athénien.*

αἰσχύνη (ἡ), honte, confusion.

αἰσχύνομαι, *aor.* ᾐσχύνθην, rou-
gir, avoir honte de, *acc.*

Αἴσωπος (ὁ), Ésope.

αἰτεῖν, demander; à qqun, τινα
ou παρά τινος; qqne chose, τι.

αἰτία (ἡ), cause; accusation.

αἰτιᾶσθαι, *f.* ἀσομαι, incriminer,
faire des reproches à, critiquer.

αἴτιος, qui est cause de, *gén.*

αἰφνιδίως, subitement, brusque-
ment. Cf. ἐξαίφνης.

αἰχμάλωτος, ον, prisonnier de
guerre. R. αἰχμή, lance; ἁλω-
τός, pris, *adj. verbal* de ἁλίσ-
κομαι.

αἰών, ῶνος (ὁ), temps illimité,
durée du temps. Ὁ μετὰ ταῦτα
αἰών, la postérité.

αἰώνιος, ος *ou* α, ον, éternel,
perpétuel.

ἄ-καιρος, ον, inopportun.

ἄκανθα (ἡ), épine.

ἄ-καρπος, ον, sans fruit, stérile.

ἀκεῖσθαι, *aor.* ἠκεσάμην, remé-
dier à, *acc.*

ἀκμάζω, être dans sa force.
R. ἀκμή, fleur de l'âge, apogée
d'une chose.

ἀ-κόλαστος, ον, déréglé, libertin,
debauché, impudique.

ἀκόλουθος, (ὁ), compagnon.

ἀκόντιον (τό), javelot, javeline,
trait.

ἀκουσίως, involontairement,
malgré soi. Cf. ἑκουσίως.

ἀκούω, *f.* ἀκούσομαι, *aor.* ἤκουσα,
pf. ἀκήκοα, entendre, écouter,
*gén. de la personne, gén. ou
acc. de la chose. Aor. ps.*
ἠκούσθην.

ἄ-κρατος, ον, non mélangé, pur.
Cf. κεράννυμι.

ἀκριβῶς, exactement. R. ἀκρι-
βής, exact.

ἀκροᾶσθαι, *f.* ἀσομαι, écouter,
entendre, *gén.*

ἀκρόασις, εως (ἡ) audition, séance
(où l'on écoute).

ἀκροβολίζομαι, escarmoucher,
harceler (de loin). R. ἄκρος et
βάλλω.

ἄκρος, extrême, qui est au bout.
Τὸ ἄκρον, extrémité, sommet.

ἀκρόπολις, εως (ἡ), citadelle
(ville haute).

ἀκρωτήριον (τό), cap, promon-
toire.

ἀκτή (ἡ), rivage escarpé, falaise
(où la mer se brise). Cf. ἄγνυμι,
briser.

ἄκων, *gén.* ἄκοντος, malgré soi,
invitus (= ἀ-ἑκών).

ἀλαζονεία (ἡ), fanfaronnade.

ἀλαλάζω, *f.* ξω, pousser le cri
de guerre (crier alala).

ἀλγεῖν, avoir mal, sentir de la
douleur, *doleo.*

ἀλγεινός, douloureux, affreux.

ἄλγος (τό), douleur, peine.
ἀλεεινός, chaud.
ἄλειμμα (τό), onguent, pommade.
ἀλείφω, oindre, frotter (d'huile). *Moyen :* se parfumer, se frotter d'huile, se graisser.
ἀλεκτρυών, όνος (ὁ), coq.
'Αλέξανδρος (ὁ), Alexandre, *roi de Macédoine.*
ἀλέξω, *f.* ήσω, éloigner (un ennemi).
ἀλήθεια (ἡ), vérité.
ἀληθεύω, dire la vérité.
ἀληθής, vrai.
ἀληθινός, véritable.
ἀληθῶς, vraiment.
ἁλιεύς (ὁ), pêcheur.
ἅλις, assez.
ἁλίσκομαι, *f.* ἁλώσομαι, *aor.* ἑάλων, *pf.* ἑάλωκα, être pris, être convaincu.
ἄλκιμος, ον, vigoureux, robuste. R. ἀλκή, vigueur.
'Αλκιβιάδης, ου (ὁ), Alcibiade, *athénien.*
ἀλλά, mais; eh bien, en vérité (*en tête d'une réponse*). — μήν, mais, pourtant. — γάρ, mais, malheureusement. 'Αλλά... γε, ἀλλ' οὖν... γε, du moins (*après une proposition conditionnelle*). 'Αλλ' οὐ, et non pas.
ἀλλάττω, changer.
ἀλλήλων, ἀλλήλοις, ἀλλήλους, les uns des autres, les uns aux autres, les uns les autres.
ἅλλομαι, *aor.* ἡλάμην, sauter, bondir.
ἄλλος, autre, *alius.* "Αλλος ἄλλα λέγει, l'un dit une chose, l'autre une autre.
ἀλλότριος, d'autrui, des autres, *alienus.*
ἀ-λόγιστος, ον, déraisonnable, sans raisonnement.
ἄ-λογος, ον, déraisonnable, fou.
ἁλούς, *part. aor. de* ἁλίσκομαι

ἅλς, ἁλός (ὁ), sel. *Au fém.,* la mer (*chez les poètes*).
ἄλσος (τό), bois, bois sacré, *lucus.*
ἄ-λυπος, ον, sans chagrin.
ἀ-λυσιτελής, sans profit.
ἄλφιτον (τό), farine d'orge (*ordin. au pluriel*).
ἀλώπηξ, εκος (ἡ), renard.
ἅμα, en même temps, à la fois; avec, *dat.*
ἀ-μαθής, ignorant.
ἅμαξα (ἡ), chariot.
ἁμαρτάνω, *f.* ἁμαρτήσομαι, *aor.* ἥμαρτον, *pf.* ἡμάρτηκα, se tromper, faire une faute, pécher; manquer (le but), *gén.*
ἁμαρτία (ἡ), faute, péché.
ἀμαχεί, sans combat.
ἀμείβομαι, récompenser.
'Αμεινίας (ὁ), Aminias.
ἀμείνων, meilleur. *Comp. de* ἀγαθός.
ἀμέλεια (ἡ), négligence.
ἀμελεῖν, négliger, *gén.*
ἀμήν, ainsi soit-il (*mot hébreu*).
ἀμηχανεῖν, ne savoir que faire.
ἀμνημονεῖν, oublier, ne pas se souvenir de, *gén.*
ἀμνός (ὁ), agneau. V. ἀρνός.
ἄμπελος (ἡ), vigne.
ἀμπελουργός (ὁ), vigneron.
ἀμυγδάλινος, d'amandes.
ἀμυντήριος, ον, défensif.
ἀμύνω, défendre, protéger, *dat. Moyen :* repousser, écarter, *acc.*
ἀμφί, *acc.,* autour, vers (telle heure).
ἀμφι-έννυμι, vêtir. 'Αμφι-έννυμαι, *aor.* ἡμφιεσάμην, se vêtir de, être vêtu de, *acc.*
ἀμφίεσμα (τό), vêtement.
ἀμφισβητεῖν, *aor.* ἡμφεσβήτησα, contester.
ἀμφορεύς (ὁ), amphore (= ἀμφιφορεύς, vase à deux anses).
ἀμφότεροι, αι, α, l'un et l'autre, *uterque.*
ἄν (= ἐάν), si, *subj.*

ἄν, *particule qui, jointe à l'optatif, lui donne le sens de notre conditionnel présent.*

ἀνά. *acc.*, sur l'étendue de, pendant, en remontant.

ἀνα-βαίνω, monter.

ἀνα-βάς, *part. aor. de* ἀναβαίνω.

ἀνα-βιοῦν, *aor.* ἀνεβίων, revivre, ressusciter.

ἀνα-βάλλομαι, renvoyer à plus tard, différer.

ἀνα-βιβάζω, retirer, remonter, faire monter.

ἀνα-βλέπω, lever les yeux, jeter un regard.

ἀνα-γιγνώσκω, lire.

ἀν-αγγέλλω, annoncer, revenir dire.

ἀναγκάζω, contraindre, forcer, obliger.

ἀναγκαῖος, nécessaire. Ἀναγκαίως ἐστίν, il est nécessaire.

ἀνάγκη, nécessité. — ἐστί, il est nécessaire, *inf.*

ἀνα-γνωρίζω, reconnaître.

ἀν-άγω, ramener; emmener en haut. *Moyen :* prendre le large, faire voile.

ἀνα-δείκνυμι, faire connaître.

ἀνα-δίδωμι, donner, produire.

ἀνα-ζητεῖν, rechercher.

ἀναίδεια (ἡ), impudence.

ἀν-αιρεῖν, faire périr. *Moyen :* enlever, ramasser, reprendre.

ἀν-αίσθητος, ον, insensible.

ἀναισχυντία (ἡ), impudence.

ἀνά-κειμαι, être suspendu, être étendu.

ἀνα-κλᾶν, *f.* κλάσω, casser.

ἀνα-κλίνω, coucher, placer (à table). Οἱ ἀνακλιθέντες, les convives.

ἀνα-κομίζω, rapporter.

(ἀνα-κράζω), *aor.* ἀνέκραγον, crier, s'écrier.

ἀνα-κτᾶσθαι, gagner, conquérir.

ἀνα-λαμβάνω, prendre (en soulevant); reprendre.

ἀν-αλίσκω, *f.* ἀναλώσω, *aor.* ἀνήλωσα, détruire, dépenser, consumer, user.

ἀνα-μιμνήσκω, faire souvenir, rappeler. *Moyen :* se souvenir.

ἀνα-νήφω, être dégrisé.

ἀνα-νεύω, lever la tête pour dire non, refuser (*opp.* ἐπινεύω, incliner la tête pour dire oui).

ἀν-άξιος, ον, indigne.

ἀνα-παύομαι, se reposer.

ἀνα-πείθω, persuader.

ἀνα-πετάννυμι, déployer, ouvrir (en déployant).

ἀνα-πηδᾶν, escalader, grimper à, ἐπί, *acc.*; s'élancer, courir.

ἀνα-πίπτω, tomber en arrière.

ἀνα-πνέω, respirer, reprendre haleine.

ἀνα-πτύσσω, déplier, ouvrir.

ἀνα-σπᾶν, *f.* σπάσω, tirer en haut.

ἀνα-στάς, *part. aor.* 2 de ἀνίστημι.

ἀνα-σύρω, tirer en haut, relever.

ἀνα-τίθημι, offrir, déposer une offrande.

ἀνατολή (ἡ), lever (des astres). Cf. ἀνα-τέλλω, se lever (*en parl. des astres*).

ἀνα-τρέπω, renverser, bouleverser, couler à fond.

ἀνα-τρέχω, courir (en montant).

ἀνα-φέρω, rapporter, retirer.

ἀνα-φύομαι, *aor.* ἀνέφυν, pousser (*en parl. des plantes*), s'élever.

ἀνα-χάζω, reculer, marcher à reculons.

Ἀνάχαρσις, ιδος (ὁ), Anacharsis, *philosophe scythe.*

ἀνα-χωρεῖν, se retirer.

ἀνδράποδον (τό), esclave, captif (de guerre).

ἀνδρεία (ἡ), courage, virilité. R. ἄνδρες.

ἀνδρεῖος, viril, courageux, brave.

ἀνδρίζω, rendre viril.

ἄνεμος (ὁ), vent

ἀν-εξέταστος, ον, qu'on n'a pas examiné ou interrogé.

ἀν-εργάζομαι, faire, fabriquer.

ἄνευ, *gén.*, sans.

ἀν-έχομαι, *aor.* ἠν-εσχόμην, endurer, supporter, *gén.*; avoir le courage de, *inf.*

ἀν-ήκοος, ον, qui n'entend pas, sourd à, *gén.*

ἀν-ήλωσα. V. ἀν-αλίσκω.

ἀνήρ, ἀνδρός (ὁ), homme, *vir* (*se joint souvent aux noms de nation, de profession, aux vocatifs pluriels*).

ἀνθ-ίσταμαι, résister à (*aor.* ἀντέστην).

ἄνθος (τό), fleur.

ἄνθρωπος (ὁ), homme, *homo.*

ἀνία (ἡ), chagrin.

ἀνιᾶν, *f.* άσω, chagriner, peiner.

ἀν-ιέναι, remonter, retourner.

ἀ-νίκητος, ον, invincible.

ἀν-ίστημι, faire lever. Ἀν-ίσταμαι, *aor.* ἀνέστην, se lever.

Ἀννίβας, *gén.* α *et* ου (ὁ), Annibal, *général carthaginois.*

ἄνοδος (ἡ), sortie, issue.

ἀ-νόητος, ον, sot, insensé.

ἄνοια (ἡ), folie, sottise.

ἀν-οίγω, *aor.* ἀνέῳξα, ouvrir.

ἀν-όμοιος, ον, dissemblable, différent de, *dat.*

ἀν-ορύττω, déterrer.

ἀν-όσιος, ος *ou* α, ον, criminel, impie.

ἄ-νους, insensé.

ἀντ-απο-δίδωμι, rendre, donner en retour.

ἀντ-ερέσθαι, interroger à son tour. V. ἐρωτᾶν.

ἀντ-έχω, résister, se refuser à.

ἀντί, *gén.*, en échange de, au lieu de, contre.

Ἀντίγονος (ὁ), Antigone, *roi de Syrie, après avoir été général d'Alexandre.*

ἀντί-δικος (ὁ), adversaire (devant les tribunaux).

ἀντι-λέγω, contredire, répliquer.

Ἀντίοχος (ὁ), Antiochus, *roi de Syrie.*

Ἀντισθένης, ους (ὁ), Antisthène, *philosophe cynique.*

ἀντι-τάττω, ranger en face.

ἀντι-τείνω, résister, tenir bon.

ἀντί-φημι, répliquer.

ἀντλεῖν, puiser.

ἄντρον (τό), antre, caverne.

ἀνύτω, achever, venir à bout de.

ἄνω, en haut (comp. ἀνωτέρω).

ἀνώγεων (τό), grenier.

ἄνωθεν, de haut, d'en haut.

ἀν-ωφελής, inutile.

ἀξία (ἡ), dignité.

ἀξίνη (ἡ), hache, cognée.

ἄξιος, digne, *gén.*

ἀξιό-πιστος, ον, digne de foi.

ἀξιοῦν, juger digne, croire juste; prier (quelqu'un).

ἄ-οκνος, ον, actif, empressé.

ἄ-οπλος, ον, sans armes, désarmé.

ἀπ-αγγέλλω, annoncer, rapporter (une nouvelle).

ἀπ-αγορεύω, *f.* ἀπερῶ, *aor.* 2 ἀπεῖπον, se décourager; désespérer de, *acc.*

ἀπ-άγω, emmener.

ἀπ-άγχομαι, *f.* ξομαι, se pendre.

ἀ-παίδευτος, ον, ignorant.

ἀπ-αίρω, lever l'ancre, partir.

ἀπ-αιτεῖν, réclamer.

ἀπ-αλλάττω, délivrer, débarrasser de, *gén. Moyen:* se délivrer de, quitter, *gén.*

ἀπαλός, tendre, délicat.

ἀπ-αντᾶν, *f.* ήσομαι, aller au-devant, à la rencontre de, rencontrer, *dat.*

ἅπαξ, une fois, une seule fois, *semel.*

ἅπας, tout. Ἅπαντες, tous sans exception.

ἀπατᾶν, tromper.

ἀπειλεῖν, menacer (quelqu'un d'une chose, τινί τι).

ἀπ-εῖναι, être absent.

ἀπ-είργω, exclure de, *gén.*

ἄ-πειρος, ον, inexpérimenté. *Opp.* ἔμ-πειρος.

ἀπ-ελαύνω, chasser, repousser.

Ἀπελλῆς, οῦ (ὁ), Apelle, *peintre athénien.*

ἀπ-εμπολᾶν, *aor.* ἀπ-ημπόλησα, vendre.

ἀ-περισκέπτως, inconsidérément.

ἀπ-έρχομαι, s'en aller, partir.

ἀπ-εχθάνομαι, *f.* ἀπεχθήσομαι, *aor.* ἀπηχθόμην, être odieux à, *dat.*

ἀπ-έχω, être éloigné de. *Moyen :* s'abstenir de, *gén.*

ἀπηγής, cruel, inhumain.

ἀπ-ιέναι, s'en aller *Ne pas confondre avec* ἀπεῖναι, être absent, *ou avec* ἀφιέναι, laisser aller.

ἀπιστεῖν, se défier de, *dat.*

ἄπλετος, ον, immense, innombrable.

ἀπληστία (ἡ), cupidité, insatiabilité.

ἁπλοῦς, ῆ, οῦν, simple.

ἀπό, *gén.*, de, par suite de, au moyen de.

ἀπο-βαίνω, aboutir, devenir.

ἀπο-βάλλω, rejeter ; perdre (une chose).

ἀπο-βλέπω, jeter les yeux sur.

ἀπο-γιγνώσκω, renoncer à, désespérer de, *acc.*

ἀπο-γράφομαι, *f.* ψομαι, inscrire (sur un registre), faire l'inventaire, le recensement de, *acc.*

ἀπο-γεισοῦν, munir d'un avant-toit, protéger (par une corniche, par un auvent).

ἀπο-δέρω, écorcher.

ἀπο-δέχομαι, admettre, approuver, être satisfait de, *acc.*

ἀπο-δημεῖν, être en voyage (hors de son pays), partir en voyage.

ἀπο-διδράσκω, *f.* δράσομαι, *aor.* ἀπ-έδραν, s'échapper, s'enfuir, s'évader.

ἀπο-δίδωμι, rendre. — χάριν, témoigner de la reconnaissance. *Moyen :* vendre.

ἀπο-δράς. V. ἀποδιδράσκω.

ἀπο-δύομαι, *aor.* ἀπέδυν, se dépouiller de, *acc.*; quitter (un vêtement).

ἀπ-οδύρομαι, se lamenter.

ἀπο-θνῄσκω, *f.* ἀποθανοῦμαι, *aor.* ἀπέθανον, *parf.* τέθνηκα (*et non* ἀποτέθνηκα), mourir.

ἀποικία (ἡ), colonie.

ἀπο-καλεῖν, appeler (*ordin.* d'un nom fâcheux).

ἀπό-κειμαι, être mis en réserve.

ἀπο-κλαίω *ou* ἀπο-κλαίομαι, déplorer, *acc.*

ἀπο-κόπτω, couper.

ἀπο-κρίνομαι, *aor.* ἀπεκρινάμην, répondre.

ἀπο-κρύπτω, cacher.

ἀπο-κτείνω, *aor.* ἀπέκτεινα, tuer. *Le passif de ce verbe n'existe pas et se remplace par* ἀποθνῄσκω.

ἀπο-λαύω, *f.* σομαι, jouir de, *gén.*

ἀπο-λείπω, abandonner, laisser, quitter.

ἀπ-όλλυμι, *f.* ὀλῶ, *aor.* ὤλεσα, *pf.* ὀλώλεκα, faire périr, perdre. Ἀπόλλυμαι, *f.* ἀπολοῦμαι, *aor.* ἀπωλόμην, *pf.* ἀπόλωλα, périr, être perdu.

ἀπολογία (ἡ), justification.

ἀπο-νίζω, *f.* ψω, laver, essuyer. *Moyen :* se laver (les mains, les pieds).

ἀπο-πέτομαι, s'envoler.

ἀπο-πέμπω, renvoyer, congédier.

ἀπο-πηδᾶν, se précipiter de.

ἀπο-πίπτω, tomber de.

ἀπο-πνίγω, étouffer, noyer (*aor. ps.* ἀπεπνίγην).

ἀπορεῖν, manquer de, être à court de, *gén.*; être dans l'indigence. *Moyen :* être dans l'embarras, se demander (si). Ἠπορημένος, embarrassé.

ἀπορία (ἡ), indigence, manque, détresse.

ἀπόρ-ρητος, ον, qu'on ne doit pas dire. Τὸ ἀπόρρητον, le secret.

ἀπο-σήπομαι, *aor.* ἐσάπην. *pf.* σέσηπα, se geler, être gelé. — τοὺς δακτύλους, avoir les doigts gelés.

ἀπο-σκεδάννυμι, disperser, disséminer, écarter (les uns des autres).

ἀπο-σοβεῖν, chasser, repousser.

ἀπο-σπᾶν, tirer de, arracher à, *gén.*

ἀπο-στέλλω, envoyer, députer, mander. *Passif :* partir.

ἀπο-στερεῖν, priver de, *gén.*

ἀπο-στρέφω, tourner, détourner.

ἀπο-σφάττω, égorger.

ἀπο-τειχίζω, intercepter.

ἀπο-τίλλω, ôter, arracher (les feuilles, les poils).

ἀπο-τρέχω, s'échapper, s'en aller (en courant).

ἀπο-τυγχάνω, manquer (son but), ne pas obtenir, *gén.*

ἀπο-φαίνω, faire voir.

ἀπο-φεύγω, s'enfuir.

ἀπό-χρη, il suffit.

ἀπο-χωρεῖν, s'éloigner.

ἀπραγμοσύνη (ἡ), inaction.

ἄ-πρακτος, ον, inefficace, sans effet.

ἀ-πρεπής, inconvenant.

ἅπτω, attacher, allumer. *Moyen :* toucher, mettre la main à, tâter le pouls à, *gén.*

ἀπ-ώλεσα, ἀπ-ωλόμην. V. ἀπόλλυμι.

ἄρα, donc, par conséquent, cela va sans dire.

ἆρα; est-ce que? *Souvent* ἆρ' οὖν; — μή; est-ce que par hasard?

ἀρά (ἡ), malédiction.

ἄρας. V. αἴρω.

ἀράχνη (ἡ), araignée.

ἀράχνιον (τό), toile d'araignée.

ἀργεῖν, être oisif, ne rien faire.

ἀργία (ἡ), oisiveté, loisir, congé.

ἀργός (α-ἔργον), oisif, inactif.

ἀργυροῦς, ᾶ, οῦν, d'argent.

ἀργύριον (τό), argent (monnayé); pièce d'argent.

ἄργυρος (ὁ), argent (métal).

ἄρδην, de fond en comble, sans exception.

ἄρδω, arroser.

ἀρέσκω, *f.* ἀρέσω, plaire, *dat. ou acc.*

ἀρετή (ἡ), vertu, mérite.

ἀρήν. V. ἀρνός.

Ἄρης, *gén.* εως, *dat.* ει, *acc.* η (ὁ), Mars (Arès).

ἄρθρον (τό), articulation.

ἀριθμεῖν, compter. Cf. ἀριθμός, nombre, chiffre.

ἀρισταν, dîner.

ἀριστεῖα (τά), le prix de la valeur.

Ἀριστείδης, ου (ὁ), Aristide, *athénien.*

ἀριστερός, gauche, qui est à gauche. Ἡ ἀριστερά, *s.-e.* χείρ, la main gauche.

ἀριστεύω, se distinguer.

Ἀρίστιππος (ὁ), Aristippe, *philosophe athénien, fondateur de l'école de Cyrène.*

ἄριστον (τό), dîner.

ἄριστος (*sup. d'* ἀγαθός), excellent, le meilleur.

Ἀριστοτέλης, ους (ὁ), Aristote, *philosophe grec, fondateur de l'école péripatéticienne.*

Ἀρίστων, ωνος (ὁ), Ariston, *père de Platon.*

ἀρκεῖν, *f.* έσω, suffire.

ἄρκτος (ἡ), ours; l'ourse (constellation), le nord.

ἄρκυς, υος (ἡ), rets, filets.

ἅρμα (τό), char (à deux roues). *Ne pas confondre avec* ἅμαξα, chariot (à quatre roues).

Ἀρμένιος, Arménien.

ἁρμόττω, *f.* όσω, ajuster, arranger.

ἀρνεῖσθαι, *aor.* ἠρνήθην, dire non, nier, refuser.

ἀρνός, *gén. de* ἀρήν, *dat.* ἀρνί, *acc.* ἄρνα (ὁ), agneau. *Le nomin. sing. se remplace ordin. par* ἀμνός.

ἀροτήρ, ῆρος, laboureur (*épithète du mot* βοῦς).

ἀροῦν, *f.* όσω, labourer (*rare au lieu de* γεωργεῖν).

ἁρπάζω, ravir, enlever de force, piller.

ἀρρωστεῖν, être malade, indisposé (litt., être sans force).

ἀρρώστημα (τό), maladie, indisposition.

ἀρρωστία (ἡ), mauvaise santé.

ἄρρωστος, ον, indisposé, malade.

ἀρτᾶν, suspendre, attacher.

Ἄρτεμις, ιδος (ἡ), Diane (Artémis).

ἄρτι, récemment, naguère, il n'y a pas longtemps.

ἀρτίπους, ποδος, droit sur ses pieds, qui marche bien. R. ἄρτιος, complet. Cf. ἀρτι-μελής, qui a tous ses membres.

ἀρτο-πώλης, ου (ὁ), boulanger.

ἄρτος (ὁ), pain.

ἀρύομαι, puiser.

ἀρχή (ἡ), commencement, commandement; pouvoir, empire; charge (publique). Τὴν ἀρχήν, au commencement.

Ἀρχίδαμος (ὁ), Archidamos, roi de Sparte.

ἀρχιμάγειρος (ὁ), maître d'hôtel.

ἀρχιοινοχόος (ὁ), grand échanson.

ἀρχισιτοποιός (ὁ), grand panetier.

ἀρχιτέκτων, ονος (ὁ), architecte.

ἄρχω, commander, être le premier, *gén.* Ὁ ἄρχων, le chef, le magistrat. *Moyen :* commencer, se mettre à, *inf.*

ᾆσαι. V. ᾄδω.

ἄσβολος (ἡ), suie.

ἀσέβεια (ἡ), impiété.

ἀ-σεβής, impie.

ἀσελγαίνω, être libertin. R. ἀσελγής, dissolu.

ἀ-σθενής, faible. R. σθένος, force (*mot poétique*).

ἀσθενεῖν, être malade, indisposé; tomber malade.

Ἀσία (ἡ), Asie; Asie Mineure.

ἀσκεῖν, exercer. *Passif :* être exercé à, *acc.*

ἄσκησις, εως (ἡ), exercice.

ἀσκός (ὁ), outre (vase de cuir).

ἄσμενος, qui agit de bon gré, volontiers. Ἀσμένως, avec plaisir.

ἀσπάζομαι, embrasser, saluer, dire bonjour.

ἀσπασμός (ὁ), salutation.

ἀσπίς, ίδος (ἡ), 1° bouclier (grand et lourd, arme des hoplites; mais πέλτη, petit bouclier); 2° aspic.

ἀσταφίς, ίδος (ἡ), raisin sec.

ἀστήρ, έρος (ὁ), astre, étoile.

ἀστράπτω, étinceler (comme un astre, ἄστρον).

ἀστρο-λόγος (ὁ), astrologue (qui étudie les astres).

ἄστυ, εως (τό), ville.

Ἀστυάγης, ου (ὁ), Astyage, *roi de Médie, grand-père de Cyrus.*

ἀ-σφαλής, sûr. Ἀσφαλῶς, en sûreté, sûrement.

ἀσχημονεῖν, commettre des indécences, manquer à la décence.

ἄ-ταφος, ον, sans sépulture.

ἅτε, attendu que, puisque, en tant que, *avec le participe*.

ἄ-τεχνος, sans art, grossièrement.

ἀτμίζω, exhaler une vapeur, s'exhaler en vapeur.

ἄ-τοπος, ον, déraisonnable, déplacé, indigne.

Ἀττική (ἡ), Attique, *contrée de la Grèce*.

ἀττικός, de l'Attique, d'Athènes.

ἄττω, f. ἄξω, s'élancer, bondir.

ἀτυχεῖν, être malheureux.

ἀτυχία (ἡ), infortune. R. ἀ-τυχής, infortuné.

αὖ, de nouveau, d'autre part.

αὐγή (ἡ), clarté, lueur.

αὐθάδης, arrogant, présomptueux (αὐτός, ἥδομαι).

αὖθις, de nouveau, encore une fois.

αὐλεῖν, jouer de la flûte (αὐλός).

αὐλίζομαι, bivouaquer, camper en plein air. R. αὐλή, espace découvert, cour.

αὔξησις, εως (ἡ), accroissement.

αὔξω ou αὐξάνω, f. αὐξήσω, augmenter, accroître, grossir (une chose). *Passif :* croître, s'augmenter, se multiplier.

αὔριον, demain.

αὐστηρότης, τητος (ἡ), âpreté.

αὐτίκα, aussitôt, sur-le-champ.

αὐτοκράτωρ, ορος, qui a plein pouvoir, qui commande en chef, dictateur.

αὐτόθι *et* αὐτοῦ, là même, au même endroit, *ibidem*.

αὐτός, même. Ὁ αὐτός, le même, *idem*. Αὐτοῦ, αὐτῷ, αὐτόν, de lui, à lui, lui (*mais non le nom.* αὐτός, *qui veut toujours dire* même, en personne, *par opp. à d'autres*).

αὐτόσε, là même, au même endroit, *eodem*.

αὐχήν, ένος (ὁ), nuque, cou.

ἀφ-αιρεῖν, enlever, ôter, faire perdre.

ἀ-φανής, invisible.

ἀφανίζω, faire disparaître, anéantir.

ἄ-φθονος, abondant, copieux.

ἀφ-ῖγμαι, *parf. de* ἀφ-ικνεῖσθαι.

ἀφ-ίημι, laisser aller, abandonner; renvoyer, absoudre, acquitter; perdre. — φωνήν, pousser un cri.

ἀφ-ικνεῖσθαι, f. ἀφίξομαι, aor. ἀφικόμην, venir, arriver.

ἀφ-ίσταμαι, s'éloigner.

Ἀφροδίτη (ἡ), Vénus (Aphrodite).

ἄ-φρων, insensé, imprudent.

ἄ-φυής, maladroit. Cf. εὐφυής, adroit, bien doué.

ἀφυλαξία (ἡ), absence de gardes.

Ἀχαΐα (ἡ), Achaïe, *contrée de la Grèce*.

ἀ-χάριστος, ον, ingrat. R. χάρις, reconnaissance.

ἄχθομαι, f. ἀχθέσομαι, aor. ἠχθέσθην, être chagrin, se fâcher.

ἄχθος (τό), fardeau, poids accablant.

ἀ-χρεῖος, ος *ou* α, ον, inutile.

ἄχρι, *gén.*, jusqu'à.

ἄχυρον (τό), paille.

ἄ-ωρος, ον, prématuré.

B

Βαβυλών, ῶνος (ἡ), Babylone.

βαδίζω, f. βαδιοῦμαι, marcher, aller à pied, aller pas à pas.

βαθέως, profondément.

βάθος (τό), profondeur, fond.

βαθύς, profond.

βαίνω, *f.* βήσομαι, *aor.* ἔϐην. *pf.* βέϐηκα, marcher.

βακτηρία (ἡ), bâton.

βαλανεῖον (τό), bain.

βάλανος (ἡ), gland; datte.

βάλλω, *f.* βαλῶ, *aor.* ἔϐαλον, *pf.* βέϐληκα, jeter, lancer; frapper. — λίθοις, lapider.

βάναυσος (ὁ), artisan, qui a un métier manuel.

βαπτίζω, plonger dans l'eau.

βάπτω, plonger (dans un liquide), tremper.

βάραθρον (τό), fosse aux condamnés, précipice où l'on jetait à Athènes les condamnés.

βάρϐαρος, barbare (quiconque n'est pas Grec).

βάρος (τό), poids, pesanteur, charge.

βαρύς, pesant.

βασανίζω, torturer, mettre à la question.

βάσανος (ἡ), torture, épreuve de la question.

βασίλεια (τά), palais (du roi).

βασιλεύς (ὁ), roi. *Employé sans article*, βασιλεύ, *signifie aussi* le grand roi, le roi de Perse.

βασιλεύω, régner sur, *gén.*

βασιλικός, royal.

βασκαίνω, dénigrer, *acc.*

βάτραχος (ὁ), grenouille.

βαφή (ἡ), teinture. R. βάπτω.

βδελύττομαι, avoir en horreur.

βέϐαιος, ferme, solide, stable, durable. Cf. βέϐηκα, je me tiens, je suis appuyé.

βελόνη (ἡ), épingle.

βέλος (τό), trait, projectile.

βέλτιστος (*sup. d'* ἀγαθός), excellent. Ὦ βέλτιστε, ami, mon cher.

βελτίων (*comp. d'* ἀγαθός), meilleur. Βέλτιόν ἐστιν, il vaut mieux.

Βενιαμίν (ὁ), *indéclin.*, Benjamin.

βῆμα (τό), pas; tribune aux harangues. R. βαίνω.

βήττω, tousser. R. βήξ, toux.

βία (ἡ), violence. Πρὸς βίαν, de force, violemment.

βιάζομαι, forcer, violenter, faire violence.

βίαιος, violent. Βιαίως, violemment.

βιϐάζω. V. ἀνα-βιϐάζω. *Ce verbe n'est guère usité que dans les composés.*

βιϐλίον (τό), livre. R. ἡ βίϐλος, papyrus, livre.

(βιϐρώσκω). V. ἐσθίω.

βίος (ὁ), vie.

(βιοῦν), *f.* βιώσομαι, *aor.* ἐϐίων, vivre.

βιωτικός, de la vie.

βλάϐη (ἡ), nuisance, tort, dommage, perte. Cf. βλάπτω.

βλακικῶς, nonchalamment. R. βλάξ, nonchalant.

βλάπτω, nuire à, *acc.*; endommager (*aor. ps.* ἐϐλάφθην *et* ἐϐλάϐην).

βλαστάνω, *pf.* βεϐλάστηκα, germer.

βλέπω, *f.* βλέψομαι, regarder.

βλέφαρον (τό), paupière.

βληχᾶσθαι, bêler.

βοᾶν, *f.* βοήσομαι, crier.

βοή (ἡ), cri.

βοηθεῖν, secourir, *dat.*, se porter au-devant de l'ennemi.

βόθρος (ὁ), fosse, trou.

Βοιωτοί (οἱ), Béotiens.

βόσκημα (τό), bétail.

βόσκω, *f.* βοσκήσω, faire paître (les troupeaux).

βοτάνη (ἡ), herbe (pour brouter).

βότρυς, υος (ὁ), grappe de raisin.

βούλευμα (τό), projet, résolution, décision.

βουλεύομαι, délibérer, discuter, décider; se décider à, *inf.*

βούλομαι, *f.* βουλήσομαι, *aor.* ἐϐουλήθην, vouloir.

βοῦς, βοός (ὁ, ἡ), bœuf, vache.
βραβεύς (ὁ), arbitre.
βραδύνω, être lent, tarder.
βραδύς, lent, tardif (de corps ou d'esprit).
βραχίων, ονος (ὁ), bras.
βραχύς, court. Βραχύ, brièvement.
Βρεντήσιον (τό), Brindes, *ville d'Italie.*
βρέχω, mouiller.
βροντή (ἡ), tonnerre.
βρυχᾶσθαι, rugir.
βρῶσις, εως (ἡ), nourriture. V. βιβρώσκω.
βρωτός, bon à manger.
Βυζάντιον (τό), Byzance, *ville de Thrace.*
βύθιος, enfoncé sous l'eau. R. βυθός, fond de l'eau.
βυρσοδέψης, ου (ὁ), corroyeur. R. βύρσα, peau d'animal; δέψω, tanner.
βύσσινος, de fin lin. R. βύσσος, lin fin.
βῶλος (ἡ), motte de terre, glèbe, masse.
βωμός (ὁ), autel.

Γ

γάλα, γάλακτος (τό), lait.
Γαλαάδ, *indécl.*, pays de Galaad, *à l'est de la Galilée et du Jourdain.*
γαλῆ (ἡ), belette.
γαλήνη (ἡ), calme (de la mer).
γαληνιᾶν, être calme.
Γαλιλαία (ἡ), Galilée, *contrée du nord de la Palestine.*
γαμεῖν, *f.* γαμῶ, *aor.* ἔγημα, épouser (une femme).
γάμος (ὁ), mariage.
γάρ, 1° car, c'est que, en effet; 2° à savoir, *nempe.* Καὶ γάρ, et en effet.
γαστήρ, τρός (ἡ), ventre, entrailles, sein maternel.

γε, *particule enclitique*, 1° du moins, 2° certes. Τοῦτό γε, cela précisément. — μήν, de plus, d'autre part, mais.
γεγένημαι, γέγονα. V. γίγνομαι.
γείτων, ονος (ὁ, ἡ), voisin, voisine.
γελᾶν, *f.* άσομαι, rire, se moquer de, *gén.*
γέλοιος, ridicule, risible, comique.
Γέλων, ονος (ὁ), Gélon, *tyran de Syracuse.*
γέλως, ωτος (ὁ), rire, éclat de rire.
γέμω, *v. défectif*, être plein, *gén.*
γενειᾶν, avoir de la barbe. R. γένειον, menton.
γένεσις, εως (ἡ), naissance.
γενέσθαι. V. γίγνομαι.
γενναῖος, généreux, vaillant.
γέννημα (τό), production (de la terre), récolte, fruits.
γενόμενος. V. γίγνομαι.
γένος (τό), race, postérité, naissance.
γεραίτερος (*comp. de* γεραιός), vieillard.
γέρανος (ἡ), grue.
γέρας, γέραος (τό), récompense, prix.
γέρρον (τό), bouclier d'osier.
γέρων, οντος (ὁ), vieillard.
γεύομαι, goûter, *gén.*
γέφυρα (ἡ), pont.
γεωργεῖν, labourer, cultiver la terre.
γεωργία (ἡ), agriculture, labourage.
γεωργικός, champêtre, de l'agriculture.
γεωργός (ὁ), laboureur, agriculteur.
γῆ (ἡ), terre.
γήδιον (τό), champ cultivé.
(γηθεῖν), *pf.* γέγηθα, être joyeux, se réjouir.
γήλοφος (ὁ), colline.

γῆρας, γήρως (τό), vieillesse.
γηράσκω, *f.* γηράσομαι, vieillir.
γίγας, αντος (ὁ), géant.
γίγνομαι, *f.* γενήσομαι, *aor.* ἐγενόμην, naître; devenir; avoir lieu, se faire, arriver, être; venir (en parl. du jour, de la nuit). — ἐν ἑαυτῷ, revenir à soi.
γιγνώσκω, *f.* γνώσομαι, *aor.* ἔγνων, *pf.* ἔγνωκα, connaître; décider, résoudre.
γλαύξ, γλαυκός (ἡ), chouette.
γλυκύς, doux (au goût).
γλυφεύς (ὁ), sculpteur.
γλύφω, sculpter.
γλῶττα (ἡ), langue.
γνάθος (ἡ), mâchoire.
γνώμη (ἡ), opinion, sentiment (ce qu'on pense); intelligence, esprit, *sententia*.
γνώμων, *adj.*, qui discerne, qui juge, *gén.*
γνῶναι. V. γιγνώσκω.
γνωρίζω, reconnaître.
γνώριμος, ον, connu.
γόης, ητος (ὁ), magicien, charlatan.
γόμφος (ὁ), cheville.
γονεῖς, γονέων (οἱ), parents (père et mère).
γόνυ, γόνατος (τό), genou.
γοῦν (== γε οὖν), du moins.
γράμμα (τό), chose écrite ou peinte, lettre, peinture. Τὰ γράμματα, les belles-lettres.
γραμματηφόρος (ὁ), courrier (porteur de lettres).
γραῦς, γραός (ἡ), vieille femme.
γραφεύς (ὁ), peintre.
γραφικός, qui se connaît à la peinture. Ἡ γραφικὴ τέχνη, l'art de la peinture.
γράφω, tracer, graver, peindre, écrire. — ψήφισμα, proposer (par écrit) un décret déclarant que, *propos. infinitive.*
Γρηγόριος (ὁ), Grégoire.

γυμνάσιον (τό), gymnase (lieu d'exercice).
γυμνικός, gymnique (où l'on s'exerce sans vêtement).
γυμνός, nu; privé de, *gén.*
γυνή, γυναικός (ἡ), femme, épouse.
γύψ, γυπός (ὁ), vautour.
γωνία (ἡ), angle, coin.

<h3 style="text-align:center">Δ</h3>

δαίμων, ονος (ὁ), divinité.
δάκνω, *f.* δήξομαι, *aor.* ἔδακον, mordre; accabler.
δάκρυον (τό), larme. *Dat. pl.* δάκρυσι.
δακρύω, pleurer.
δακτύλιος (ὁ), anneau (du doigt).
δάκτυλος (ὁ), doigt.
δάνειον (τό), argent prêté, dette. Cf. δανείζω, prêter à intérêt.
δαπανᾶν, dépenser.
δάπεδον (τό), sol.
δαρεικός (ὁ), darique (*monnaie perse d'or valant environ vingt francs*).
Δαρεῖος (ὁ), Darius, *roi de Perse.*
δαρθάνω. V. καταδαρθάνω.
δασμός (ὁ), tribut, impôt.
δασύς, touffu; verdoyant.
δάφνη (ἡ), laurier.
δαψιλής, abondant, copieux.
δέ, d'autre part, mais, or.
δεδίττομαι, faire peur à, *acc.*
δέδοικα ou δέδια, *aor.* ἔδεισα, craindre.
δεῖ, *f.* δεήσει, il faut. Τὰ δέοντα, ce qu'il faut, le devoir. Δέον, quand il faudrait, *inf.*
δείκνυμι et δεικνύω, *f.* δείξω, montrer.
δείλη (ἡ), l'après-midi, le commencement de la soirée.
δειλία (ἡ), poltronnerie, peur, crainte.
δειλός, poltron, peureux.

δεῖνα, *gén.* δεῖνος, *acc.* δεῖνα (ὁ), tel ou tel, un tel.
δεινός, terrible, cruel, fâcheux.
δειπνεῖν, faire un repas.
δεῖπνον (τό), souper, repas.
δέκα, dix.
δελεάζω, amorcer, mettre une amorce.
δελφίς, ῖνος (ὁ), dauphin, *poisson.*
δένδρον (τό), arbre.
δεξιός, qui est à droite. Ἡ δεξιά, s.-e. χείρ, la main droite.
δεξιοῦσθαι, accueillir (par une poignée de main), recevoir (à sa table).
δεξιότης, ητος (ἡ), adresse, dextérité.
δέομαι, *f.* δεήσομαι, *aor.* ἐδεήθην, 1° avoir besoin; 2° demander, solliciter, *gén.* Οὐδὲν δέομαι, je n'ai besoin de rien. Τοῦτο δέομαι, voilà ce dont j'ai besoin.
δέος (τό), crainte, effroi. Δέος ἐστὶ μή, il est à craindre que, *subj.*
δέρμα (τό), peau.
δέρω, battre, accabler de coups (*aor. ps.* ἐδάρην).
δεσμεύω, lier, mettre en faisceau.
δέσμη (ἡ), fagot, faisceau.
δεσμός (ὁ), *pl.* δεσμοί *et* δεσμά, lien, nœud.
δεσμωτήριον (τό), prison.
δεσμώτης (ὁ), prisonnier.
δέσποινα (ἡ), maîtresse.
δεσπότης, ου (ὁ), maître, *herus, dominus.*
δεσποτίς, ίδος (ἡ), maîtresse.
δεῦρο, ici, *huc.*
δεύτερος, second, deuxième. Δεύτερον, une seconde fois, en second lieu.
δέχομαι, recevoir, accepter, accueillir.
δέω, *f.* δεήσω, être éloigné de, s'en falloir, *inf.* Πολλοῦ δέω ποιεῖν, il s'en faut beaucoup que je fasse. Δεῖ, il faut.

δέω, *f.* δήσω, *aor. ps.* ἐδέθην, lier, enchaîner.
δή, certes, donc, précisément. *Sert à renforcer les mots démonstratifs.* Τοῦτο δή, cela même; ἐνταῦθα δή, à l'instant même.
δῆλος, manifeste, évident.
δηλοῦν, manifester, montrer.
δημαγωγεῖν, gouverner le peuple.
δημαγωγία (ἡ), gouvernement, action de gouverner le peuple.
Δημάδης, ου (ὁ), Démade, *orateur athénien.*
Δημάρατος (ὁ), Démarate.
δήμαρχος (ὁ), tribun du peuple (à Rome).
δημεύω, confisquer, adjuger au trésor public.
δημιουργός (ὁ), ouvrier, artiste (qui travaille pour le public).
Δημοκήδης, ους (ὁ), Démocède.
δῆμος (ὁ), peuple (peuple libre, démocratie), *au point de vue politique.*
Δημοσθένης, ους (ὁ), Démosthène, *orateur athénien.*
δημόσιος, public. Δημοσίᾳ, 1° en public, 2° aux frais de l'État.
Δημῶναξ, ακτος (ὁ), Démonax, *philosophe.*
δήποτε, donc (*après un mot interrogatif*).
δῆτα, assurément. Οὐ δῆτα, non certes.
δηχθείς. V. δάκνω.
διά, *gén.*, par, par le moyen de; à travers, pendant; — *acc.*, à cause de.
δια-βαίνω, traverser, passer.
δια-βάλλω, calomnier.
διαβολή (ἡ), calomnie (*dat. pl. poétique* διαβολαῖσι).
δι-αγγέλλω, divulguer, annoncer çà et là.
δι-άγω, passer (le temps), vivre.
διάδημα (τό), diadème.

διά-ζῆν, passer sa vie.

δια-δίδωμι, disséminer, répandre.

διαθήκη (ἡ), testament, alliance.

δι-αιθριάζω, être clair et serein (en parlant du temps).

δίαιτα (ἡ), régime, genre de vie.

δια-καλύπτω, découvrir, entr'ouvrir.

δια-καρτερεῖν, persévérer, s'opiniâtrer à, part.

δια-κομίζω, transporter.

διακονεῖν, servir, *ministrare*. R. διάκονος, serviteur.

δια-κόπτω, rompre, briser.

δια-λέγομαι, *f.* ξομαι, *aor.* δια-λέχθην, parler à, converser, s'entretenir avec, *dat.*

διαλλαγή (ἡ), réconciliation.

δια-μένω, rester, demeurer, durer.

δια-νοεῖσθαι, *aor.* διενοήθην, avoir l'idée de, projeter.

διάνοια (ἡ), pensée, projet.

δια-πράττομαι, venir à bout de, accomplir, obtenir.

δι-αρκεῖν, suffire.

διαρ-ρήγνυμι, déchirer.

δια-σαφεῖν, éclaircir.

δια-σκηνοῦν, camper séparément.

δια-σπᾶν, déchirer, mettre en pièces; desserrer, espacer.

δια-σφενδονᾶν, faire voler en éclats.

δια-σώζω, sauver, conserver. *Passif* : se sauver; subsister.

δια-τάττω, ranger, régler, mettre en ordre, disposer çà et là,

δια-τελεῖν, passer (le temps), continuer à.

δια-τήκω, fondre, faire fondre.

δια-τίθημι *et* δια-τίθεμαι, disposer.

διατριβή, séjour, temps passé à quelque chose, occupation.

δια-φέρω, différer (être différent), se distinguer. Δια-φέρομαι, discuter, être en démêlés.

δια-φθείρω, gâter, corrompre, détruire, faire périr.

διάφορος, ον, différent.

δίδαγμα (τό), leçon, enseignement.

διδάσκαλος (ὁ), maître (qui enseigne).

διδάσκω, *f.* διδάξω, enseigner, instruire. Διδάσκω αὐτὸν σοφόν, je le rends habile en l'instruisant.

διδράσκω. V. ἀπο-διδράσκω.

δίδυμοι, *plur.*, jumeaux, nés ensemble.

δίδωμι, *f.* δώσω, *aor.* ἔδωκα, donner. Ἢν ὁ Θεὸς εὖ διδῷ, si Dieu est favorable, si Dieu le permet.

δι-εξ-έρχομαι, parcourir, traverser; raconter, énumérer.

δι-ερευνᾶσθαι, chercher, fureter parmi, *acc.*

δι-έρχομαι, passer, traverser.

δι-ηγεῖσθαι, raconter.

δι-ισχυρίζομαι, affirmer.

δικαιολογεῖσθαι, se justifier.

δίκαιος, juste.

δικαιοσύνη (ἡ), justice, probité.

δικαστής, οῦ (ὁ), juge.

δίκη (ἡ), justice, châtiment, peine. Δίκην, *gén.*, à la façon de, comme.

δίκτυον (τό), filet (de pêcheur).

Διογένης, ους (ὁ), Diogène.

διό, διόπερ (= διὰ ὅ), c'est pourquoi.

δι-οικεῖν, administrer, régler, gouverner.

Διονύσιος (ὁ), Denys, *tyran de Syracuse.*

διότι (= διὰ ὅ τι), parce que, de ce que.

διπλοῦς, ῆ, οῦν, double.

δίς, deux fois.

δίσκος (ὁ), palet.

διττός, double.

διφθέρα (ἡ), peau (apprêtée), cuir, parchemin.

δίφρος (ὁ), siège d'un char; char.

διψῆν, avoir soif.

διώκω, poursuivre, repousser.

δοκεῖν, f. δόξω, 1° paraître, sembler (*ne s'emploie que personnellement en ce sens*); 2° croire.

δόλιος, fourbe, rusé. R. δόλος.

δόλιχος (ὁ), la longue course (dans les jeux). *La course ordinaire*, τὸ στάδιον, *était sept fois plus courte et correspondait à la longueur même du champ de course à Olympie.*

δόλος (ὁ), ruse.

δῶρα (τό), don, chose donnée. R. δι-δό-ναι.

δόξα (ἡ), opinion, attente; gloire, réputation. Παρὰ δόξαν, contre son attente.

δορά (ἡ), peau, fourrure.

δόρυ, δόρατος (τό), lance.

δορυφόρος (ὁ), garde, porte-lance.

δόσις, εως (ἡ), action de donner, don. Cf. δόρα.

δουλεία (ἡ), servitude, esclavage.

δουλεύω, être esclave de, *dat.*

δοῦλος (ὁ), esclave.

δουλοῦσθαι, asservir, rendre esclave.

δράγμα (τό), gerbe.

Δρακοντίδης, ου (ὁ), Dracontidès.

δρᾶμα (τό), drame, action. R. δρᾶν.

δραμεῖν. V. τρέχω.

δρᾶν, f. δράσω, faire, accomplir.

δραχμή (ἡ), drachme, *monnaie d'argent qui valait environ 97 centimes.*

δρέπω, cueillir.

δριμύς, acerbe. Δριμύ, d'une façon acerbe.

δρόμος (ὁ), course.

δρόσος (ἡ), rosée.

δρῦς, δρυός (ἡ), chêne.

δύναμαι, f. δυνήσομαι, aor. ἐδυνήθην, pouvoir.

δύναμις (ἡ), puissance, force; armée, troupes.

δυνατός, puissant, fort; possible.

δύο, deux.

δύομαι, f. δύσομαι, aor. ἔδυν, pf. δέδυκα, s'enfoncer, pénétrer; se coucher (*en parl. des astres*).

δύσκολος, ον, acariâtre, bourru. Opp. εὔκολος.

δυσμένεια (ἡ), malveillance. Opp. εὐμένεια.

δυσμή (ἡ), coucher (des astres), couchant. Ordin. au pluriel.

δυσπεψία (ἡ), indigestion.

δύσριγος, ον, frileux.

δυστυχεῖν, être malheureux.

δυστύχημα (τό), échec. Opp. εὐτύχημα.

δυστυχής, infortuné, malheureux. Opp. εὐτυχής.

δυσφορεῖν, supporter avec peine, être mécontent.

δυσχείμερος, ον, glacial.

δυσχεραίνω, s'impatienter, être fâché.

δώδεκα, douze.

Δωθαείμ, *indécl.*, Dothaïn, *bourgade de la Samarie, entre Rama et Gelboé.*

δωμάτιον (τό), chambre, chambre à coucher.

δωρεῖσθαι, faire un présent, donner.

δῶρον (τό), don, présent.

E

ἐάν, *subj.*, si.

ἐᾶν, f. ἐάσω, aor. εἴασα, laisser (faire une chose), permettre, laisser tranquille.

ἔαρ, ἔαρος (τό), printemps. Ἔαρος, au printemps (*gén. de temps*).

ἑαυτοῦ, ῇ, όν, de soi, à soi, soi, se.

ἑβδομήκοντα, soixante-dix.

ἕβδομος, septième.

Ἑβραῖος (ὁ), Hébreu.

ἐγ-γράφω, inscrire parmi, *dat.*

ἐγγυᾶν, *aor.* ἠγγύησα, mettre en gage, garantir.

ἐγγύς, près.

ἐγείρω, éveiller, exciter. *Parfait:* ἐγρήγορα *et* ἐγήγερμαι, je suis éveillé.

ἐγ-καλεῖν, incriminer, s'en prendre à.

ἐγ-κειμαι, insister près de, *dat.*

ἐγκέφαλος (ὁ), cervelle. R. ἐν *et* κεφαλή.

ἐγ-κρατής, maître de, *gén.*

ἐγκώμιον (τό), éloge.

ἐγ-χειρεῖν, entreprendre, *dat. ou inf.*

ἐγχειρίδιον (τό), poignard.

ἐγ-χειρίζω, mettre en main.

ἐγ-χρονίζω, persévérer dans, s'attarder à, *dat.*

ἐγώ, je, moi. Ἔγωγε, moi.

ἔδαφος (τό), sol.

ἔδομαι. V. ἐσθίω.

ἕδρα (ἡ), siège.

ἐθέλω, *f.* ἐθελήσω, vouloir, consentir.

ἐθίζω, *aor.* εἴθισα, habituer, accoutumer à, πρός, *acc.*

ἔθνος (τό), nation, peuple (en général).

ἔθος (τό), habitude.

εἰ, si. Εἰ δὲ μή, sinon, autrement. Εἰ καί, quoique, bien que. Καὶ εἰ, même si.

εἰδέναι, *infin. de* οἶδα.

εἶδος (τό), aspect, figure.

εἴδωλον (τό), image, idole.

εἴθε, plût au Ciel que, si seulement, *opt. ou indic.*

εἰκάζω, comparer, conjecturer; représenter, faire à l'image de, *dat.*

εἰκῆ, au hasard, à l'aventure.

εἰκός, ότος (τό), vraisemblable, naturel. Ὡς εἰκός, *s.-e.* ἐστι, comme il est probable, comme il convient. *C'est le participe neutre de* ἔοικα.

εἴκοσι, vingt.

εἰκότως, avec raison, à bon droit. Cf. εἰκός.

εἴκω, céder.

εἰκών, όνος (ἡ), 1° image, représentation; 2° tableau, portrait; 3° statue.

εἴληφα. V. λαμβάνω.

εἷλον. V. αἱρεῖν.

εἰμί, *f.* ἔσομαι, *impf.* ἦ *ou* ἦν, être. Ἔστιν ἔχειν, il est permis d'avoir. Ἔστιν ὅτε, il arrive que. Ἔστιν ἀνδρός, il est d'un homme de, *inf.*

εἶμι, je vais, j'irai, *prête ses temps à* ἔρχομαι (*imper.* ἴθι, *subj.* ἴω, *opt.* ἴοιμι, *inf.* ἰέναι, *part.* ἰών).

εἶπον. V. λέγω.

εἰργαζόμην. V. ἐργάζομαι.

εἴργω (*avec l'esprit rude*), enfermer, emprisonner. Εἴργω (*avec l'esprit doux*), écarter, empêcher.

εἴρηκα, εἴρημαι. V. λέγω.

εἰρήνη (ἡ), paix.

εἰρηνικός, pacifique, amical.

(εἴρομαι), *f.* ἐρήσομαι, *aor.* ἠρόμην, interroger. *Le présent est suppléé par* ἐρωτᾶν.

εἰς, *acc.*, vers, dans, jusqu'à, envers, pour, *ad.*

εἷς, μία, ἕν, un, un seul, *unus.*

εἰσ-άγω, amener, faire entrer.

εἰσ-δύομαι, entrer, pénétrer dans.

εἰσ-έρχομαι, *inf.* ἰέναι, entrer.

εἴσομαι. V. οἶδα.

εἰσιτέον. V. εἴσειμι.

εἰσ-τρέχω, courir vers.

εἰσ-φέρω, apporter.

εἶτα, ensuite, et après cela; eh quoi?

εἶχον. V. ἔχω.

εἴωθα, *impf.* εἰώθειν, j'ai coutume. Κατὰ τὸ εἰωθός, selon la coutume.

ἐκ (*dev. une consonne*), ἐξ (*devant une voyelle*), *gén.*, de, à la suite de, après. Ἐκ νυκτός, dès la fin de la nuit.

ἕκαστος, chacun, chaque.

ἑκάτερος, chacun des deux, l'un et l'autre.

ἑκατέρωθεν, des deux côtés.

ἑκατόν, cent.

ἐκ-βαίνω, devenir, aboutir, parvenir à, gravir.

ἐκ-βάλλω, faire sortir, jeter dehors.

ἐκ-βήσομαι, *fut. de* ἐκ-βαίνω.

ἐκ-δέρω, écorcher.

ἐκ-δίδωμι, livrer.

ἐκ-δύω, dépouiller (d'un vêtement), *double accusatif.*

ἐκεῖ, là, là-bas, *illic.*

ἐκεῖθεν, de là.

ἐκεῖνος, celui-là, ce, cet.

ἐκεῖσε, là, là-bas, *illuc.*

ἐκ-θλίβω, serrer, écraser.

ἐκ-καίω, allumer; *au fig.*, enflammer, exciter.

ἐκ-καλεῖν *ou* ἐκ-καλεῖσθαι, faire venir, convoquer.

ἐκ-καλύπτω, découvrir, dévoiler.

ἐκκλησία (ἡ), assemblée; l'Église. R. ἐκ-καλεῖν.

ἐκ-κόπτω, couper (un arbre).

ἐκ-κρέμαμαι, être suspendu à, *gén.*

ἐκ-λεκτός, choisi, de choix.

ἐκ-μάττω, essuyer.

ἑκουσίως, volontiers.

ἐκ-πέμπω, faire partir.

ἐκ-πηδᾶν, sauter hors de, *gén.*

ἐκ-πλήττω, frapper de stupeur, effrayer (*aor. ps.* ἐξ-επλάγην).

ἐκ-πνέω, exhaler, expirer.

ἔκπωμα (τό), coupe.

ἐκ-τίνω, *f.* ἐκτείσω, expier, payer.

ἐκτός, dehors, hors de, *gén.*

ἐκ-τρέπομαι (*passif*), se détourner de, *acc.*; se tourner (vers).

ἐκ-τρέχω, s'échapper (en courant).

ἐκ-φαίνω, divulguer.

ἐκ-φέρω, rapporter; emporter (un mort), enterrer.

ἐκ-φεύγω, éviter, échapper à.

ἐκ-φοβεῖν, effrayer.

ἐκ-χέω, verser, renverser.

ἐκ-χωρεῖν, sortir, se déplacer.

ἑκών, οῦσα, όν, qui agit de bon gré, avec volonté, spontanément.

ἐλαία (ἡ), olivier, olive.

ἔλαιον (τό), huile (d'olive).

ἐλαττοῦσθαι (*passif*), diminuer, s'amoindrir. Cf. ἐλαχύς.

ἐλαύνω, *f.* ἐλῶ, *aor.* ἤλασα, *pf.* ἐλήλακα, 1° pousser (devant soi); 2° se diriger, s'élancer.

ἔλαφος (ἡ), cerf, biche.

ἐλαφρός, leste, agile.

(ἐλαχύς), petit. *Comp.* ἐλάττων (= ἐλαχίων), *sup.* ἐλάχιστος.

ἐλεγκτικός, qui critique, qui blâme, *gén.*

ἐλέγχω, réfuter, convaincre (d'erreur ou de faute), confondre, faire la leçon à, *acc.*

ἐλεεῖν, avoir pitié de, plaindre, être miséricordieux pour, *acc.* R. ἔλεος, pitié.

ἐλεήμων, compatissant.

ἑλεῖν, ἑλέσθαι. V. αἱρεῖν.

ἐλεύθερος, libre.

ἐλευθεροῦν, délivrer.

ἐλέφας, αντος (ὁ), éléphant.

ἐλθεῖν, ἐλθών. V. ἔρχομαι.

ἕλκω, *aor.* εἵλκυσα, tirer, traîner; attirer, entraîner.

Ἑλλάς, άδος (ἡ), Grèce.

Ἕλλην, ηνος (ὁ), Grec.

Ἑλληνίς, ίδος (ἡ), Grecque.

ἕλος (τό), marais.

ἐλπίζω, espérer. *Se construit avec l'inf. futur.*

ἐλπίς, ίδος (ἡ), espérance.

ἐμ-βαίνω, monter dans, s'embarquer.

ἐμ-βάλλω, 1° jeter, mettre dessus; 2° faire une invasion. — λόγον, faire tomber la conversation (sur un sujet).

ἐμβολή (ἡ), attaque, invasion.

ἐμεῖν, aor. ἤμεσα, vomir.

ἐμμελῶς, spirituellement.

ἐμ-μένω, rester fidèle à, persévérer dans, *dat.*

ἐμός, mon, mien (*exige ordin. l'emploi de l'article*). Ὁ ἐμός πατήρ, mon père.

ἐμ-πειρος, ον, expérimenté, habile dans, *gén.*

ἐμ-πήγνυμι, enfoncer, fixer dans.

ἐμ-πίπλημι, *f.* ἐμπλήσω, remplir. *Passif :* se rassasier, *gén.*

ἐμ-πίπρημι, *f.* ἐμπρήσω, enflammer, mettre le feu à, *acc.*

ἐμ-πίπτω, tomber dans (sur, parmi, εἰς, *acc.*); se répandre (*en parl. d'une nouvelle*).

ἔμπλαστρον (τό), emplâtre.

ἐμ-πλέκω, *aor. ps.* ἐν-επλάκην, entrelacer.

ἐμπορία (ἡ), commerce.

ἔμπροσθεν, devant, en avant, par devant, *gén.* Εἰς τὸ ἔμπροσθεν, en avant.

ἐμπρόσθιος, ον, de devant.

ἐμ-φράττω, intercepter.

ἔμψυχος, ον, vivant. Cf. ψυχή, vie.

ἐν, *dat.*, dans, parmi, en.

ἐναντίος, contraire, opposé. Ἐναντίον, *gén.*, devant, en présence de.

ἐναντιοῦσθαι, *aor.* ἠναντιώθην, s'opposer à, *dat.*

ἐναργής, manifeste, évident.

ἐνδεής, qui manque de, dépourvu de, *gén.*

ἕνδεκα, onze.

ἔνδον, à l'intérieur, dedans, *gén.*

ἔν-δοξος, ον, glorieux, illustre.

ἐν-δύω, vêtir, habiller, *double accusatif. Moyen :* se vêtir de, mettre (un vêtement), *acc.*

ἤνεγκε, ἐνεγκών. V. φέρω.

ἐν-εδρεύω, tendre des embûches à, chercher à prendre par ruse, *acc.*

ἕνεκα, *gén.*, à cause de, en vue de. *Se place ordinairement après son complément.*

ἐν-έχομαι, *f.* ἐν-έξομαι, être tenu, être sous le coup de.

ἔνθα, là, alors, où, là où. Ἔνθα καὶ ἔνθα, çà et là.

ἔνθαπερ, précisément là où.

ἔνθεν, de là; d'où.

ἐνθένδε, d'ici.

ἐν-θυμεῖσθαι, *aor.* ἐνεθυμήθην, songer à, avoir dans l'esprit.

ἔνι (= ἔνεστι), il est possible.

ἐνιαυτός (ὁ), année.

ἔνιοι, quelques-uns, il y en a qui, certaines gens.

ἐνίοτε, quelquefois, parfois.

ἐν-οχλεῖν, *aor.* ἠνώχλησα, importuner, *dat.*

ἐνταῦθα, là.

ἐν-τέλλομαι, *aor.* ἐνετειλάμην, enjoindre, prescrire, donner des instructions.

ἐντεῦθεν, de là.

ἔντευξις, εως (ἡ), rencontre, audience.

ἐντός, dedans, à l'intérieur de, *gén.*

ἐν-τρέπομαι (*passif*), s'inquiéter de, tenir compte de, *gén.*

ἐν-τυγχάνω, rencontrer, *dat.*

ἐνύπνιον (τό), songe.

ἐξ, six.

ἐξ *se met devant une voyelle au lieu de* ἐκ.

ἐξ-άγω, emmener, tirer de, mener.

ἐξ-αιρεῖν, retirer, ôter, tirer.

ἐξαίφνης, soudain. Cf. ἐξαπίνης.

ἑξακόσιοι, six cents.

ἐξ-αμαρτάνω, pécher, faire une faute.

ἐξ-απατᾶν, tromper.

ἑξάπηχυς, de six coudées.

ἐξαπίνης, soudain. Cf. ἐξαίφνης.

ἐξ-αργυρίζω, convertir en argent, en monnaie.

ἐξ-αρτᾶσθαι (*passif*), dépendre de.

ἐξ-εῖναι, être permis, être possible.

ἐξ-ελαύνω, chasser; sortir (en voiture, à cheval).

ἐξ-έρχομαι, sortir.

ἔξεστιν, il est permis.

ἐξ-ετάζω, inspecter, juger.

ἐξέτασις, εως (ἡ), revue.

ἐξ-ευρίσκω, découvrir.

ἐξ-έχω, s'élever au-dessus, dépasser.

ἐξ-ήγαγον, *aor. de* ἐξάγω.

ἐξ-ηγεῖσθαι, expliquer.

ἐξηγητής, οῦ (ὁ), interprète.

ἐξ-ήλασα, *aor. de* ἐξ-ελαύνω.

ἐξ-ιέναι, sortir, s'en aller.

ἐξ-ικνεῖσθαι, atteindre.

ἕξις, εως (ἡ), état, manière d'être. R. ἔχω.

ἐξ-ίστημι, mettre hors de. Ἐξ-ιστάναι τοῦ φρονεῖν, être hors de soi.

ἐξόπισθε, par derrière.

ἐξ-ορύττω, déraciner.

ἐξ-οστρακίζω, bannir.

ἐξουσία, permission, faculté, pouvoir. Cf. ἔξεστι.

ἔξω, dehors, hors de, *gén.*

ἔξωθεν, du dehors.

ἐξωμίς, ίδος (ἡ), jaquette.

ἔοικα, *impf.* ἐῴκειν, ressembler, paraître. Ἔοικε, il semble.

ἑορτάζω, *impf.* ἑώρταζον, célébrer une fête.

ἑορτή (ἡ), fête.

ἐπ-αγγέλλομαι, s'engager à.

ἐπ-άγω, amener. *Moyen :* emmener avec soi.

ἐπ-αινεῖν, *f.* ἐπαινέσομαι, *aor.* ἐπῄνεσα, louer.

ἔπαινος (ὁ), éloge, louange.

ἐπ-αίρω, soulever, enorgueillir.

ἐπ-ακούω, écouter, exaucer.

Ἐπαμεινώνδας, ου (ὁ), Epaminondas, *général thébain*.

ἐπάν (= ἐπεὶ ἄν), après que, quand, *subj.*

ἐπ-αν-άγω, ramener.

ἐπ-αν-ερέσθαι, demander de nouveau, faire une nouvelle question. V. εἴρομαι.

ἐπ-αν-έρχομαι, revenir.

ἐπ-αν-ήκω, revenir.

ἐπ-αν-ιέναι, revenir.

ἐπ-αρκεῖν, rendre service à, *dat.*

ἐπαχθής, accablant, fâcheux.

ἐπεί, ἐπείπερ, après que; puisque, car.

ἐπείγομαι, *aor.* ἠπείχθην, se hâter.

ἐπειδή, après que, depuis que; puisque, vu que.

ἔπειτα, ensuite.

ἐπ-έχω, retenir, arrêter.

ἐπῄνεσα, *aor. de* ἐπαινεῖν.

ἐπί, *gén.*, sur; *dat.*, en vue de, au sujet de, pour; après; *acc.*, vers, à. Ἐπὶ πᾶσιν, à la suite de tout, à la fin. Ἐπὶ χρόνον τινά, pendant quelque temps.

ἐπι-βάλλω, jeter sur, *dat.*, jeter par-dessus, mettre (la main à quelque chose).

ἐπι-βιοῦν, vivre en outre, davantage, survivre.

ἐπι-βουλεύω, tramer un complot contre, *dat.*

ἐπιβουλή (ἡ), embûche, complot.

ἐπι-γιγνώσκω, reconnaître.

ἐπι-γράφω, inscrire sur, *dat.*

ἐπι-δείκνυμι, faire voir, montrer. *Moyen :* témoigner.

ἐπι-δημεῖν, séjourner, s'établir (dans un pays).

ἐπι-δίδωμι, 1° donner (spontanément, sans obligation, gratis) ; 2° faire des progrès.

ἐπι-διώκω, poursuivre.

ἐπίθετος, ajouté.

ἐπι-θυμεῖν, désirer, *gén.*

ἐπιθυμία (ἡ), désir, passion.

ἐπί-κειμαι, presser, insister.

ἐπικινδύνως, dangereusement.

ἐπίκλυσις, εως (ἡ), inondation, crue.

ἐπικούρημα (τό), secours, remède.

ἐπι-κρατεῖν, avoir le dessus, l'emporter.

ἐπι-κρύπτομαι, cacher.

ἐπι-κύπτω, se baisser.

ἐπι-λαμβάνομαι, se saisir de, *gén.*

ἐπι-λανθάνομαι, oublier, *gén.*

ἐπι-λέγω, ajouter (à ce qu'on a dit).

ἐπι-λείπω, faire défaut, manquer.

ἐπιμέλεια (ἡ), soin.

ἐπι-μέλομαι, *f.* ἐπι-μελήσομαι, *aor.* ἐπεμελήθην, s'occuper de, prendre soin de, *gén.*

ἐπιμελῶς, avec soin.

ἐπινίκιον (τό), chant de triomphe.

ἐπι-νοεῖν, inventer, imaginer, avoir dans l'esprit.

ἐπίνοια (ἡ), invention, imagination ; ruse.

ἐπι-ορκεῖν, se parjurer.

ἐπι-πάττω, *f.* ἐπιπάσω, saupoudrer, répandre sur.

ἐπι-πίπτω, tomber (sur).

ἐπι-πλήττω, blâmer, gourmander.

ἐπι-σημαίνομαι, applaudir.

ἐπίσημος, ον, remarquable, notable.

ἐπισιτισμός (ὁ), vivres, provisions.

ἐπίσκεψις, εως (ἡ), visite.

ἐπι-σκήπτω, recommander (*en parl. d'un mourant*) ; prescrire.

ἐπι-σκοπεῖν, *f.* σκέψομαι, *aor.* ἐσκεψάμην, visiter.

ἐπι-σπᾶν et ἐπι-σπᾶσθαι, tirer.

ἐπίσταμαι, *f.* ἐπιστήσομαι, *aor.* ἠπιστήθην, savoir, connaître.

ἐπιστάτης, ου (ὁ), préfet, gouverneur ; maître, patron.

ἐπι-στέλλω, envoyer (un message), mander.

ἐπιστήμων, savant, qui connaît, *gén.*

ἐπιστολή (ἡ), lettre (missive).

ἐπι-στρέφομαι (*passif*), se retourner.

ἐπισφαλής, exposé au danger, *Opp.* ἀσφαλής, sûr.

ἐπι-σφραγίζομαι, cacheter.

ἐπι-τάττω, commander à, *dat.*

ἐπιτήδειος, convenable, propre à. Τὰ ἐπιτήδεια, vivres.

ἐπίτηδες, à dessein.

ἐπι-τίθημι, ajouter, mettre (sur). *Moyen :* attaquer, s'imposer à, *dat.*

ἐπι-τιμᾶν, reprocher à, gourmander, reprendre, *dat.*

ἐπιτίμιον (τό), peine, châtiment.

ἐπι-τρέπω, permettre, confier.

ἐπι-φαίνω, manifester. *Moyen :* apparaître, se montrer.

ἐπι-φέρω, porter sur, *dat.*

ἐπι-χειρεῖν, entreprendre, *dat.*

ἐπι-χωριάζω, venir, séjourner, aller trouver, *dat.*

ἕπομαι, *f.* ἕψομαι, *impf.* εἱπόμην, *aor.* ἑσπόμην, suivre, *dat.*

ἔπος (τό), 1° vers ; 2° parole (en poésie).

ἐπ-οχεῖσθαι, être porté sur, *dat.* ; monter (à cheval).

ἑπτά, sept.

ἑπτακαίδεκα, dix-sept.

ἑπόμην. V. ἕπομαι.

ἔρανος (ὁ), contribution, écot.

ἐρᾶν, *aor.* ἠράσθην, s'éprendre de, *gén.*

ἐργάζομαι, *aor.* εἰργασάμην, travailler, faire, produire, causer.

ἐργαστήριον (τό), atelier, boutique.

ἐργάτης, ου (ὁ), ouvrier (qui travaille la terre).

ἔργον (τό), ouvrage, travail, acte.

ἐρείδω, appuyer.

ἐρέσθαι. V. εἴρομαι *et* ἐρωτᾶν.

ἐρέτης, ου (ὁ), rameur.

ἐρευνᾶν, scruter, fouiller.

ἐρέφω, couvrir d'un toit.

ἐρημία (ἡ), désert, solitude.

ἔρημος, ον, désert, solitaire, privé de, *gén.* Ἡ ἔρημος, s.-e. χώρα, le désert.

ἐρίζω, disputer, se quereller avec, *dat.*

ἔριον (τό), laine.

ἔρις, ιδος (ἡ), discorde.

ἔριφος (ὁ), chevreau.

ἑρμηνεύτης, ου (ὁ), interprète, truchement.

ἑρμηνεύω, interpréter.

Ἑρμῆς, οῦ (ὁ), Mercure (Hermès).

ἔρριψα. V. ῥίπτω.

ἐρρύην. V. ῥέω.

ἐρρωμένως, avec vigueur, vaillamment, fortement. V. ῥώννυμι.

ἔρρω, *f.* ἐρρήσω, s'en aller, disparaître.

ἐρυθριᾶν, rougir, être confus de, *acc.*

ἐρυθρός, rouge.

ἐρυμνός, fortifié (en parlant d'un lieu).

ἔρχομαι, *f.* εἶμι, *aor.* ἦλθον, *pf.* ἐλήλυθα, *impf.* ᾔειν, aller, venir.

ἐρῶ. V. λέγω.

ἔρως, ωτος (ὁ), amour.

ἐρωτᾶν, *f.* ἐρωτήσω *ou* ἐρήσομαι, *aor.* ἠρώτησα *ou* ἠρόμην, interroger, demander (si, combien, etc.) à, *acc.*

ἐρώτημα (τό), question, interrogation.

ἐς = εἰς.

ἐσθής, ῆτος (ἡ), vêtement.

ἐσθίω, *f.* ἔδομαι, *aor.* ἔφαγον, *parf.* ἐδήδοκα (βέβρωκα), *aor. ps.* ἠδέσθην (ἐβρώθην), manger.

ἑσμός (ὁ), essaim.

ἑσπέρα (ἡ), soir.

ἑστάναι = ἑστηκέναι.

ἔστε, jusque.

ἔστιν, il est possible.

ἑστία (ἡ), foyer.

ἑστιᾶν, *aor.* εἱστίασα, régaler, donner un festin.

ἑστίασις, εως (ἡ), régal, festin.

ἑστώς = ἑστηκώς. V. ἵστημι.

ἔσχατος, dernier.

ἔσχον. V. ἔχω.

ἑταιρεία (ἡ), camaraderie, liaison d'amitié.

ἑταῖρος (ὁ), compagnon.

ἕτερος, autre (en parl. de deux), second. Ὁ ἕτερος, l'autre.

ἔτι, encore. Οὐκ... ἔτι, ne plus, non jam. Ἔτι δέ, de plus.

ἑτοιμάζω, apprêter.

ἕτοιμος, prêt, préparé. Ἑτοίμως, complaisamment.

ἔτος (τό), année.

εὖ, bien, *bene*. Εὖ ποιεῖν τινα, faire du bien à quelqu'un.

Εὐαγγέλιον (τό), l'Évangile (la bonne nouvelle).

εὐ-γενής, bien né, généreux, noble. *Opp.* δυσγενής, de basse condition.

εὐ-γώνιος, ον, à angles bien droits, symétrique, régulier.

εὐδαιμονία (ἡ), bonheur.

εὐδαιμονίζω, estimer heureux, féliciter.

εὐ-δαίμων, heureux.

εὐδία (ἡ), beau temps.

εὐδοκιμεῖν, avoir bonne réputation, être estimé, plaire ; se distinguer ; être de bonne qualité.

εὐδόκιμος, ον, distingué, estimé; noble.

εὔδω, V. καθ-εύδω.

εὐεξία (ἡ), embonpoint. R. εὖ ἔχω.

εὐέπεια (ἡ), éloquence.

εὐεργασία (ἡ), bienfait.

εὐεργετεῖν, faire du bien à, obliger, acc.

εὐετηρία (ἡ), abondance.

εὔ-ζωνος, ον, légèrement équipé, léger (*en part. des soldats*).

εὐ-ήθης, qui a bon caractère, simple, sot.

εὐ-ήλιος, ον, exposé au soleil.

εὐ-θαλής, florissant.

εὐθανασία (ἡ), bonne mort.

εὐθέως, tout droit, tout de suite.

εὐθυμία (ἡ), bonne humeur. R. εὔ-θυμος.

εὐθύς, εῖα, ύ, droit, direct. Ἡ εὐθεῖα, *s.-e.* ὁδός, le chemin direct, la ligne droite.

εὐθύς, *adv.*, aussitôt, directement.

εὐκαιρία (ἡ), occasion favorable.

εὔ-καιρος, ον, opportun.

εὔκλεια (ἡ), gloire. R. κλέος.

εὔ-κολος, ον, aisé, facile. Εὐκόλως, facilement.

εὐκολία (ἡ), facilité, commodité.

εὐλαβεῖσθαι, *aor.* ηὐλαβήθην, éviter, prendre garde.

εὐλογεῖν, dire du bien de, bénir.

εὐμαρής, aisé. Εὐμαρῶς, aisément.

εὐμένεια (ἡ), bienveillance.

εὐνή (ἡ), lit; gîte (des animaux).

εὔνοια (ἡ), bienveillance.

εὔ-νους, bienveillant, dévoué.

εὔ-οψος, ον, bien garni de mets.

εὐ-πειθής, docile.

εὐπορεῖν, être dans l'abondance.

εὐ-πρεπής, décent. Εὐπρεπῶς, décemment.

εὐπραγία (ἡ), succès.

εὑρίσκω, *f.* εὑρήσω, *aor.* εὗρον, *pf.* εὕρηκα, *aor. ps.* εὑρέθην, trouver.

εὖρος (τό), largeur.

Εὐρώτας, *gén.* α (ὁ), Eurotas, rivière du Péloponèse, qui passait à Sparte.

εὐ-σεβής, pieux, religieux.

εὐτεχνία (ἡ), adresse, habileté.

εὔ-τακτος, ον, joli, rangé, convenable.

εὐ-τελής, de peu de prix, vil, mesquin, pauvre.

εὐτράπελος, spirituel, qui a de l'esprit.

εὐτυχεῖν, être fortuné, heureux, favorisé de la fortune.

εὐ-τυχής, fortuné, heureux.

εὐτυχία (ἡ), bonne fortune, prospérité.

εὐφραίνω, réjouir, charmer. *Passif* : se réjouir.

εὐφημία (ἡ), compliment.

εὐχή (ἡ), prière.

εὔχομαι, prier, *dat.*

εὐ-ώδης, qui sent bon, qui a bon goût.

ἐφ-έπομαι, suivre, venir après.

Ἔφεσος (ἡ), Ephèse, *ville de Lydie, entre Smyrne et Milet.*

ἔφη, dit, dit-il. V. φημί.

ἑφθός, cuit, bouilli (*opp.* ὀπτός, rôti). *Adj. verbal de* ἕψω.

ἐφ-ίστημι, mettre à la tête de, *dat.* Ἐφ-ίσταμαι, se présenter à, *dat.*, paraître.

ἔφορος (ὁ), éphore, *magistrat lacédémonien.* R. ἐφορᾶν, surveiller.

Ἐφραΐμ (ὁ), *indécl.*, Ephraim, *fils de Joseph.*

Ἐφρών, *indécl.*, 1° Hébron, *ville de Judée, au sud de Jérusalem;* 2° Hébron, *nom d'homme.*

ἔχθρα (ἡ), inimitié, haine.

ἐχθρός, ennemi, hostile (*comp.* ἐχθίων, *sup.* ἔχθιστος).

ἔχις, εως (ἡ), vipère.

ἔχω, impf. εἶχον, f. ἕξω ou σχήσω, aor. ἔσχον, pf. ἔσχηκα, avoir, posséder, tenir, occuper. *Avec un adverbe* : être. Ὥσπερ ἔχω, comme je suis.

ἕψω, f. ἑψήσω, faire cuire, faire bouillir.

ἕωθεν, dès le matin.

ἐῴκειν. V. ἔοικα.

ἕως, jusqu'à ce que, tant que. Ἕως ἄν, *subj.*, jusqu'à ce que.

ἕως, *gén. et acc.* ἕω, *dat.* ἕῳ (ἡ), aurore.

Z

ζάλη (ἡ), rafale.

ζεύγνυμι, f. ζεύξω, attacher deux à deux, joindre (par un joug), atteler.

ζεῦγος (τό), joug, attelage (paire de bœufs).

Ζεύς, *gén.* Διός, *voc.* Ζεῦ (ὁ), Jupiter (Zeus)

ζέφυρος (ὁ), zéphyr, *vent d'ouest.*

ζέω, f. ζέσω, bouillir, être bouillant.

ζηλοῦν, envier, être jaloux de, rechercher, *acc.* R. ζῆλος, jalousie.

ζηλωτής, οῦ (ὁ), émule, amateur.

ζημία (ἡ), dommage, perte; amende.

ζημιοῦν, endommager, faire tort, causer une perte; punir.

ζῆν, *impf.* ἔζων, ἔζης, ἔζη, *f.* ζήσω et βιώσομαι, *aor.* ἐβίων, *pf.* βεβίωκα, vivre. Cf. βιοῦν.

ζητεῖν, chercher; étudier (une question).

ζυγόν (τό), joug.

ζωγραφεῖν, peindre, représenter.

ζωγράφος (ὁ), peintre.

ζωή (ἡ), vie.

ζωμός (ὁ), brouet.

ζώνη (ἡ), ceinture.

ζῷον (τό), animal, être animé. Cf. ζῆν.

ζωπυρεῖν, vivifier.

H

ἤ, ou bien, ou. *Après les comparatifs* : que. Ἄλλος ἤ, autre que.

ἦ; est-ce que? ἦ γάρ; est-ce que vraiment?

ἦ δ' ὅς, dit-il, ἦν δ' ἐγώ, dis-je. *Seules formes usitées en prose du verbe* ἠμί, *très rare au lieu de* φημί.

ἡβάσκω, f. ἡβήσω, sortir de l'enfance, être adolescent.

ἤγαγον. V. ἄγω.

ἡγεῖσθαι, marcher devant; croire, regarder comme. Cf. *ducere.*

ἡγεμών, όνος (ὁ), guide, chef, général, *dux.*

ἡδέσθην. V. ἐσθλω.

ἡδέως (*comp.* ἥδιον), agréablement, avec plaisir.

ἤδη, déjà (*avec un verbe au passé*); maintenant (*avec un verbe au présent*); désormais, bientôt (*avec un verbe au futur*). Cf. *jam.*

ἥδομαι, *f.* ἡσθήσομαι, *aor.* ἥσθην, se réjouir de, *dat.*; aimer à, *partic.*

ἡδονή (ἡ), plaisir, volupté.

ἡδύς (*comp.* ἡδίων, *superl.* ἥδιστος), agréable.

ἥδυσμα (τό), assaisonnement.

ᾔειν. V. ἔρχομαι.

ἤθελον. V. ἐθέλω.

ἦθος (τό), caractère, humeur.

ἤθροισμαι. V. ἀθροίζω.

ᾐών et ἠών, όνος (ἡ), rivage, grève.

ᾔκαζον. V. εἰκάζω.

ἥκιστα, très peu, le moins. V. ἥττων.

ἠκροασάμην. V. ἀκροᾶσθαι.

ἥκω, *f.* ἥξω, *impf.* ἧκον, être arrivé; venir.

ἡλάμην. V. ἅλλομαι.

ἦλθον. V. ἔρχομαι.

ἠλίθιος, simple d'esprit.

ἠλάθην. V. ἐλαύνω.

ἡλικία (ἡ), âge. Οἱ ἐν ἡλικίᾳ, ceux qui sont en âge de porter les armes.

ἧλιξ, ικος (ὁ), compagnon d'âge, *æqualis.*

ἥλιος (ὁ), soleil.

ἧλος (ὁ), clou.

ἡμέρα (ἡ), jour.

ἥμερος, ον, apprivoisé, domestique (*en parl. des animaux*).

ἡμέτερος, nôtre, notre. Ὁ ἡμέτερος πατήρ, notre père.

ἡμί-ονος (ἡ), mulet, mule (moitié âne, moitié cheval).

ἥμισυς, εια, υ, demi. Οἱ ἡμίσεις, τὸ ἥμισυ, la moitié.

ἤν (= ἐάν), si, *subj.*

ἥν, *acc. fém.* de ὅς.

ἦν, *impf.* de εἰμί.

ἠν-ειχόμην. *impf.* de ἀνέχομαι.

ἡνία (ἡ), bride, rênes.

ἡνίκα, quand, lorsque, à l'heure où.

ἠξίουν, ἠξίωσα. V. ἀξιοῦν.

ἧπαρ, ατος (τό), foie.

ἤπειρος (ἡ), terre ferme, continent.

ἤπιος, doux, *mitis.*

Ἥρα (ἡ), Junon (Héra).

Ἡράκλεια (ἡ), Héraclée, *ville de Bithynie, sur le Pont-Euxin.*

Ἡρακλῆς, έους, *voc.* ὦ Ἡράκλεις (ὁ), Hercule.

ἠρεμία (ἡ), tranquillité. *Ne pas confondre avec* ἐρημία, *le désert.* R. ἠρέμα, doucement, tranquillement.

ἤριζον. V. ἐρίζω.

ἠρόμην. V. εἴρομαι.

ἥρως, ωος (ὁ), demi-dieu, héros (mythologique).

ἠρώτων. V. ἐρωτᾶν.

ἡττᾶσθαι (*passif*), être défait, vaincu, avoir le dessous.

ἤτοι, ou bien.

ἥττων (= ἥσσων), inférieur, plus petit. Ἧττον, moins; οὐδὲν ἧττον, néanmoins, *nihilominus.* Cf. ἥκιστα.

ἡσυχάζω, être tranquille, paisible, silencieux. R. ἥσυχος, tranquille.

ἡσυχία (ἡ), tranquillité. Ἡσυχίαν ἔχω, se tenir en repos.

ἦτρον (τό), ventre, bas-ventre.

Ἥφαιστος (ὁ), Vulcain (Héphaestos).

ἠχεῖν, retentir. V. ὑπ-ηχεῖν. R. ἦχος, son.

Θ

θάλαττα (ἡ), mer.

θαλάττιος, de la mer, maritime.

θάλλω (*sans fut. ni aoriste*), *pf.* τέθηλα, verdoyer, bourgeonner.

θάλπος (τό), chaleur.

θάμα, à chaque instant.

θάνατος (ὁ), mort, *mors.*

θανεῖν. V. θνήσκω.

θάπτω, *aor. ps.* ἐτάφην, ensevelir, enterrer.

θαρρεῖν, avoir confiance, n'avoir pas peur, être hardi, braver.

θαρρύνω, encourager.

θαυμάζω, *f.* άσομαι, admirer, s'étonner de, acc. — de ce que, ὅτι ou εἰ. (*Ce verbe peut être suivi d'une interrogation indirecte.*)

θαυμάσιος, admirable, étonnant.

θαυμαστός, étonnant, singulier, admiré.

θεά (ἡ), déesse. *Ne pas confondre avec le suivant.*

θέα (ἡ), vue, spectacle.

θέαμα (τό), spectacle, chose que l'on regarde.

θεᾶσθαι, considérer, regarder; apercevoir, distinguer.

θεῖος, divin. Τὸ θεῖον, la divinité.

θέλγω, charmer, caresser.

θέλω (*rare en prose pour* ἐθέλω), consentir, vouloir bien.

θεμέλιος (ὁ), fondement.

θέμις, *acc.* θέμιν (ἡ), justice, droit. Θέμις ἐστί, il est juste. *La prose n'emploie que le nomin. et l'accusatif.*

Θεός (ὁ), Dieu.

θεραπαινίς, ίδος (ἡ), servante.

θεραπεία (ἡ), traitement, remède.

θεραπεύω, servir (qqu'un), être officieux envers, acc., soigner (un malade).

θεράπων, οντος (ὁ), serviteur.

θερίζω, moissonner.

θερινός, d'été.

θερμός, chaud.

θέρος (τό), été. Θέρους, en été.

θέω, *f.* θεύσομαι (*rare*), courir. *Aoriste inusité. Cf.* τρέχω.

θεωρεῖν, contempler.

Θῆβαι (αἱ), Thèbes, *capitale de la Béotie.*

θήγω, aiguiser.

θήκη (ἡ), boîte, tombeau.

θήρα (ἡ), chasse, gibier.

θηρᾶν, *f.* άσω, chasser (les bêtes sauvages), aller à la chasse.

θηρευτής, οῦ (ὁ), chasseur.

θηρευτικός, de chasse (*en parl. d'un chien*).

θηρεύω, chasser, prendre à la chasse. *Passif :* devenir la proie de.

θηρίον (τό), bête féroce, animal sauvage.

θής, θητός (ὁ), domestique à gages, manœuvre.

θησαυρός (ὁ), trésor (lieu où l'on garde des objets précieux); provisions accumulées.

θλίβω, presser, écraser. V. ἐκθλίβω.

θνήσκω, *f.* θανοῦμαι, *aor.* ἔθανον, *pf.* τέθνηκα, mourir. *La prose n'emploie au futur et à l'aoriste que* ἀποθανοῦμαι *et* ἀπέθανον.

θνητός, mortel.

θοίνη (ἡ), festin (qui suivait un sacrifice).

θόρυβος (ὁ), bruit (d'une foule), tapage, vacarme.

Θράσυλλος (ὁ), Thrasylle, *général athénien.*

θρασύς, hardi.

θρέψω, θρέψας. V. τρέφω.

θρηνεῖν, se lamenter, déplorer, plaindre.

θρῆνος (ὁ), lamentation.

θρίξ, τριχός (ἡ), cheveu, poil.

θρόνος (ὁ), siège.

θρυλεῖν, répéter partout.

θρύπτω, amollir, corrompre.

θυγάτηρ, τρός (ἡ), fille, *filia.*

θύλακος (ὁ), sac.

θυμίαμα (τό), parfum.

θυμιᾶν, offrir de l'encens à, dat.

θυμιατήριον (τό), cassolette de parfums.

θύμος (ὁ), thym. *Ne pas confondre avec le suivant.*

θυμός (ὁ), transport de colère, colère, emportement.

θυμοῦσθαι, *aor.* ἐθυμώθην, entrer en fureur, s'emporter.

θύρα (ἡ), porte (de maison), *janua.*

θυρίς, ίδος (ἡ), fenêtre.

θυροῦν, munir de portes.

θυρωρός (ὁ), portier.

θυσία (ἡ), 1° célébration d'un sacrifice; 2° sacrifice; 3° victime.

θύω, offrir un sacrifice, immoler. *Moyen :* prendre les auspices (*en parl. d'un magistrat, d'un général*).

θωπεύω, flagorner. R. θώψ, flagorneur.

θώραξ, ακος (ὁ), cuirasse.

I

Ἰακώβ (ὁ), indécl., Jacob.
ἰᾶσθαι, f. ἰάσομαι, guérir.
ἰατρεύω, être médecin.
ἰατρική (ἡ), médecine. S.-e. τέχνη.
ἰατρός (ὁ), médecin.
ἴδιος, particulier, personnel, propre (proprius). Ἰδίᾳ, en particulier.
ἴδοιμι, ἰδών. V. ὁρᾶν.
ἰδού, voilà, tiens. Rare.
ἱδρύω, établir, fonder, dresser (des temples, des autels, des statues).
ἱδρῶσαι (inf. aoriste), suer. Les contractions du présent paraissent se faire en ω plutôt qu'en ου. R. ἱδρώς, sueur.
ἰέναι, aller, devoir aller. Inf. présent et futur de ἔρχομαι. V. εἶμι.
ἱέραξ, ακος (ὁ), épervier (= oiseau sacré).
ἱερεῖον (τό), victime, animal destiné aux sacrifices.
ἱερεύς (ὁ), prêtre.
ἱερόν (τό), 1° temple; 2° sacrifice.
ἱερός, sacré.
ἵημι, faire aller. Moyen : se lancer, s'élancer. Usité surtout dans les composés.
Ἰησοῦς, voc. gén. dat. οῦ, acc. οῦν (ὁ), Jésus, fils de Dieu et sauveur des hommes.
ἴθι, va. Impératif de ἰέναι.
ἱκανός, suffisant, en nombre suffisant; capable de, inf.
ἱκετεύω, supplier, prier. R. ἱκέτης, suppliant.
ἱκνεῖσθαι. V. ἀφ-ικνεῖσθαι.
ἰκτῖνος (ὁ), milan.
ἱλαρός, gai.
ἵλεως, propice. Cf. ἱλάσκομαι, rendre propice, apaiser.

ἰλιγγιᾶν, avoir le vertige.
ἱμάς, άντος (ὁ), courroie, lanière.
ἱμάτιον (τό), manteau. Au plur., vêtements.
Ἱμεραῖος (ὁ), habitant d'Himère, ville de Sicile.
ἵνα, subj., afin que, pour que. Ἵνα μή, de peur que.
ἴοιμι. V. εἶμι.
ἴον (τό), violette.
Ἰόρδανος (ὁ), Jourdain, fleuve de Palestine.
ἰός (ὁ), venin.
Ἰούδας, gén. α et ου (ὁ), Juda, fils de Jacob.
ἱππεύς (ὁ), cavalier.
ἱπποκόμος (ὁ), palefrenier.
ἵππος (ὁ), cheval.
ἱππών, ῶνος (ὁ), écurie (pour les chevaux).
Ἰσμαηλῖται (αἱ), Ismaélites, descendants d'Ismaël, nom que la Bible donne aux Arabes.
ἴσος, égal, pareil.
Ἰσραήλ (ὁ), indécl., Israël, second nom de Jacob.
ἵστημι, f. στήσω, aor. ἔστησα, placer debout, élever, dresser. Ἵσταμαι, f. στήσομαι, aor. ἔστην, pf. ἔστηκα, se placer, se tenir debout. Ne pas confondre ἔστησαν, de ἔστησα, avec ἔστησαν de ἔστην.
ἱστίον (τό), voile (de vaisseau).
ἱστός (ὁ), métier de tisserand; mât (de vaisseau).
ἰσχνός, maigre.
ἰσχυρός, fort, robuste, violent.
ἰσχύς, ύος (ἡ), force.
ἰσχύω, être fort, avoir de la force.
ἴσως, peut-être.
ἰχθύς, ύος (ὁ), poisson.
ἴχνος (τό), pas, vestige, trace.
ἴω, ἰών. V. εἶμι.
Ἰωσήφ (ὁ), indécl., Joseph, fils de Jacob.

Κ

κἀγώ = καὶ ἐγώ.

καθαίρω, purifier.

καθάπερ (= καθ' ἅπερ), comme, de même que.

καθαρός, pur.

κάθαρμα (τό), balayure, pendard (*terme injurieux*).

καθ-είργω, enfermer.

καθ-είς, *part. aor.* de καθ-ίημι.

καθ-εύδω, *f.* δήσω, *impf.* ἐκάθευδον ou καθηῦδον (*sans aoriste*), dormir, s'endormir.

κάθ-ημαι, *impf.* ἐκαθήμην ou καθήμην (*sans autres temps*), être assis.

καθ-ίημι, faire descendre.

καθίζω, *f.* καθιῶ, *aor.* ἐκάθισα, s'asseoir, se poser.

καθ-ίστημι, établir, faire devenir. Καθ-ίσταμαι, *aor.* κατ-έστην, *pf.* καθ-έστηκα, s'établir, être. — εἰς, aboutir à, tomber dans, arriver à (un état).

καθ-οράω, *f.* κατ-όψομαι, *aor.* κατ-εῖδον, voir (de haut en bas), apercevoir.

καί, 1° et; 2° même, aussi. Καὶ δὴ καί, et même. Καὶ... δέ, et aussi, et même.

καινός, nouveau.

καίπερ, quoique (*avec le part.*).

καίριος, qui est à propos, approprié.

καιρός (ὁ), temps, temps convenable, circonstance, occasion. Παρὰ καιρόν, à contre-temps.

Καῖσαρ, αρος (ὁ), César.

καίτοι, cependant.

καίω ou κάω, *f.* καύσω, *aor.* ἔκαυσα, faire brûler, allumer, brûler.

κἀκεῖνος = καὶ ἐκεῖνος.

κακοδαίμων, misérable. *Opp.* εὐδαίμων.

κακολόγος, médisant.

κακόν (τό), mal, défaut.

κακός, mauvais, méchant, lâche (*comp.* κακίων *et* χείρων, *sup.* κάκιστος *et* χείριστος).

καλάμη (ἡ), paille.

κάλαμος (ὁ), roseau; gluau; plume pour écrire.

καλεῖν, *f.* καλῶ, *aor.* ἐκάλεσα, *pf.* κέκληκα, appeler, inviter.

καλιά (ἡ), nid.

Καλιγόλας, *gén.* α (ὁ), Caligula, *empereur romain*.

καλλονή (ἡ), beauté.

κάλλος (τό), beauté.

καλλωπίζω, parer, embellir.

καλός, beau; bon. Καλῶς, bien, honorablement, avec gloire. *Comp.* κάλλιον, *sup.* κάλλιστος.

Κάλπη (ἡ), Calpé, *ville de Bithynie*.

καλύβη (ἡ), hutte, cabane, chaumière.

καλύπτω, couvrir, cacher.

καλῶς. V. καλός.

κάλως, ω (ὁ), câble, corde. *Ne pas confondre avec l'adverbe* καλῶς.

κάμηλος (ἡ), chameau

κάμνω, *f.* καμοῦμαι, *aor.* ἔκαμον, *pf.* κέκμηκα, se fatiguer, être malade.

κάμπτω, plier, courber.

κἄν (= καὶ ἐάν), *subj.*, quoique; même si, et si, quand même. *Ne pas confondre avec le suivant.*

κἄν (= καὶ ἄν). *Dans cette crase,* καί *est adverbe, et* ἄν *se rapporte au verbe, pour former avec lui le mode potentiel ou irréel.*

κἀντεῦθεν = καὶ ἐντεῦθεν.

κανών, όνος (ὁ), règle.

καπηλεῖον (τό), cabaret.

κάπηλος (ὁ), cabaretier.

καπνός (ὁ), fumée.

κάπρος (ὁ), sanglier.

κάρδαμον (τό), cresson.

καρδία (ἡ), cœur.

Καρδοῦχοι (οἱ), Carduques, *peuple de la grande Arménie.*

καρπός (ὁ), fruit.

καρποῦσθαι, moissonner, recueillir.

καρτερεῖν, endurer, se résigner. R. καρτερός, dur à la fatigue.

καρτερία (ἡ), résistance, force de résistance, persévérance, opiniâtreté.

καρύα (ἡ), noyer.

κάρυον (τό), 1° noix, 2° châtaigne.

Καρχηδόνιος (ὁ), Carthaginois.

κατά, *gén.*, du haut de, contre; *acc.*, sur l'étendue de, dans, à (tel endroit); le long de; conformément à, selon. — γῆν, sur terre; — ταὐτόν, à la fois; καθ' ἑαυτόν, en soi-même; καθ' ὃν χρόνον, du temps que; καθ' ἕκαστον, l'un après l'autre *(cette locution fait fonction de complément direct);* καθ' ἕνα, un à un; κατὰ μικρόν, peu à peu; καθ' ἡμέραν, chaque jour.

κατα-βαίνω, descendre.

κατάγειος, ον, souterrain.

κατ-άγνυμι, *f.* άξω, *aor.* ἔαξα, *aor. ps.* ἐάγην, briser, casser.

κατ-άγω, emmener, faire descendre, faire aborder (au rivage), ramener (d'exil). *Moyen:* aborder (opp. de ἀν-άγομαι).

καταγώγιον (τό), gîte, séjour.

κατα-δαρθάνω, *aor.* κατ-έδαρθον, s'endormir.

κατα-δικάζω, condamner.

κατα-δύομαι, s'enfoncer, plonger.

κατα-θύω, immoler.

κατ-αίρω, aborder, jeter l'ancre. *Opp.* ἀπαίρω.

κατά-κειμαι, être couché, étendu.

κατα-κλᾶν, briser, casser.

κατα-κλίνω, coucher. *Passif:* se coucher, se mettre au lit.

κατα-κλύζω, inonder, submerger.

κατα-κοιμᾶν, endormir.

κατα-κτᾶσθαι, conquérir.

κατα-λαμβάνω, s'emparer de, surprendre, atteindre.

κατα-λείπω, abandonner, laisser, quitter.

κατα-λύω, délier les chevaux, prendre gîte; finir.

κατα-μετρεῖν, mesurer.

κατα-πατεῖν, fouler aux pieds.

κατα-παύομαι, cesser.

κατα-πίνω, engloutir, dévorer.

κατα-πίπτω, tomber.

κατα-πλήττω, déconcerter, rendre stupéfait.

κατα-ποντίζω, faire sombrer; *Passif:* sombrer, couler à fond.

κατα-σκάπτω, creuser, défoncer.

κατα-σκευάζω, préparer; travailler (un objet).

κατασκεύασμα (τό), offrande.

κατα-σκοπεῖν, *f.* κατασκέψομαι, examiner, espionner.

κατάσκοπος (ὁ), espion.

κατα-τίθημι, déposer.

κατα-φεύγω, s'enfuir, se réfugier.

κατα-φρονεῖν, mépriser, *gén.*

κατ-εάγην. V. κατ-άγνυμι.

κατ-έβην, *aor. de* κατα-βαίνω.

κατ-έρχομαι, descendre, arriver.

κατ-εσθίω, manger, dévorer.

κατ-έχω, *f.* καθ-έξω, retenir, garder; posséder, occuper.

κατ-ηγορεῖν, accuser, *gén.*

κατ-ιδεῖν, κατ-ιδών. V. καθ-οράν.

κατιέναι, *inf. de* κατέρχομαι.

κατ-οικεῖν, habiter (un pays).

κατ-οικίζω, établir (dans un pays).

κάτοπτρον (τό), miroir. Cf. ὄψις.

κατ-ορύττω, enfouir. *Pf. ps.* κατορώρυγμαι.

κάτω, en bas.

κάτωθεν, d'en bas.

καυλός (ὁ), tige.

καῦμα (τό), grande chaleur. R. καίω.

καὐτός = καὶ αὐτός.

καυχᾶσθαι, se vanter.

κέδρος (ἡ), cèdre.

κεῖμαι, *f.* κείσομαι, être couché, être situé, être mort, *jacere*.

Κεῖος, de Céos, *l'une des Cyclades*.

κείρω, raser, tondre.

κελεύω, *aor. ps.* ἐκελεύσθην, ordonner, inviter à, *jubere*.

κενός, vide.

κενοῦν, vider.

Κεντρίτης, ου (ὁ), le Centrite, *rivière d'Arménie, affluent du Tigre.*

κέντρον (τό), aiguillon.

κεράμεος, d'argile.

κεραμεύς (ὁ), potier.

κεράμιον (τό), jarre, vase d'argile.

κέραμος (ὁ), argile; tuile.

κεράννυμι, *aor.* ἐκέρασα, *aor. ps.* ἐκεράσθην *et* ἐκράθην, mélanger (du vin et de l'eau).

κέρας, *gén.* κέρατος *et* κέρως (τό), corne.

κεραυνός (ὁ), foudre.

κερδαίνω, gagner, faire du profit.

κέρδος (τό), gain, profit, avantage. — λαμβάνω, faire un gain.

κεφάλαιον (τό), le principal, le capital.

κεφαλή (ἡ), tête.

κεχαρισμένως, de façon à plaire à, *dat.*

κηδεμών, όνος (ὁ), protecteur.

κήδομαι, *impf.* ἐκηδόμην (*sans autres temps*), prendre soin, veiller sur, *gén.*

κηλεῖν, charmer, caresser.

κηλίς, ῖδος (ἡ), tache.

κῆπος (ὁ), jardin.

κηπουρός (ὁ), jardinier.

κηρίον (τό), rayon de miel. R. κηρός, cire.

κῆρυξ, υκος (ὁ), héraut, crieur public.

κηρύττω, proclamer, faire une proclamation.

κίβδηλος, de mauvais aloi, falsifié, faux.

κιβωτός (ἡ), coffre de bois, arche (de Noé).

κιθαρίζω, jouer de la lyre. R. κιθάρα, lyre, cithare.

κιθαρῳδός (ὁ), chanteur qui s'accompagne sur la lyre, *distinct du simple joueur de lyre* (κιθαριστής).

κινδυνεύω, affronter le danger, risquer, être en danger.

κίνδυνος (ὁ), péril, danger.

κινεῖν, mettre en mouvement. *Passif :* se remuer, s'agiter.

κιττός (ὁ), lierre.

κίχρημι, prêter. Κίγχραμαι, *f.* χρήσομαι, emprunter; — à qqu'un, παρά τινος.

κίων, όνος (ὁ), colonne, pilier (qui soutient un édifice).

κλάδος (ὁ), branche, rameau.

Κλαζομένιοι (οἱ), habitants de Clazomène, *ville d'Ionie, près de Smyrne.*

κλαίω *ou* κλάω, *f.* κλαύσομαι, *aor.* ἔκλαυσα, pleurer.

κλαυθμός (ὁ), pleurs, larmes.

κλεῖθρον (τό), fermeture, ce qui ferme.

κλείω, fermer (*aor. ps.* ἐκλείσθην, *pf. ps.* κέκλειμαι).

κλέπτης, ου (ὁ), voleur.

κλέπτω, *aor. ps.* ἐκλάπην, dérober, voler.

κλῆρος (ὁ), héritage.

κλῖμαξ, ακος (ἡ), échelle.

κλίνη (ἡ), lit (en général, lit de table, lit funèbre).

κλίνω (*régulier*), incliner, pencher, ployer, courber.

κλοιός (ὁ), collier.

κλύδων, ωνος (ὁ), vague, inondation; tourmente.

Κλώδιος (ὁ), Clodius, contemporain de César et de Cicéron.

κλών, ωνός (ὁ), bourgeon, jeune pousse.

κνήμη (ἡ), jambe, le bas de la jambe (du genou au pied).

κνημίς, ίδος (ἡ), cnémide, jambière (partie de l'armure destinée à protéger la jambe).

κοῖλος, creux.

κοιμᾶν, endormir. Κοιμᾶσθαι, aor. ἐκοιμήθην, s'endormir, dormir.

κοινῇ, en commun.

κοινός, commun.

κοινωνός, qui partage, compagnon de, gén.

κοίτη (ἡ), couche, lit.

κολάζω, châtier, punir.

κόλαξ, ακος (ὁ), flatteur.

κολαστής, οῦ (ὁ), celui qui châtie, qui punit.

κολεός (ὁ), fourreau, gaine.

κολοιός (ὁ), geai.

κολούω, mutiler; rabaisser.

κόλπος (ὁ), sein; golfe.

κολυμβᾶν, plonger, se jeter à l'eau.

Κολχίς, ίδος (ἡ), Colchide, contrée située à l'est du Pont-Euxin.

κολωνός (ὁ), tertre (fait de terre ou de pierres).

κόμη (ἡ), chevelure.

κομιδῇ, soigneusement, tout à fait. Datif de ἡ κομιδή, soin.

κομίζω, transporter, apporter. Moyen: recouvrer, emporter.

κομψός, élégant, joli.

κόνδυλος (ὁ), coup de poing.

κόνις, εως (ἡ), poussière.

κόπρος (ὁ), fumier.

κόπτω, frapper, battre, couper; accabler. Moyen: se frapper de coups (en signe de deuil).

κόραξ, ακος (ὁ), corbeau.

κόρη (ἡ), jeune fille, puella.

κόρος (ὁ), satiété, dégoût.

κόρρη (ἡ), tempe. Ἐπὶ κόρρης τύπτειν, πατάξαι, donner un soufflet.

κορυφή (ἡ), cime, sommet.

κόσμος (ὁ), ornement, parure; — monde (sens néologique).

κοσμοσωτήριος, sauveur du monde.

κουρεύς (ὁ), barbier.

κοῦφος, léger.

κόφινος (ὁ), panier, corbeille.

κράζω. V. ἀνα-κράζω.

κραιπαλᾶν, être malade d'avoir trop bu, éprouver les fumées du vin. R. κραιπάλη, vertige de l'ivresse.

κράνος (τό), casque.

κρᾶσις, εως (ἡ), mélange. Cf. κεράννυμι.

κρατεῖν, être maître de, dominer, vaincre, saisir, gén.

κρατήρ, ῆρος (ὁ), cratère, grand vase où l'on mêlait d'avance l'eau et le vin. Cf. κεράννυμι.

κράτιστος, excellent, le plus fort. Cf. κρείττων.

κράτος (τό), force, pouvoir. Ἀνὰ κράτος, de toute sa force.

κραυγή (ἡ), clameur.

κρέας, κρέως (τό), chair, morceau de chair, viande.

κρείττων, plus fort, supérieur, meilleur. Opp. de ἥττων.

κρεμάννυμι, f. κρεμῶ, aor. ἐκρέμασα, pendre, suspendre. Passif: κρέμαμαι, f. κρεμήσομαι, aor. ἐκρεμάσθην, être suspendu.

κρημνώδης, escarpé. R. κρημνός, précipice.

κρήνη (ἡ), fontaine.

κρηπίς, ῖδος (ἡ), base.

Κρής, Κρητός (ὁ), Crétois.

κριθή (ἡ), orge. Ordin. au pluriel.

κρίθινος, d'orge.

κρίνον (τό), lis.

κρίνω, discerner, juger (en général), éprouver (quelqu'un); poursuivre en justice pour, *gén.*

κριός (ὁ), bélier.

κρίσις, εως (ἡ), jugement.

κριτής, οῦ (ὁ), juge (d'une question), arbitre.

κρόμμυον (τό), oignon.

κροτεῖν, frapper (l'un contre l'autre). — τὼ χεῖρε, applaudir.

Κρότων, ωνος (ἡ), Crotone, *ville grecque du sud de l'Italie, dans le Bruttium.*

κροῦμα (τό), battement, mesure (musicale).

κρούω, *aor. ps.* ἐκρούσθην, *pf. ps.* κέκρουμαι, heurter, frapper fortement.

κρύπτω, cacher. *Passif :* se cacher. Τὰ κρυπτά, les secrets.

κρωβύλος (ὁ), panache.

κτᾶσθαι, acquérir. Κέκτημαι, je possède.

κτείνω. V. ἀπο-κτείνω.

κτενίζω, peigner. R. κτείς, peigne.

κτῆμα (τό), chose qu'on possède, bien, propriété.

κτῆνος (τό), tête de bétail. Τὰ κτήνη, les bestiaux.

κτῆσις, εως (ἡ), acquisition, possession, le fait de posséder.

κτίζω, fonder, bâtir, établir.

κτύπος (ὁ), bruit (d'une chose frappée), fracas.

κύαθος (ὁ), gobelet.

κύαμος (ὁ), fève.

κυανοῦς, ῆ, οῦν, bleu.

κυβερνήτης, ου (ὁ), pilote. R. κυβερνᾶν, gouverner (un vaisseau).

κύκλος (ὁ), cercle; groupe (de gens). Κύκλῳ, en cercle. Κύκλῳ τῆς λίμνης, autour de l'étang.

κυλινδεῖν, rouler, faire rouler.

κῦμα (τό), flot, vague.

Κυμαῖος (ὁ), habitant de Cymé.

Κύμη (ἡ), Cymé, *ville maritime d'Ionie, entre Smyrne et Mitylène.*

κυνηγέσιον (τό), chasse, partie de chasse.

κυνηγετεῖν, chasser, donner la chasse à, *acc.* R. κύνας, ἡγεῖσθαι.

κυνηγέτης, ου (ὁ), chasseur.

κυνίδιον (τό), petit chien.

κυνικός, de chien, cynique.

κύπτω, baisser la tête. V. ἐπι-κύπτω.

κύριος (ὁ), seigneur, maître; maître de, *gén.*

Κῦρος (ὁ), Cyrus.

κυροῦν, ratifier, approuver.

κύρτος (ὁ), nasse, verveux.

κύων, κυνός (ὁ, ἡ), chien.

κωλῆ (ἡ), jambon.

κῶλον (τό), membre.

κωλύω, empêcher, interdire.

κωμάρχης, ου (ὁ), chef de village, maire.

κώμη (ἡ), village.

κωμήτης, ου (ὁ), villageois.

κῶμος (ὁ), festin.

κωμῳδία (ἡ), comédie.

κώνωψ, ωπος (ὁ), moucheron.

κώπη (ἡ), rame.

κωφός, sourd.

Λ

λαβεῖν, λαβών. V. λαμβάνω.

λαγχάνω, *f.* λήξομαι, *aor.* ἔλαχον, *pf.* εἴληχα, obtenir par le sort.

λαγώς, ώ (ὁ), lièvre.

λάθρα, secrètement, discrètement. Cf. λανθάνω.

Λακεδαιμόνιος (ὁ), Lacédémonien.

Λακεδαίμων, ονος (ἡ), Lacédémone.

λάκκος (ὁ), citerne.

λακτίζω, ruer.

Λάκων, ωνος (ὁ), Spartiate.

λακωνικός, de Sparte, à la mode spartiate.

λακωνικῶς, laconiquement, avec concision.

λαλεῖν, parler, babiller.

λαμβάνω, f. λήψομαι, aor. ἔλαβον, pf. εἴληφα, recevoir, prendre. *Moyen :* se saisir de, saisir, *gén.*

λαμπρός, brillant.

λαμπρότης, ητος (ἡ), éclat.

λάμπω, luire, briller.

λανθάνω, f. λήσω, aor. ἔλαθον, pf. λέληθα, échapper aux regards, à la connaissance de, *acc. ;* être caché, ignoré. Λανθάνω αὐτὸν φεύγων, je fuis sans qu'il le sache, je fuis à son insu.

λατομία (ἡ), carrière (de pierres). *On y enfermait et faisait travailler les condamnés et les prisonniers, à Syracuse.*

λατρεύω, rendre un culte à, *dat.*

λάχανον (τό), légume.

λέαινα (ἡ), lionne.

λέβης, ητος (ὁ), chaudière.

λέγω, f. λέξω *et* ἐρῶ, aor. ἔλεξα *et* εἶπον, pf. εἴρηκα, aor. ps. ἐρρήθην, dire.

λεία (ἡ), butin.

λειμών, ῶνος (ὁ), prairie, pré.

λεῖος, lisse, uni, aplani.

λείπω, f. λείψω, aor. ἔλιπον, pf. λέλοιπα, laisser, laisser en arrière.

λείψανον (τό), reste, vestige.

λείχω, lécher.

λέληθα. V. λανθάνω.

λέξις, εως (ἡ), mot, parole.

λεοντῆ (ἡ), peau de lion.

λεπτός, mince, fin.

λεπίς, ίδος (ἡ), écaille.

λευκός, blanc.

λέων, οντος (ὁ), lion.

Λεωνίδας, ου *et* α (ὁ), Léonidas, roi de Sparte.

λεωφόρος (ἡ), s.-e. ὁδός, la grande route.

λεώς, ώ (ὁ), peuple (*rare*).

λήγω, cesser.

λήζομαι (= λῄζομαι), piller.

λῆμμα (τό), chose reçue, cadeau (reçu). Cf. λαμβάνω.

ληρεῖν, bavarder, radoter.

λῃστής, οῦ (ὁ), brigand.

λήσω. V. λανθάνω.

ληφθείς. V. λαμβάνω.

λίαν, trop.

Λίβανος (ὁ), le Liban, *montagne.*

λιγυρός, mélodieux. Λιγυρόν, mélodieusement.

λίθινος, de pierre.

λιθολόγος (ὁ), maçon.

λίθος (ὁ), pierre.

λιμήν, ένος (ὁ), port.

λίμνη (ἡ), marais, étang.

λιμός (ὁ), faim, famine.

λινοῦς, ῆ, οῦν, de lin. R. λίνον, lin.

λίχνος, gourmand.

λογίζομαι, calculer, raisonner, songer, imputer.

λόγος (ὁ), parole, discours, mot, bruit (rumeur). Λόγου ἄξιος, important. Λόγον ποιεῖσθαι, tenir compte, faire cas de, *gén.*

λόγχη (ἡ), fer de lance.

λοιδορεῖν, injurier, *acc. Moyen :* injurier, *dat.*

λοιμός (ὁ), peste.

λοιπός, qui reste, *reliquus.* Οἱ λοιποί, les autres. Λοιπόν *ou* τὸ λοιπόν, désormais, à l'avenir.

λοπάς, άδος (ἡ), assiette.

λουτρόν (τό), bain.

λούω, laver, baigner. *Moyen :* se laver, se baigner.

λόφος (ὁ), colline, éminence, hauteur.

λόχαγος (ὁ), capitaine.

λόχος (ὁ), compagnie (de soldats).

Λύγδαμις, ιδος (ὁ), Lygdamis, tyran de Naxos.

λύκος (ὁ), loup.
Λυκοῦργος (ὁ), Lycurgue.
λυμαίνομαι, ruiner, gâter, être
le fléau de, *acc.*
λυπεῖν, affliger.
λύπη (ἡ), affliction.
λυπηρός, affligeant.
λύρα (ἡ), lyre.
Λύσανδρος (ὁ), Lysandre, *géné-
ral lacédémonien.*
λυττᾶν, être enragé. R. λύττα, rage.
λύχνος (ὁ), lampe.
λύω, délier, défaire; rompre,
violer (un traité).
λωβᾶσθαι, outrager, endomma-
ger.

M

μὰ τὸν Δία, non, par Jupiter.
Ναὶ μὰ Δία, oui, par Jupiter.
μάγειρος (ὁ), cuisinier.
μαθεῖν, μαθών. V. μανθάνω.
μάθημα (τό), chose apprise,
étude, leçon, connaissance.
μάθησις, εως (ἡ), action d'étu-
dier, instruction.
μαθητής, οῦ (ὁ), disciple.
μαίνομαι, *aor.* ἐμάνην, être fou,
être furieux.
μακαρίζω, féliciter de, *gén.*
μακάριος, digne d'envie, heu-
reux.
Μακεδών, όνος (ὁ), Macédonien.
μακρός, long. Μακράν, *acc. ad-
verbial,* loin, au loin.
μάλα, beaucoup, très, *valde.
Comp.* μᾶλλον, plus, davan-
tage, plutôt, de préférence.
Sup. μάλιστα, le plus, surtout,
principalement, très.
μαλακός, mou, faible.
μάλη (ἡ), aisselle. *Ne se ren-
contre que dans l'expression*
ὑπὸ μάλης, sous le bras.
μᾶλλον. V. μάλα.
μανθάνω, *f.* μαθήσομαι, *aor.* ἔμα-
θον, *pf.* μεμάθηκα, apprendre.

μανία (ἡ), folie, manie.
μαντεύομαι, présager, prédire,
prophétiser.
μάντις, εως (ὁ), devin.
μαραίνω, flétrir, faner.
Μαρία (ἡ), Marie.
μάρσιπος (ὁ), bourse, sacoche.
μαρτυρεῖν, rendre témoignage.
R. μάρτυς, témoin.
μαστιγοῦν, fouetter, donner le
fouet. R. μάστιξ, fouet.
μαστός (ὁ), sein; mamelon, émi-
nence.
μάταιος, ος *et* α, ον, vain, tri-
vole, sot.
μάτην, en vain, à tort, pour
rien.
μάχαιρα (ἡ), sabre (légèrement
recourbé et tranchant d'un seul
côté).
μαχαίριον (τό), couteau.
μάχη (ἡ), bataille, combat, lutte.
μάχομαι, *f.* μαχοῦμαι, *aor.* ἐμα-
χεσάμην, combattre, *dat.*
μέγα, beaucoup, grandement.
Μέγαράδε, vers Mégare, pour
Mégare (= εἰς Μέγαρα).
μεγαλοπρεπής, magnifique.
μεγαλοφροσύνη (ἡ), grandeur
d'âme.
μεγαλοφρονεῖν, être fier de, ἐπί.
μεγαλόφρονος, avec grandeur
d'âme (*comp.* φρονέστερον).
μέγας, μεγάλη, μέγα, grand
(*compar.* μείζων, *superl.* μέ-
γιστος).
μέγεθος (τό), grandeur, taille.
μέθη (ἡ), ivresse.
μεθύσκομαι, *aor.* ἐμεθύσθην,
s'enivrer.
μέθυσος (ὁ), ivrogne.
μεθυστικός, ivrogne, porté à
l'ivrognerie.
μεθύω, être ivre.
μειδιᾶν, *f.* άσω, sourire.
μείζων. V. μέγας.
μειράκιον (τό), jeune garçon,
adolescent.

μέλαν, ανος (τό), encre. *Neutre du suivant.*

μέλας, αινα, αν, noir.

μέλει, f. μελήσει, c'est un souci, un objet de soin. Μέλει μοι τούτου, cela m'intéresse, j'en prends souci.

μελετᾶν, s'occuper à, s'exercer à.

μέλι, ιτος (τό), miel.

μέλιττα (ἡ), abeille.

μέλλω, f. μελλήσω, aor. ἐμέλλησα, être sur le point de, s'apprêter à. Μέλλω λέγειν, je vais parler.

μέλος (τό), membre.

μέμνησο, souviens-toi. V. μι-μνήσκω.

μέμφομαι, blâmer, en vouloir à, reprocher.

μέν, à la vérité ; d'une part. *Ordin. suivi de δέ dans un second membre de phrase coordonné avec le premier.* Μὲν οὖν, or donc.

Μενεκράτης, ους (ὁ), Ménécrate.

μέντοι, 1° or, toutefois, mais; 2° en vérité.

μένω, pf. μεμένηκα, rester, demeurer; attendre (qqu'un).

μερίζω, partager. *Moyen :* se partager (qque chose).

μερίς, ίδος (ἡ), part, portion.

μέρος (τό), partie. Ἐν μέρει, tour à tour, à son tour.

μεσημβρία (ἡ), midi.

μέσος, qui est au milieu, *medius.* Ἐν μέσῳ κεῖσθαι, être à la portée, sous la main.

μεσοῦν, être à son milieu.

μεστός, plein, rempli, *gén.*

μετά, *gén.*, avec; *acc.*, après.

μετα-βάλλω, changer, transformer, modifier.

μεταβολή (ἡ), changement.

μετα-δίδωμι, faire part de, *gén.* — τινός τινι, partager quelque chose avec qqu'un.

μετα-λαμβάνω, prendre part à, *gén.*

μετ-αλλάττω, changer de, *acc.*, quitter (une chose pour une autre), terminer.

μεταλλεύς (ὁ), mineur.

μέταλλον (τό), mine (de métal).

μετα-μορφοῦν, modifier, transformer, retoucher.

μεταξύ, *adv.*, dans l'intervalle; pendant, *partie.*

μετα-πέμπομαι, faire venir, envoyer chercher.

μετα-ποιεῖν, changer, faire passer à, εἰς, *acc.*,

μετα-τίθημι, changer, déplacer.

μετα-χειρίζω ou ζομαι, prendre en main, saisir.

μετέωρος, ον, qui est élevé, qui est en l'air.

μετρεῖν, mesurer.

μέτριος, mesuré, modéré. Τὸ μέτριον, la juste mesure. Μετρίως, avec modération. R. μέτρον, mesure.

μέτωπον (τό), visage.

μέχρι, jusqu'à, *gén.* — οὗ, jusqu'à ce que, tant que. — νῦν, jusqu'à présent. — τότε, jusqu'alors.

μή, 1° non, ne pas (*dans les défenses, avec le subjonctif et l'infinitif, après εἰ et ἵνα*). — 2° est-ce que? est-ce que ne... pas? *dans les phrases interrogatives.* — 3° que (*après les verbes qui signifient* craindre), de peur que.

μηδέ, et ne pas (*après une première négation*); ne... pas même.

μηδείς, μηδεμία, μηδέν (= μηδ' εἷς), pas un, aucun, nul, personne. *Au neutre :* rien.

μηδέτερος, aucun des deux.

Μῆδος (ὁ), Mède.

μηκέτι, ne... plus (= μή... ἔτι). *Le κ est ici par euphonie et par analogie avec οὐκέτι.*

μῆκος (τό), longueur.

μῆλον (τό), pomme.

μήν, en vérité, assurément. Καὶ μήν, toutefois, mais; τε μέν, mais, toutefois, d'autre part; ἀλλὰ μήν, mais, cependant.

μήν, μηνός (ὁ), mois.

μηνύω, dénoncer, indiquer, annoncer.

μήποτε, jamais.

μηρός (ὁ), cuisse.

μήτε... μήτε, ni... ni.

μήτηρ, μητρός (ἡ), mère.

μηχανᾶσθαι, tramer, machiner. R. μηχανή, machine, moyen.

μιαρός, scélérat, souillé.

μίγνυμι, f. μίξω, aor. ps. ἐμίχθην et ἐμίγην, mêler.

Μίθρης, ου (ὁ), Mithra, *dieu des Perses*.

μικρός, petit. Comp. μείων, sup. μικρότατος.

μιμεῖσθαι, imiter.

μιμνήσκω, f. μνήσω, aor. ἔμνησα, faire souvenir (*plus usité dans le composé* ἀναμιμνήσκω). *Passif:* f. μνησθήσομαι, aor. ἐμνήσθην, pf. μέμνημαι, se souvenir, se rappeler, *gén. ou acc.*

μισεῖν, haïr, détester.

μισθός (ὁ), récompense, salaire, solde.

μισθοῦν, louer, donner en location. *Moyen :* louer, prendre en location.

μισθοφόρος, mercenaire.

μνήμη (ἡ), mémoire.

μνημονεύω, se souvenir; rappeler, parler de, *gén.*

μνηστεύω, rechercher en mariage; prétendre à la main de, *acc.*

μνηστεία (ἡ), prétention, demande (en mariage).

μοῖρα (ἡ), sort, destinée.

μοιχεύω, être adultère.

μόλις, à peine, avec peine.

μόλυβδος (ὁ), plomb.

μολύνω, teindre, souiller.

μονογενής, unique (fils).

μόνος, seul, unique. Μόνον, seulement, ne... que.

μόριον (τό), parcelle, miette.

Μοσσύνοικοι (οἱ), Mossynèques, *peuplade du Pont.*

μορφή (ἡ), forme, beauté.

μόσχος (ὁ), veau.

μοῦσα (ἡ), muse.

μουσεῖον (τό), temple des Muses, école de belles-lettres.

μουσική (ἡ), belles-lettres.

μουσικῶς, artistement.

μοχθεῖν, se donner de la peine, se fatiguer, peiner.

μοχθηρία (ἡ), méchanceté, perversité.

μοχθηρός, mauvais, pervers.

μόχλος (ὁ), verrou, barre, traverse.

μῦθος (ὁ), fable, conte.

μυῖα (ἡ), mouche.

μυριάς, άδος (ἡ), myriade, nombre de dix mille; *fig.,* des milliers.

μύριοι, dix mille; μυρίοι, innombrables, *sexcenti.*

μύρμηξ, ηκος (ὁ), fourmi.

μύρον (τό), parfum.

μυρρίνη (ἡ), myrte.

μῦς, μυός (ὁ), rat, souris.

μυστήριον (τό), mystère.

μυχός (ὁ), fond; gorge (de montagne).

μύω, fermer les yeux.

Μῶμος (ὁ), Momos, *dieu de la raillerie.*

μωρία (ἡ), sottise, folie.

μῶρος, niais, sot, naïf.

N

ναί, oui.

νάπη (ἡ), vallon.

ναρθηκοφόρος (ὁ), porteur de baguette.

νάρθηξ, ηκος (ὁ), baguette, férule.

ναύκληρος (ὁ) armateur, patron d'un navire.

ναῦς, *gen.* νεός, *dat.* νηΐ, *acc.* ναῦν (ἡ), vaisseau, navire.

ναύτης, ου (ὁ), matelot, marin.

νεανίας, ου (ὁ), jeune homme.

νεανίσκος (ὁ), adolescent, petit jeune homme.

νεβρός (ὁ), faon.

Νεῖλος (ὁ), Nil.

νεκρός (ὁ), corps mort, cadavre.

νέμω, distribuer; faire paître. *Moyen :* paître, brouter.

νέος, nouveau, jeune. Οἱ νέοι, οἱ νεώτεροι, les jeunes gens.

νεότης, ητος (ἡ), jeunesse (l'âge de la jeunesse).

νεῦρον (τό), muscle, nerf; corde (d'arc).

νεύω, incliner la tête.

νεφέλη (ἡ), nue, nuée.

νέφος (τό), nuage, nue.

νέω, *f.* νεύσομαι, nager.

(νέω), *aor.* ἔνησα, *pf. ps.* νένημαι, amonceler, mettre en pile.

νεώς, ώ (ὁ), temple.

νή, oui (*dans les serments*). Νὴ Δία, oui par Jupiter.

Νηρῇδες (αἱ), Néréides, *nymphes des eaux.*

νῆσος (ἡ), île.

νήφω, s'abstenir de vin. V. ἀνα-νήφω.

(νίζω), laver. V. ἀπο-νίζω.

νικᾶν, vaincre.

νοεῖν, avoir dans l'esprit. V. δια-νοεῖσθαι.

νομή (ἡ), pâturage. R. νέμω.

νομίζω, croire, penser, regarder comme.

νόμισμα (τό), monnaie.

νομοθέτης, ου (ὁ), législateur.

νόμος (ὁ), coutume, loi, règle.

νοῦς, νοῦ (ὁ), intelligence, esprit, âme, bon sens. Νοῦν ἔχω, avoir du bon sens.

νοσεῖν, être malade.

νόσος (ἡ), maladie.

νουθετεῖν, avertir, admonester.

νύκτωρ, de nuit, pendant la nuit.

νυκτερεύω, passer la nuit.

νῦν, νυνί, maintenant. Νῦν δέ, mais, malheureusement (*après une phrase hypothétique au mode irréel*).

νύξ, νυκτός (ἡ), nuit.

νῶτα (τά), dos. *Rare au singulier.*

Ξ

ξανθός, blond, jaune.

Ξάνθος (ὁ), Xanthos, *habitant de Samos, maître d'Ésope.*

ξενία (ἡ), lien d'hospitalité (que l'on contractait avec les étrangers).

ξενίζω, héberger, donner l'hospitalité.

ξένος, étranger, hôte (celui qui reçoit l'hospitalité).

Ξενοφῶν, ῶντος (ὁ), Xénophon, *Athénien.*

ξέω, gratter, tailler.

ξηρός, sec.

ξίφος (τό), épée (droite).

ξυλίζομαι, couper du bois.

ξύλινος, de bois.

ξύλον (τό), bois.

ξύω, gratter, égratigner.

O

ὁ, ἡ, τό, le, la. Ὁ μὲν... ὁ δέ, l'un... l'autre (*dans deux membres de phrases coordonnés*). *En tête d'une phrase,* ὁ δέ *signifie* celui-ci, ce dernier. Ὁ φέρων, celui qui porte. Ὁ ἔμπροσθεν, celui de devant.

ὀβολός (ὁ), obole, *monnaie qui valait environ 15 centimes.*

ὀγκᾶσθαι, braire.

ὄγκος (ὁ), masse, poids.

ὅδε, ἥδε, τόδε, celui que voici, celui qui suit. *Opp. de* οὗτος, celui que voilà, celui qui précède.

ὁδεύω, voyager, cheminer.

ὁδοιπορεῖν, voyager.

ὁδοιπόρος (ὁ), voyageur.

ὁδός (ἡ), route, chemin. Ὁδὸν ἰέναι, prendre, suivre un chemin.

ὀδούς, όντος (ὁ), dent.

ὀδύνη (ἡ), douleur.

ὀδυνηρός, douloureux.

ὀδύρομαι, se lamenter.

ὄζω, *f.* ὀζήσω, exhaler une odeur, sentir (bon ou mauvais), *gén.*

ὅθεν, d'où, *unde.*

οἴγω. V. ἀν-οίγω.

οἶδα (*impér.* ἴσθι, *subj.* εἰδῶ, *opt.* εἰδείην, *inf.* εἰδέναι, *part.* εἰδώς), *impf.* ᾔδειν, *fut.* εἴσομαι, savoir.

οἰδεῖν, s'enfler.

οἴκαδε, à la maison, chez soi (= εἰς οἶκον).

οἰκεῖν, habiter.

οἰκεῖος, ος *et* α, ον, qui est à soi, de chez soi, personnel, parent (par alliance).

οἰκέτης, ου (ὁ), domestique, serviteur (esclave attaché à la maison). R. οἶκος.

οἴκημα (τό), chambre.

οἴκησις, εως (ἡ), habitation.

οἰκία (ἡ), maison.

οἰκοδομεῖν, bâtir (une maison, un mur).

οἴκοι, à la maison, chez soi, *domi.*

οἰκονομεῖν, disposer, administrer.

οἰκονόμος (ὁ), intendant.

οἶκος (ὁ), maison.

οἰκουρός, όν, qui garde le logis.

οἰκτίρω, *f.* ιρῶ, *aor.* ᾤκτιρα, avoir compassion de, acc. R. οἶκτος, compassion.

οἶμαι. V. οἴομαι.

οἴμοι, hélas! (*litt.*, malheur à moi).

οἰμώζω, *f.* οἰμώξομαι, gémir, se plaindre.

οἶνος (ὁ), vin.

οἴομαι, *f.* οἰήσομαι, *aor.* ᾠήθην, croire, s'imaginer. *A la 1re personne,* οἴομαι, *et* ᾠόμην *peuvent se remplacer par* οἶμαι *et* ᾤμην.

οἷος, quel, (tel) que, *qualis* (*c'est le corrélatif de l'antécédent démonstratif* τοιοῦτος). Οἷον, comme, par exemple. Οἷός τε, οἷα τε, capable; οἷόν τε, possible.

οἶς, οἰός (ἡ), brebis.

οἰστός (ὁ), trait, projectile. R. οἴσω, *fut. de* φέρω.

οἴχομαι, *f.* οἰχήσομαι, partir, s'en aller. *Le présent a ordin. la valeur d'un passé :* je suis parti.

οἰωνός (ὁ), présage. *Ce mot désigne primitivement un oiseau de proie, qui va seul (*οἶος*) et non en troupes, et dont la vue était regardée comme un présage envoyé par la divinité.*

ὄκνος (ὁ), lenteur, hésitation.

ὀκτακισχίλιοι, huit mille.

ὀκτώ, huit.

ὀλέθριος, ος ou α, ον, pernicieux, funeste.

ὄλεθρος (ὁ), perte, ruine.

ὀλίγος, en petite quantité, peu de. Ὀλίγοι, peu nombreux, quelques, *pauci.* Ὀλίγον, un peu (ὀλίγῳ *devant un comparatif*).

ὀλισθάνω, *f.* (ὀλισθήσω), *aor.* (ὤλισθον), glisser.

ὁλκάς, άδος (ἡ), bâtiment de transport (traîné à la remorque). R. ἕλκω.

ὄλλυμι. V. ἀπ-όλλυμι.
ὀλοίτροχος (ὁ), quartier de roc.
ὀλολύζω, f. ξομαι, pousser des cris, gémir.
ὅλος, entier, tout entier, *totus*.
ὀλοφύρομαι, se désoler.
Ὀλυμπία (ἡ), Olympie, *ville du Péloponèse*.
Ὀλύμπιος, de l'Olympe, habitant de l'Olympe, R. Ὄλυμπος, *montagne du nord de la Thessalie, où les poètes plaçaient le séjour des dieux*.
ὅλως, en tout, en somme, en un mot; absolument.
ὁμαλός, uni, plat. Τὸ ὁμαλόν, la plaine.
ὄμβρος (ὁ), grosse pluie, averse, *imber*.
Ὅμηρος (ὁ), Homère. Cf. ὅμηρος, otage.
ὁμιλεῖν, fréquenter, s'entretenir avec, *dat*.
ὁμίχλη (ἡ), brouillard.
ὄμμα (τό), œil. Cf. ὄμμαι, *pf. ps.* de ὁρᾶν.
ὄμνυμι, f. ὀμοῦμαι, *aor.* ὤμοσα, *pf.* ὀμώμοκα, jurer, faire serment.
ὅμοιος, semblable.
ὁμοίωμα (τό), chose semblable, imitation.
ὁμοίως, semblablement, pareillement.
ὁμολογεῖν, être d'accord, convenir d'une chose, avouer, consentir.
ὁμολογουμένως, de l'aveu de tous.
ὁμομήτριος, né de la même mère.
ὁμόνοια (ἡ), concorde.
ὁμόσε, au même endroit, *eodem*. — γίγνομαι, se rencontrer, être corps à corps.
ὁμοῦ, au même endroit, *ibidem*; à la fois, en même temps.

ὁμό-φωνος, ον, qui a le même langage.
ὅμως, cependant, toutefois, néanmoins (*après une proposition concessive commençant par* quoique, εἰ καί *ou* καίπερ). *Ne pas confondre avec* ὁμοίως, *ni pour l'emploi avec* μέντοι.
ὄναρ, ὀνείρατος (τό), songe, rêve. Cf. ὄνειρος.
ὀνειδίζω, injurier, adresser des reproches. R. ὄνειδος, injure (en paroles).
ὄνειρος (ὁ), songe. Cf. ὄναρ.
ὀνηλάτης, ου (ὁ), ânier. R. ὄνον ἐλαύνω.
ὀνίνημι, f. ὀνήσω, secourir, être utile à, *acc*.
ὄνομα (τό), nom.
ὀνομάζω, nommer.
ὄνος (ὁ), âne.
ὄνυξ, υχος (ὁ), ongle, griffe.
ὀξύς, aigu, acide, vif.
ὄπισθεν, par derrière.
ὀπισθοφυλακεῖν, être à l'arrière-garde.
ὀπισθοφύλαξ, ακος (ὁ), soldat de l'arrière-garde.
ὀπίσω, en arrière, derrière, *gen*. Τὰ —, l'avenir (ce qui échappe à nos regards).
ὁπλή (ἡ), sabot (des quadrupèdes). R. ὅπλον.
ὁπλίζω, armer.
ὁπλίτης, ου (ὁ), hoplite, *soldat pesamment armé*.
ὅπλον (τό), arme.
ὅποι, de quel côté (*dans les interrog. indirectes*).
ὁποῖος, quel, *qualis*.
ὁπόσος, (aussi grand) que, *quantus*. Τοσοῦτον ὁπόσον, autant que.
ὁπότε, quand; chaque fois que.
ὅπου, où, là où; partout où.
ὀπτᾶν, rôtir, faire rôtir.
ὀπτός, rôti. *Opp.* ἐφθός, bouilli.
ὀπώρα (ἡ), automne.

ὅπως, comment, combien, comme; de ce que; afin que.

ὁρᾶν, impf. ἑώρων, f. ὄψομαι, aor. εἶδον, pf. ἑόρακα, aor. ps. ὤφθην, pf. ps. ἑώρκμαι et ὦμμαι, voir. Ὁρᾶν μή, subj., prendre garde que.

ὀργή (ἡ), colère.

ὀργίζομαι, aor. ὠργίσθην, s'irriter, se mettre en colère contre, dat.

ὀρέγομαι, f. ὀρέξομαι, aor. ὠρέχθην, désirer, gén.

ὄρθιος, raide, à pic. Τὸ ὄρθιον, pente escarpée, hauteur.

ὀρθός, debout, droit.

ὄρθρος (ὁ), point du jour, matin.

ὁρίζω, fixer, déterminer.

ὅριον (τό), frontière. R. ὅρος, limite.

ὁρκίζω, faire jurer, faire prêter serment à, acc.

ὅρκος (ὁ), serment.

ὁρμᾶν, se jeter sur, dat. Ὁρμᾶσθαι, f. ὁρμήσομαι, aor. ὡρμήθην, s'élancer, courir sur, partir.

ὁρμίζω, mettre à l'eau, à l'ancre. R. ὅρμος, port, mouillage.

ὀρνιθευτής, οῦ (ὁ), oiseleur.

ὄρνις, ιθος (ἡ), oiseau; poule.

ὄρος (τό), montagne. Ne pas confondre avec ὁ ὅρος, borne, limite.

ὀρύττω, pf. ὀρώρυχα, creuser.

ὀρφανία (ἡ), état d'orphelin.

ὀρχεῖσθαι, danser.

ὅς, qui, lequel. Καὶ ὅς, et lui (équivaut à ὁ δέ). Ἐν ᾧ, pendant que; ἐξ οὗ, depuis que.

ὀσμή (ἡ), odeur.

ὅσος, (aussi grand) que, corrélatif de τοσοῦτος. Ὅσον, autant que, tout ce qui. Ὅσοι, tous ceux qui.

ὅσπερ, qui, celui précisément qui, (le même) qui.

ὄσπριον (τό), légume (à gousses, comme pois, lentilles).

ὀστοῦν, οῦ (τό), os.

ὅστις, celui qui, quiconque. Ὅ τι, tout ce qui, quoi que ce soit qui, *quidquid*. Ne pas confondre avec ὅτι (*en un mot*).

ὀσφραίνομαι, f. ὀσφρήσομαι, aor. ὠσφρόμην, sentir une odeur, flairer.

ὅταν, ὁπόταν, quand, chaque fois que, *subj.*

ὅτε, lorsque, quand, au moment où, *ind. ou opt.*

ὅτι, que; parce que. Ὅτι τάχιστα, le plus vite possible. Οὐδὲν ὅτι μή, rien que, *nihil nisi*.

οὐ (οὐκ *devant une voyelle*), non, ne pas.

οὐδαμοῦ, nulle part.

οὐδαμῶς, nullement.

οὐδέ, et ne pas (*après une première negation*); pas même.

οὐδείς (= οὐδ' εἷς, *qui sont parfois séparés*), οὐδεμία, pas un, aucun, nul, personne. Οὐδέν, rien. Οὐδὲν ὅτι μή, rien... que, rien .. si ce n'est.

οὐδέποτε, jamais.

οὐκέτι (= οὐκ ἔτι), ne... plus, *non jam.*

οὔκουν; *nonne? Ne pas confondre avec le suivant.*

οὐκοῦν, en ce cas, eh bien, alors, donc.

οὖν, cela étant; donc, or donc, eh bien. Ὅπερ οὖν, c'est justement ce que.

οὔποτε, ne... jamais.

οὔπω, pas encore, *nondum.* Οὐπώποτε, jamais encore, jamais jusqu'à présent.

οὐρά (ἡ), queue.

οὐρανός (ὁ), ciel. Τὰ ἐν τῷ οὐρανῷ (s.-e. ὄντα), les êtres qui sont dans le ciel.

οὖς, ὠτός (τό), oreille.

οὐσία (ἡ), fortune, patrimoine.

οὔτε... οὔτε, ni... ni.

οὗτος, celui, celui que voilà, ce dernier. Ὦ οὗτος, hé toi, l'ami (*formule d'interpellation*). Ἐν τούτῳ, pendant ce temps, à ce moment-là. Καὶ ταῦτα, et cela, et qui plus est.

οὕτως, ainsi (qu'on vient de le dire); à ce point, tellement (*ordinairement* οὕτω *devant les consonnes*); οὐχ οὕτως... ὡς, moins... que.

οὐχ (*remplace* οὐ *devant une voyelle marquée de l'esprit rude*), οὐχί, ne pas.

ὀφείλω, *f.* ήσω, devoir, avoir une dette.

ὄφελος (τό), utilité, avantage.

ὀφθαλμιᾶν, avoir mal aux yeux.

ὀφθαλμός (ὁ), œil.

ὄφις, εως (ὁ), serpent.

ὀφλισκάνω, *f.* ὀφλήσω, *aor.* ὦφλον, encourir, se rendre coupable de, s'exposer au reproche de, *acc.*

ὀφρύς, ύος (ἡ), sourcil.

ὀχεῖσθαι, être voituré, être porté sur, ἐπί, *gén.*

ὄχθη (ἡ), bord, rive.

ὀχληρός, ennuyeux, importun.

ὄχλος (ὁ), foule.

ὀχυρός, fortifié.

ὀψέ, tard.

ὀψίζω, arriver tard.

ὄψις, εως (ἡ), vue, œil, aspect.

ὄψομαι. V. ὁρᾶν.

ὄψον (τό), mets (ce que l'on mange avec le pain).

ὀψοφάγος, gourmand.

ὀψωνεῖν, acheter (des mets).

Π

πάγη (ἡ), piège.

παγκράτιον (τό), pancrace (combat qui comprend à la fois la lutte et le pugilat).

πάγος (ὁ), glace, glaçon.

πάθημα (τό), ce qui arrive à qqu'un, accident, épreuve.

πάθος (τό), accident, impression, affection (de l'âme), passion.

παθών. V. πάσχω.

παιγνία (ἡ), plaisanterie. Cf. παίζω.

παιδάριον (τό), petit enfant.

παιδεία (ἡ), éducation, instruction.

παίδευσις, εως (ἡ), éducation.

παιδεύω, instruire, corriger.

παιδιά (ἡ), plaisanterie. Cf. παίζω.

παιδίον (τό), petit enfant.

παιδίσκη (ἡ), fillette; jeune servante.

παίζω, *f.* παίξουμαι, *aor.* ἔπαισα, jouer, plaisanter.

παῖς, παιδός (ὁ), enfant; jeune esclave, valet.

παίω, frapper.

πάλαι, autrefois, depuis longtemps.

παλαιός, ancien, vieux. *Comp.* παλαιότερος *et* παλαίτερος.

παλαίω, lutter, s'exercer à la lutte.

πάλη (ἡ), lutte.

πάλιν, de nouveau; en arrière.

παλτόν (τό), javelot, javeline. R. πάλλω, darder.

παμμεγέθης, énorme.

πάμπολυς, très nombreux.

Πάμφιλος (ὁ), Pamphile.

πανουργία (ἡ), perfidie.

πανήγυρις, εως (ἡ), assemblée générale (πᾶν, ἀγείρω).

πανοπλία (ἡ), armure (complète).

παντάπασι, entièrement.

πανταχῇ, de toute façon.

πανταχόθεν, de partout, de toutes parts.

πανταχόσε, dans tous les sens, dans toutes les directions.

πανταχοῦ, partout, en tous lieux.

παντελής, complet, entier.

παντελῶς, entièrement, complè-
tement.

πάντῃ, partout; par tous les
moyens.

παντοδαπός, de toute sorte.

παντόθεν, de partout; par tous
moyens.

παντοῖος, de toute sorte.

πάντως, absolument, certaine-
ment.

πάνυ, tout à fait, entièrement.
Οὐ πάνυ, pas du tout.

πάππος (ὁ), grand-père.

παρά, gén., de, de la part de,
d'auprès de; dat., auprès de,
chez; acc., chez; à côté de,
contre, le long de; pendant.
Παρὰ μικρόν, à peu de chose
près, presque.

παρα-βαίνω, enfreindre, violer.

παρα-βάλλω, mettre devant,
donner (de la nourriture aux
animaux).

παρα-βοηθεῖν, se porter au se-
cours.

παραβολή (ἡ), allégorie, para-
bole.

παρ-αγγέλλω, recommander,
demander de, inf.

παρα-γίγνομαι, se présenter,
arriver, être là.

παράδειγμα (τό), exemple.

παράδεισος (ὁ), parc, grand jar-
din.

παρα-δίδωμι, remettre aux
mains de. — πάλιν, rendre.

παράδοξος, ον, étrange. Cf. παρὰ
δόξαν, contre son attente.

παρα-δραμεῖν. V. παρατρέχω.

παραθαλάττιος, ον, du lit-
toral, qui est au bord de la
mer.

παρ-αινεῖν, f. έσομαι, aor. πα-
ρήνεσα, exhorter, conseiller à,
dat.

παρ-αιτεῖσθαι, écarter par ses
prières, détourner, conjurer
(un péril).

παρα-κάθημαι, être assis à
côté.

παρα-καλεῖν, inviter, conjurer,
exhorter.

παρά-κειμαι, être placé devant
(qqu'un), dat.

παρα-κελεύομαι, conseiller à,
dat.; engager à, inf.

παράκλησις, εως (ἡ), exhorta-
tion, encouragement. Cf. πα-
ρακαλεῖν.

παρα-κύπτω, regarder à la dé-
robée.

παρα-λαμβάνω, recevoir, pren-
dre.

παρα-μένω, rester, se poster.

παραμυθία (ἡ), consolation, dis-
traction.

παρα-πλέω, naviguer le long
(du rivage), côtoyer.

παραρ-ρέω, couler à côté, tom-
ber.

παράσημον (τό), enseigne, in-
signe, marque, armoiries (d'une
ville).

παρα-σκευάζω, préparer, Moy.:
préparer; se préparer à, ὅπως
et le futur.

παρα-σύρω, entraîner.

παράταξις, εως (ἡ), engagement,
mêlée.

παρα-τηρεῖν, surveiller, obser-
ver.

παρα-τίθημι, mettre auprès,
servir (un mets).

παρα-τρέχω, courir à côté,
éviter.

παρα-φέρω, entraîner.

παραχρῆμα, sur-le-champ, sur
le moment.

πάρδαλις, εως (ἡ), panthère.

παρ-εγγυᾶν, exhorter, encou-
rager.

παρειά (ἡ), joue.

πάρ-ειμι, impf. παρῆν, f. παρέ-
σομαι, être présent. Πάρεστιν,
il est possible. Τὰ παρόντα,
1° le présent; 2° ce qu'on a.

παρ-έρχομαι, *f.* πάρειμι, 1° se présenter, paraître (en public), s'avancer (pour parler); 2° passer (*praeterire*), manquer, *accusatif.*

παρ-έχω, fournir, procurer.

παρ-ηγορεῖν, consoler.

παρθένος (ἡ), vierge.

παρ-ιέναι, *inf. de* παρέρχομαι, *ou de* παρ-ίημι.

παρ-ίημι, laisser échapper, négliger.

παρ-ίστημι, présenter, mettre sous les yeux. *Moyen:* se présenter à, *dat.* (*aor.* παρέστην).

παρ-οδεύω, passer à côté (en voyageant).

παροιμία (ἡ), proverbe.

παρ-οξύνω, exciter, animer à, irriter.

παρ-ορμᾶν, exciter.

παρρησιάζομαι, être franc. R. παρρησία, franchise.

πᾶς, πᾶσα, πᾶν, tout, chaque, *omnis*; complet, entier. Πάντα, tout, *omnia.* Δέκα οἱ πάντες, dix en tout.

πάσχω, *f.* πείσομαι, *aor.* ἔπαθον, *pf.* πέπονθα, subir, recevoir une impression, être l'objet (d'un accident, d'un traitement). Τοῦτο ἔπαθον, voilà ce qui m'est arrivé. Εὖ πάσχω ὑπό τινος, recevoir un bienfait de qqn (*opp.* εὖ ποιῶ). Ἤν τι πάθω, s'il m'arrive quelque chose (c.-à-d., si je viens à mourir: euphémisme usuel).

(πατάσσω). *aor.* ἐπάταξα, frapper, battre.

πατεῖν, fouler aux pieds.

πατήρ, τρός (ὁ), père.

Πάτραι (αἱ), Patres, *ville d'Achaïe.*

πατρικός, du père.

πατρίς, ίδος (ἡ), patrie.

πατρῷος, paternel.

πάτταλος (ὁ), cheville, pieu (qu'on enfonce dans la muraille pour y suspendre les objets).

πάττω. V. ἐπι-πάττω.

Παυσανίας, ου (ὁ), Pausanias, *chef des Spartiates à la bataille de Platée.*

παύω, faire cesser, délivrer de, *gén. Moyen:* cesser, s'arrêter, voir cesser, *gén.*; cesser de, *participe.*

πάχνη (ἡ), gelée blanche, givre, frimas.

παχύς, épais, gros.

πεδίον (τό), plaine.

πεζός, qui marche à pied.

πείθω, persuader. Πείθομαι, *f.* πείσομαι, *aor.* ἐπείσθην. *pf.* πέπεισμαι ou πέποιθα, se laisser persuader; croire; obéir, se fier à, *dat. Ne pas confondre* πείσομαι, j'obéirai, *avec* πείσομαι, je subirai, *de* πάσχω.

πεινῆν, *f.* πεινήσω, avoir faim. R. πεῖνα, faim.

πεῖρα (ἡ), essai, expérience. Πεῖραν λαμβάνειν, faire l'expérience de, *gén.*

Πειραιεύς, *gén.* Πειραιῶς ou Πειραιέως (ὁ), le Pirée, *principal port d'Athènes.*

πειρᾶσθαι, *f.* άσομαι, *aor.* ασάμην ou άθην, *pf.* πεπείραμαι. essayer, tâcher de, s'efforcer de, *inf.*

Πεισίστρατος (ὁ), Pisistrate, *tyran d'Athènes.*

πείσομαι. V. πείθω et πάσχω.

Πείσων, ωνος (ὁ), Pison, *Romain.*

πέλαγος (τό), haute mer, le large.

πελαγίζω, former une mer.

πέλας, *adv.*, proche, auprès.

πελειάς, άδος (ἡ), colombe.

πέλεκυς, εως (ὁ), hache, cognée.

πελτάστης, ου (ὁ), peltaste, *soldat de l'infanterie légère, armé d'un petit bouclier* (πέλτη).

πέμπτος, cinquième.

πέμπω, *pf.* πέπομφα, envoyer.

πένης, ητος (ὁ), pauvre.

πενθεῖν, être en deuil, pleurer (qqu'un).

πένθος (τό), deuil.

πενία (ἡ), pauvreté.

πένομαι, *v. défectif*, être pauvre.

πεντακόσιοι, cinq cents.

πενταπλασίων, ον, cinq fois plus grand que, *gén.*

πέντε, cinq.

πεντεκαίδεκα, quinze.

πέπλος (ὁ), voile (vêtement), étoffe.

πέπονθα. V. πάσχω.

πέπτωκα. V. πίπτω.

πέραν, au delà, de l'autre côté de, *gén.* Τὸ πέραν, l'autre bord.

πέρας, ατος (τό), fin, terme.

πέρδιξ, ικος (ἡ), perdrix.

περί, *gén.*, autour de; au sujet de, de; *acc.*, autour de, aux environs de, vers (telle heure). Περὶ παντὸς ποιεῖσθαι, tenir essentiellement à.

περι-αιρεῖν, arracher, ôter.

περι-βαίνω, enfourcher (une monture).

περι-βάλλω, jeter ses bras autour de, embrasser.

περίβολος (ὁ), enceinte, pourtour.

περι-γίγνομαι, triompher de, *gén.*

περι-έρχομαι, parcourir, aller çà et là.

περι-έχω, cerner, occuper.

περι-ῇειν, περι-ιέναι. V. περι-έρχομαι.

περι-ίσταμαι, se tenir autour.

περι-λαμβάνω, entourer de ses bras, embrasser.

περι-νοστεῖν, aller çà et là.

πέριξ, *adv.*, à l'entour.

περίοδος (ἡ), tour, circonférence.

περι-ορᾶν, voir avec indifférence, laisser, *part. ou inf.*

περι-πατεῖν, se promener.

περι-πήγνυμι, fixer autour. *Passif :* se geler autour.

περι-πίπτω, tomber dans (un malheur), tomber parmi (les ennemis), *dat.*

περι-πλέκομαι (*passif*), embrasser, *dat.*

περιπνευμονία (ἡ), pneumonie.

περιστερά (ἡ), colombe, pigeon.

περιστερεών, ῶνος (ὁ), colombier, pigeonnier.

περι-σώζω, sauver, conserver, sauver la vie à, *acc.*

περι-τίθημι, mettre autour de, mettre à, *dat. Moyen :* se vêtir de, *acc.*

περι-τρέπω, tourner contre, retourner (une accusation), renvoyer (un reproche).

περιττός, superflu.

περι-τυγχάνω, rencontrer, trouver par hasard, *dat.*

περι-φέρω, porter çà et là.

Πέρσης, ου (ὁ), Perse.

περσικός, persique, de Perse.

περυσινός, de l'an passé, de l'année dernière, d'un an. R. πέρυσι, l'an passé.

πεσεῖν, πεσών. V. πίπτω.

πέταλον (τό), feuille.

πετάννυμι, *f.* πετῶ, *aor.* ἐπέτασα, *pf. ps.* πέπταμαι, déployer.

Πετεφρής, *gén.* ῆ, *acc.* ῆν (ὁ), Putiphar *maître de Joseph.*

πέτομαι, *f.* πτήσομαι, *aor.* ἐπτόμην, voler, voltiger, s'envoler.

πέτρα (ἡ), rocher.

πεττεύω, jouer aux dés. R. πεττός, dé, pion.

πεύκη (ἡ), sapin.

πῇ : par où? comment?

πηγή (ἡ), source.

πήγνυμι, f. πήξω, fixer, dresser (une tente), glacer. *Passif,* aor. ἐπάγην, pf. πέπηγα, être fixé, enfoncé.

πηδάλιον (τό), gouvernail.

πηδᾶν, sauter, bondir.

πηλός (ὁ), boue, argile, mortier.

πήρα (ἡ), besace.

πηροῦν, estropier, rendre impropre à. Ἡ. πηρός, estropié.

πῆχυς, εως (ὁ), avant-bras, coude; coudée.

πιέζω, presser, accabler.

πιεῖν. V. πίνω.

πίθηκος (ὁ), singe.

πίθος (ὁ), grand vase de terre, tonneau.

πικρός, amer, acerbe.

πίμπλημι, f. πλήσω, remplir.

πίμπρημι, f. πρήσω, embraser.

πινάκιον (τό), tablette.

πίνω, f. πίομαι, aor. ἔπιον, pf. πέπωκα, aor. ps. ἐπόθην, pf. ps. πέπομαι, boire.

(πιπράσκω), pf. πέπρακα, aor. ps. ἐπράθην, vendre. *Se complète à l'actif par* πωλεῖν *et* ἀπο-δίδομαι.

πίπτω, f. πεσοῦμαι, aor. ἔπεσον, pf. πέπτωκα, tomber.

πιστεύω, croire, se fier à, *dat.*

πίστις, εως (ἡ), foi, confiance.

πιστός, digne de foi, fidèle.

πίττα (ἡ), poix.

πίτυς, υος (ἡ), pin.

πλάγιος, ος ou α, ον, oblique, de travers. Ἐκ πλαγίων, de côté.

πλαίσιον (τό), carré, rectangle (*terme de tactique militaire*).

πλακοῦς, οῦντος (ὁ), gâteau.

πλανᾶν, égarer. Πλανᾶσθαι, f. ήσομαι, aor. ήθην, s'égarer, errer, se tromper.

πλάνη (ἡ), course errante, voyage.

πλάτανος (ἡ), platane, *arbre au large feuillage.* Cf. πλατύς.

πλάτος (τό), largeur.

πλάττω, f. πλάσω, façonner, inventer, imaginer (des fictions).

πλατύς, large.

Πλάτων, ωνος (ὁ), Platon.

πλέθρον (τό), plèthre, *mesure qui valait environ 30 mètres.*

Πλείσταρχος (ὁ), Plistarque, *roi de Sparte.*

πλεῖστος, πλείων. V. πολύς.

πλέκω, entrelacer. V. ἐμπλέκω.

πλέον, plus. *Neutre de* πλείων.

πλεονεξία (ἡ), cupidité.

πλευρά (ἡ), côté, flanc.

πλέω, f. πλεύσομαι, aor. ἔπλευσα, naviguer, être en mer.

πλέως, plein.

πληγή (ἡ), coup, plaie.

πλῆθος (τό), multitude, grand nombre.

πλημμελεῖν, chanter faux, avoir tort, manquer de tact.

πλήν, excepté, hormis, *gén.*

πλήρης, plein, *gén.*

πληροῦν, remplir, accomplir.

πλησιάζω, s'approcher de, *dat.*

πλησίον, près. Ὁ —, le voisin, le prochain.

(πλήττω), aor. ps. ἐπλήγην, frapper. *Ne s'emploie guère à l'actif que dans les composés.* V. ἐκπλήττω.

πλίνθος (ὁ), brique.

πλοῖον (τό), bateau, barque, embarcation.

πλοῦς, οῦ (ὁ), navigation; traversée, trajet (par mer). Cf. πλέω.

πλούσιος, riche.

πλουτεῖν, être riche.

πλοῦτος (ὁ), richesse. *Opp. à* πενία.

πλύνω, laver.

πλωτήρ, ῆρος (ὁ), navigateur, passager.

πνεῦμα (τό), souffle, vent. Τὸ ἅγιον Πνεῦμα, le Saint-Esprit.

πνέω, *f.* πνεύσομαι, *aor.* ἔπνευσα, souffler.

πνίγω, *aor. ps.* ἐπνίγην, étouffer, noyer. V. ἀπο-πνίγω, *plus usité.*

πόα, πόας (ἡ), gazon.

ποδός. V. πούς.

πόθεν; d'où?

ποθεῖν, regretter, désirer (une chose dont on est privé).

ποῖ; où? *quo?*

ποιεῖν, faire; causer; faire devenir, rendre (bon ou mauvais); être cause que, *inf.*

ποίημα (τό), poème, pièce de poésie.

ποιητής, οῦ (ὁ), poète.

ποικίλος, varié, multicolore, peint de diverses couleurs.

ποιμαίνω, faire paître les troupeaux.

ποιμήν ἐνος (ὁ), berger.

ποίμνιον (τό), troupeau (de brebis, de chèvres). Cf. ἀγέλη.

ποινή (ἡ), châtiment, peine.

πολεμεῖν, faire la guerre, *dat.*

πολεμικός, de guerre, guerrier.

πολέμιος, ennemi (de guerre). Οἱ πολέμιοι, l'ennemi.

πόλεμος (ὁ), guerre.

πολιός, blanc, blanchi par l'âge.

πόλις, εως (ἡ), cité, ville; État.

πόλισμα (τό), ville, bourgade.

πολιτεία (ἡ), gouvernement; république.

πολίτης, ου (ὁ), citoyen, concitoyen.

πολιτικός, de la cité.

πολλάκις, souvent, plusieurs fois.

πολλαπλάσιος, beaucoup plus nombreux, multiple.

πολλοστός, minime (*litt.*, multième).

πολυάνδριον (τό), cimetière.

Πολύκλειτος (ὁ), Polyclète, *sculpteur athénien.*

πολύπους, ποδος (ὁ), polype (qui a plusieurs pieds).

πολύς, πολλή, πολύ, nombreux, abondant, considérable, beaucoup de. Πολλοί, plusieurs; οἱ πολλοί, la plupart, la multitude; πολύ, beaucoup; πολὺν χρόνον, longtemps. *Comp.* πλείων, *sup.* πλεῖστος.

πολυτελής, somptueux, magnifique.

πολυτέλεια (ἡ), somptuosité.

πονεῖν, se fatiguer, prendre de la peine.

πονηρός, méchant, pervers, déshonnête.

πόνος (ὁ), travail, fatigue, peine.

πόντος (ὁ), mer. *Ne s'emploie guère en prose qu'avec les noms propres :* Πόντος Εὔξεινος, le Pont-Euxin (la mer Noire).

πορεύομαι, *f.* σομαι, *aor.* ἐπορεύθην, marcher, aller, se rendre à.

πορθεῖν, ravager.

πορίζω, procurer. *Moyen :* se procurer.

πόρρω, loin en avant, loin.

πόρρωθεν, de loin.

πορφύρα (ἡ), pourpre.

πορφυροῦς, ᾶ, οῦν, de pourpre.

Ποσειδῶν, ῶνος, *acc.* ῶνα ou ῶ (ὁ), Neptune (Posidon).

πόσις, εως (ἡ), boisson. Cf. πίνω.

πόσος; combien grand? *quantus?* Πόσοι ἄνδρες; combien d'hommes?

ποταμός (ὁ), rivière, fleuve.

ποτέ, *enclitique*, un jour, parfois; autrefois; donc (*après un mot interrogatif*). Οὐ... ποτε, μή... ποτε, ne jamais.

πότερος; lequel des deux? *uter?* πότερον *ou* πότερα; est-ce que? *utrum?*

ποτήριον (τό), coupe. Cf. πίνω.

ποῦ; où, en quel endroit? — Που, *enclitique*, quelque part, peut-être, sans doute.

πούς, ποδός (ὁ), pied, patte.

πρᾶγμα (τό), action, affaire.
Πράγματα παρέχω, causer des
embarras, importuner.

πραθῆναι. V. πιπράσκω.

πρᾶξις, εως (ἡ), action.

πρᾶος, πραεῖα, πρᾶον, doux (de
caractère).

πραότης, ητος (ἡ), douceur.

πράττω, pf. πέπραγα, faire,
agir, administrer. Avec un ad-
verbe : εὖ πράττειν, être dans
la prospérité, faire de bonnes
affaires. Dans cet emploi, le
parfait est πέπραγα, qui a le
sens neutre.

πράως, avec douceur.

πρέμνον (τό), tronc.

πρέπει, il convient, il sied (fut.
et aor. rares).

πρεσβευτής, οῦ (ὁ), ambassa-
deur, député.

πρέσβυς, εως (ὁ), vieillard (poé-
tique au singulier). Pluriel :
οἱ πρέσβεις, les ambassadeurs.
Comp. πρεσβύτερος, plus âgé ;
οἱ πρεσβύτεροι, les vieillards
(par opp. aux jeunes gens) ;
les prêtres, seniores.

πρεσβύτης, ου (ὁ), vieillard.

πρίασθαι, acheter (aor. isolé :
ἐπριάμην). Cf. ὠνεῖσθαι.

πρίν, auparavant ; avant que,
avant de, inf. Πρὶν ἄν, avant
que, subj.

πρίω, aor. ps. ἐπρίσθην, scier.

πρό, gén., devant, avant, à la
place de.

προ-αγορεύω, déclarer.

προ-αριστᾶν, dîner d'avance.

πρόβατον (τό), mouton, brebis
(que l'on fait marcher devant
soi, προ-βαίνω).

προβολή (ἡ), devanture, étalage
(d'un magasin).

πρόγονος (ὁ), ancêtre, aïeul.

προ-διδάσκω, enseigner d'a-
vance.

προ-δίδωμι, trahir.

προδότης, ου (ὁ), traître.

προ-έρχομαι, aller en avant,
paraître en public, sortir.

προ-θυμεῖσθαι, f. ήσομαι, aor.
ήθην, aspirer à, inf.

προθυμία (ἡ), empressement. Cf.
πρόθυμος, empressé.

πρόθυρον (τό), vestibule.

προ-ιέναι. V. προ-έρχομαι. Ne
pas confondre avec προ-ιέναι,
inf. de προ-ίημι, abandonner,
lâcher, perdre.

προ-λέγω, annoncer d'avance,
prédire.

πρόνοια (ἡ), prévoyance, provi-
dence.

προνοητικῶς, avec prévoyance.

προοίμιον (τό), préambule, pré-
lude.

προ-ορᾶν, prévoir, voir d'avance.
Moyen : même sens.

προπέτεια (ἡ), précipitation.

προ-πίνω, porter une santé (à
qqu'un) ; sacrifier (une chose
à qqu'un).

πρός, gén., en venant de ; dat.,
près de ; outre ; acc., à, vers,
du côté de. Πρὸς ὀργήν, de
colère, par colère.

προσ-άγω, amener ; présenter,
faire entrer ; approcher de,
appliquer à.

προσ-βάλλω, attaquer, faire une
attaque.

προσ-δέχομαι, accepter.

προσ-δοκᾶν, attendre, s'attendre
à, compter sur, acc.

πρόσ-ειμι, f. έσομαι, être à,
appartenir à ; s'ajouter à.

προσεδρεία (ἡ), obsession.

προσ-έχω, appliquer ; avec ou
sans τὸν νοῦν, s'appliquer à,
faire attention à, écouter, dat.

προσ-έρχομαι, s'avancer, s'ap-
procher de, dat.

προσ-ῄειν, impf. de προσ-έρ-
χομαι.

προσ-ήκω, convenir à, s'adresser à, appartenir à.

προσ-ίεμαι, *aor.* 1 προσ-ηκάμην, accepter, accueillir, admettre.

προσ-ιέναι, προσ-ιών. V. προσέρχομαι.

προσ-καλεῖν, inviter. *Moyen :* inviter, faire venir, appeler à soi.

προσ-κρούω, se heurter.

προσ-κυνεῖν, se prosterner devant, adorer, *acc.*

προσ-μίγνυμι, se mêler à, rejoindre, *dat.*

προσ-πίπτω, se jeter sur; survenir (*en parl. d'un accident*).

προσ-ποιεῖσθαι, feindre, faire semblant de, *inf.*

προσ-πορίζω, procurer en outre.

πρόσταγμα (τό), ordre, prescription.

προσ-τάττω, prescrire, commander à, *dat.*; inviter qqu'un (*dat.*) à.

προσ-τίθημι, ajouter.

προσ-τρέχω, accourir.

προσ-φέρω, apporter, présenter, approcher (une chose).

προσωπεῖον (τό), masque.

πρόσωπον (τό), visage.

πρότερος, premier des deux, précédent, antérieur. Πρότερον, auparavant.

προ-τίθημι, présenter, offrir, exposer (en public).

προ-τιμᾶν, honorer plus que les autres, préférer.

προ-τρέπω, pousser à, exciter à, *inf.*

προφασίζομαι, prétexter.

πρόφασις, εως (ἡ), prétexte; raison, cause (que l'on allègue).

προ-φυλάττω, garder, veiller sur.

προχείρως, avec empressement, à la légère.

πρύμνα (ἡ), poupe.

πρύτανις, εως (ὁ), prytane.

πρώην, avant-hier.

πρωΐ *et* πρό, le matin, de bonne heure. *Comp.* πρωϊαίτερον.

πρώρα (ἡ), proue.

πρῶτος, premier. Πρῶτον, τὸ πρῶτον, τὰ πρῶτα, d'abord, pour la première fois.

πρωτότοκος, premier-né, aîné.

πτάρνυμαι, *aor.* ἔπταρον, éternuer.

πταίω, heurter, broncher.

πτερόν (τό), aile. Cf. πέτομαι.

πτήσσω, *aor.* ἔπτηξα, *pf.* ἔπτηχα, avoir peur.

πτύω, cracher.

πτωχός, mendiant, pauvre.

πυγμή (ἡ), pugilat.

πυθόμενος. V. πυνθάνομαι.

πυκνός, épais, dru, fréquent.

πύλη (ἡ), porte (d'une ville).

πυνθάνομαι, *f.* πεύσομαι, *aor.* ἐπυθόμην, *pf.* πέπυσμαι, s'informer, apprendre (en s'informant), près de qqu'un, *gén.*, avec *ou* sans παρά; demander, questionner.

πῦρ, πυρός (τό), feu.

πυρά (ἡ), bûcher.

πύργος (ὁ), tour.

πυρέττω, avoir la fièvre.

πυρός (ὁ), froment. *Ordin. au pluriel.*

πυρρός, roux.

πώγων, ωνος (ὁ), barbe.

πωλεῖν, vendre. *Se complète par* ἀποδίδομαι *et* πιπράσκω.

πῶλος (ὁ), poulain.

πώποτε, jamais (*sans négation*).

πῶς; comment?

P

ῥάβδος (ἡ), baguette, verge.

ῥᾴδιος, facile. Ῥᾳδίως, facilement (*Comp.* ῥᾷον, ῥᾶον. *Sup.* ῥᾷστος). Ῥᾷον διατίθεμαι, aller mieux.

ῥᾳδιουργεῖν, être nonchalant.

ῥᾳθυμεῖν, être nonchalant, tarder.

ῥᾳθυμία (ἡ), paresse.

ῥάπτης, ου (ὁ), tailleur.

ῥάπτω, coudre ensemble.

ῥεῦμα (τό), courant.

ῥέω, f. ῥυήσομαι, aor. ἐρρύην, pf. ἐρρύηκα, couler, se répandre.

ῥῆγμα (τό), rupture, — λαβεῖν, se rompre.

ῥήγνυμι, f. ῥήξω, aor. ps. ἐρράγην, pf. de sens passif, ἔρρωγα, briser, rompre.

ῥηθῆναι, ῥηθείς. V. λέγω.

ῥῆμα (τό), parole.

ῥήτωρ. ορος (ὁ), orateur.

ῥῖγος (τό), froid.

ῥιγῶν ou ῥιγοῦν, f. ῥιγώσω, avoir froid, être glacé.

ῥίζα (ἡ), racine.

ῥίνη (ἡ), lime.

ῥίπτω, jeter, lancer; renverser.

ῥίς, ῥινός (ἡ), nez, naseau. Souvent au pluriel.

ῥίψ, ῥιπός (ἡ), natte de jonc.

Ῥόδιος (ὁ), Rhodien.

ῥόπαλον (τό), massue, bâton (plus gros par un bout).

Ῥουβήν (ὁ), indécl., Ruben, fils de Jacob.

ῥοφεῖν, avaler, humer.

ῥύμμα (τό), savon.

ῥυῆναι. V. ῥέω.

ῥυπᾶν, être sale.

ῥώμη (ἡ), vigueur.

ῥώννυμι, f. ῥώσω, fortifier. Passif : pf. ἔρρωμαι, être vigoureux, prospérer, valere. Ἔρρωσο, porte-toi bien, adieu (comme χαῖρε). Ἐρρῶσθαι πολλὰ λέγω, envoyer promener, dire adieu à, dat.

Σ

σαθρός, usé, en mauvais état.

σαίνω, flatter, caresser de la queue (en parl. des chiens).

σάκκος (ὁ), sac.

Σαλαμίς, ῖνος (ἡ), Salamine, île voisine de l'Attique.

σάλπιγξ, ιγγος (ἡ), trompette.

σαλπίζω, f. ίσω, sonner de la trompette.

σαλπιστής, οῦ (ὁ), un trompette.

σανίς, ίδος (ἡ), planche.

Σάρδεις, εων (αἱ), Sardes, capitale de la Lydie.

σάρξ, σαρκός (ἡ), chair.

σαυτοῦ, ῆς, de toi-même.

σαφής, clair, évident, certain. Σαφῶς, clairement.

σβέννυμι, f. σβέσω, aor. ἔσβεσα, éteindre. Moyen : f. σβήσομαι, aor. ἔσβην, pf. ἔσβηκα, s'éteindre.

σεαυτοῦ, de toi-même.

σέβομαι (sans fut. ni aor.), vénérer.

σείω, agiter, secouer (aor. ps. ἐσείσθην).

σελήνη (ἡ), lune.

σεμνός, vénérable, respectable (= σεβ-νος). Cf. σέβομαι.

Σέριφος (ἡ), Sériphe, île, l'une des Cyclades.

Σερίφιος (ὁ), habitant de Sériphe.

σηκός (ὁ), parc (pour les moutons).

σημαίνω, faire signe, donner le signal.

σημεῖον (τό), signe.

σήπω, f. σήψω, gâter, corrompre. Passif : aor. ἐσάπην, pf. σέσηπα, pourrir, se gangrener.

σησάμινος, de sésame.

σιγᾶν, f. σιγήσομαι, se taire.

σιγή (ἡ), silence. Σιγῇ, en silence.

σίδηρος (ὁ), fer.

Σικελία (ἡ), Sicile.

Σιμωνίδης, ου (ὁ), Simonide, poète grec.

σινδών, όνος (ἡ), fin tissu, linceul.

Σινώπη (ἡ), Sinope, *ville de Paphlagonie, sur le Pont-Euxin.*

Σινωπεύς (ὁ), de Sinope, habitant de Sinope.

σιτευτός, gras, engraissé.

σιτία (τό), vivres.

σῖτος (ὁ), *plur.* σῖτα, 1° blé; 2° farine, pain; 3° nourriture.

σιτοβόλιον (τό), grenier d'abondance.

σιωπᾶν, *f.* ήσομαι, garder le silence, se taire.

σκαιός, 1° gauche; 2° maladroit, sot.

σκάπτω, creuser, bêcher, piocher.

σκεδάννυμι, *f.* σκεδῶ, *aor.* ἐσκέδασα, disperser.

σκέλος (τό), jambe.

σκέπη (ἡ), abri (ce qui couvre).

(σκέπτομαι), *f.* σκέψομαι, *pf.* ἔσκεμμαι, examiner. *Le présent et l'imparfait se remplacent par* σκοπῶ, ἐσκόπουν.

σκευάζω, préparer, apprêter.

σκευή (ἡ), costume.

σκεῦος (τό), instrument.

σκευοφόρος (ὁ), porteur de bagages. Τὰ σκευοφόρα, *s.-e.* κτήνη, les équipages (d'une armée).

σκηνεῖν, dresser une tente, camper.

σκηνή (ἡ), tente.

σκηπτός (ὁ), coup de foudre (avec l'éclair).

σκῆπτρον (τό), bâton, sceptre.

σκιά (ἡ), ombre.

σκιρτᾶν, bondir, sauter de joie.

σκληρός, dur, rude, sévère.

σκολιός, sinueux, tortueux.

σκύλοψ, οπος (ὁ), pieu (d'une palissade).

σκοπεῖν, *impf.* ἐσκόπουν (*se complète par* σκέψομαι, ἐσκεψάμην, ἔσκεμμαι), examiner, avoir en vue.

σκότος (ὁ), *et* σκότος (τό), obscurité.

σκοτοῦν, obscurcir, aveugler.

Σκύθης, ου (ὁ), Scythe.

σκυθρωπός, maussade, défait, chagrin.

σκύλαξ, ακος (ὁ), jeune chien.

σκύτινος, de cuir. R. σκῦτος, cuir.

σκυτοτόμος (ὁ), tanneur, cordonnier.

σκώληξ, ηκος (ὁ), ver.

σκώπτω, railler.

σμαρίς, ίδος (ἡ), sardine.

σμῆνος (τό), ruche, essaim d'abeilles.

σμικρός, petit. Cf. μικρός.

Σολόμων, ωνος (ὁ), Salomon.

Σόλων, ωνος (ὁ), Solon, *législateur d'Athènes.*

σός, σή, σόν, ton, tien.

Σούντον (τό), Sunium, *cap. de l'Attique.*

σοφία (ἡ), sagesse, science; habileté, ruse.

σοφίζομαι, imaginer (un stratagème).

σοφός, habile, sage.

σπαθᾶν, dépenser follement, prodiguer.

σπᾶν, *f.* σπάσω, arracher. V. ἀποσπᾶν, διασπᾶν.

σπάνιος, rare.

σπαράττω, déchirer.

σπάργανον (τό), langes.

Σπάρτη (ἡ), Sparte.

Σπαρτιάτης, ου (ὁ), Spartiate.

σπείρω, *aor. ps.* ἐσπάρην, semer, ensemencer.

σπέρμα (τό), semence.

σπεύδω, se hâter, s'empresser.

σπήλαιον (τό), caverne, grotte.

σπινθήρ, ῆρος (ὁ), étincelle.

σπλάγχνα (τά), entrailles.

σποδίζω, réduire en cendres. R. ἡ σποδός, cendre.

σπονδή (ἡ), libation; traité, trêve. R. σπένδω, faire des libations.

Moyen : conclure un traité, négocier.

σπουδαῖος, sérieux, grave ; soigneux, actif.

σταγών, όνος (ἡ), goutte.

στάδιον (τό), stade, *mesure de longueur qui valait 180 mètres ; course d'un stade. La carrière où l'on courait avait cette longueur.*

στάθμη (ἡ), cordeau, ligne. Παρὰ στάθμην ἄγω, faire comparaître, juger.

σταθμός (ὁ), étape.

στασιώδης, séditieux. R. στάσις, sédition.

σταυρός (ὁ), croix.

σταύρωμα (τό), retranchement.

σταφυλή (ἡ), raisin.

στάχυς, υος (ὁ), épi.

στέαρ, ατος (τό), graisse, suif.

στέγη (ἡ), toit.

στέλλω, envoyer (en expédition). Cf. στόλος.

στεναγμός (ὁ), soupir.

στενάζω, *f.* ξω, gémir, soupirer.

στενός, étroit.

στενοχωρία (ἡ), espace étroit.

στέργω, se contenter de, *dat.*

στερεῖν, priver de, *gén. Passif :* perdre, *gén.*

στέρνον (τό), poitrine. *Ordin.* τὰ στέρνα.

στερρός, dur, solide. Στερρῶς, fermement, rigoureusement.

στέφανος (ὁ), couronne.

στῆθος (τό), poitrine.

στήλη (ἡ), colonne, cippe.

Στησίχορος (ὁ), Stésichore.

στίζω, *f.* ξω, pointiller, tatouer.

στικτός, tacheté, bigarré. *Adj. verbal de* στίζω.

στίχος (ὁ), file, rang, ligne.

στοά, ᾶς (ἡ), portique.

στοιχεῖον (τό), élément, principe.

στολή (ἡ), longue robe.

στόλος (ὁ), expédition militaire ; flotte. Στόλον ποιεῖσθαι, faire une expédition.

στόμα (τό), bouche, entrée, ouverture (d'un puits, d'une grotte).

στόμιον (τό), entrée, ouverture.

στοχάζομαι, conjecturer, deviner, calculer.

στράτευμα (τό), armée.

στρατηγός (ὁ), général, chef d'armée.

στρατιά (ἡ), armée.

στρατιώτης (ὁ), soldat.

Στρατόνικος (ὁ), Stratonicos.

στρατόπεδον (τό), camp.

στρατός (ὁ), armée.

στρεβλοῦν, tordre, torturer.

στρέφω, *aor. ps.* ἐστράφην, *pf. ps.* ἔστραμμαι, tourner, tordre.

στρογγύλος, rond.

στρώννυμι, *f.* ώσω, étendre (un tapis, un lit).

στῦλος (ὁ), colonne (*poét. et néol.*).

σύ, toi, tu.

Συβαρίτης, ου (ὁ), Sybarite, habitant de Sybaris, *ville grecque de l'Italie méridionale.*

συγγένεια (ἡ), parenté.

συγγενής, parent (de naissance), cousin, proche.

συγ-γίγνομαι, être avec, *dat.*

συγ-καθεύδω, *f.* ήσω, dormir avec, *dat.*

συγ-καλεῖν, convoquer.

συγ-καλύπτω, couvrir.

συγ-κατ-ορύττω, enfouir avec.

σύγ-κειμαι, se composer de.

συγ-κλείω, fermer.

συγ-χαίρω, se réjouir avec, partager la joie de, *dat.*

συγ-χωρεῖν, concéder, consentir à, pardonner.

σύειος, de porc. R. σῦς *ou* ὗς, porc.

συκῆ (ἡ), figuier.

σῦκον (τό), figue.

συκοφάντης, ου (ὁ), délateur (espion qui dénonçait ceux qui exportaient les figues hors de l'Attique).

συλᾶν, dépouiller, piller.

συλλαβή (ἡ), syllabe.

συλ-λαμβάνω, prendre (ensemble), saisir; aider, *dat.*

συλ-λέγω, *f.* λέξω, *pf. ps.* συνείλεγμαι, recueillir, réunir, rassembler.

συμ-βαίνω, survenir, arriver, (*en parl. des événements*).

συμ-βουλεύω, conseiller à, *dat.*

συμβουλία (ἡ), conseil.

σύμβουλος (ὁ), conseiller.

Συμεών, ῶνος (ὁ), Siméon, *fils de Jacob.*

συμ-μαχεῖν, être allié de, *dat.*

σύμμαχος (ὁ), allié.

συμ-παρ-ομαρτεῖν, accompagner, *dat.*

συμ-πλέω, naviguer avec, *dat.*

συμ-πλοκή (ἡ), rencontre, action d'en venir aux mains, engagement.

συμ-ποδίζω, entraver, empêcher de marcher.

συμπόσιον (τό), banquet (la partie du festin qui suivait le repas et où l'on ne faisait plus que boire).

συμπότης, ου (ὁ), convive (*dans un* συμπόσιον).

συμ-φέρω, être utile, importer, *dat.* Συμφέρει, il est avantageux de, *inf.*

συμφορά (ἡ), malheur.

σύν, avec, *dat.* (*Les prosateurs classiques, sauf Xénophon, préfèrent* μετά.)

συν-άγω, réunir, ramasser, amasser.

συν-αθροίζω, rassembler.

συν-αίρομαι, favoriser, *dat.*

συν-άπτω, engager (un combat, la guerre) contre, *dat.*

συν-δειπνεῖν, souper avec, *dat.*

σύνδειπνον (τό), festin. Cf. συμπόσιον.

συν-δια-τρίβω, passer ensemble (le temps).

συνείδησις, εως (ἡ), conscience.

συν-είλεγμαι. V. συλ-λέγω.

συν-εργεῖν, concourir, aider, *dat.*

σύνεργος (ὁ), auxiliaire.

συν-έρχομαι, venir ensemble, se réunir.

σύνεσις, εως (ἡ), intelligence, finesse.

συνετός, intelligent. R. συνίημι.

συνεχής, continuel, assidu.

συν-έχω, entourer, contenir.

συνεχῶς, continuellement.

συνήθης, familier, intime.

συνθήκη (ἡ), convention.

συν-ίημι, comprendre.

συν-ίστημι, former, fabriquer.

συν-νοεῖν, deviner.

σύνοδος (ἡ), assemblée.

σύν-οιδα ἐμαυτῷ, j'ai conscience de, *acc.*

συν-οικεῖν, habiter avec, vivre avec, *dat.*

συν-οίσω. V. συμ-φέρω.

σύνολος, ον, total. Τὸ σύνολον, en tout, absolument.

συν-όμνυμι, conjurer, conspirer.

συν-ομολογεῖν, être d'accord, consentir.

συν-τίθημι, composer, disposer

συν-τρέχω, courir ensemble, accourir.

συν-τράω, faire un trou.

συν-τρίβω, écraser.

Συρακόσιοι (οἱ), Syracusains.

συρίττω, *aor.* ἐσύριξα, jouer du chalumeau.

Συχέμ, *indécl.*, Sichem, *ville de la Samarie.*

συχνός, fréquent, nombreux.

σφαιροειδής, sphérique, garni d'une boule. R. σφαῖρα, boule, sphère.

σφάλλω, faire tomber. *Passif :* aor. ἐσφάλην, broncher, se tromper; manquer, *gén.*

σφάττω, *aor. ps.* ἐσφάγην, égorger.

σφεῖς, σφῶν, σφίσι, σφᾶς, eux-mêmes.

σφενδονᾶν, se servir de la fronde, lancer des pierres (avec la fronde).

σφενδόνη (ἡ), fronde.

σφήν, ηνός (ὁ), coin (pour fendre).

σφήξ, ηκός (ὁ), guêpe.

σφίγγω, serrer; lier (des gerbes).

σφισι (*enclitique*), à eux. V. σφεῖς.

σφόδρα, *adv.*, fort, extrémement, violemment.

σφοδρός, violent. Σφοδρῶς, violemment, bon gré mal gré, fortement.

σφράγισμα (τό), cachet (mis sur un objet), sceau.

σχεδία (ἡ), radeau.

σχεδόν, à peu près, presque. — τι, *même sens.*

σχέτλιος, affreux.

σχεῖν, *inf. aor. de* ἔχω.

σχῆμα (τό), figure, représentation.

σχίζω, fendre.

σχοῖνος (ὁ), jonc.

σχολάζω, avoir du temps, du loisir; consacrer son temps à, *dat.*

σχολή (ἡ), loisir, oisiveté. Σχολῇ, à loisir, à peine; lentement.

σχών, *part. aor. de* ἔχω.

σώζω, *aor. ps.* ἐσώθην, sauver.

Σωκράτης, ους (ὁ), Socrate, *philosophe athénien.*

σῶμα (τό), corps.

σῶος, sain et sauf, intact.

σωρός (ὁ), tas, monceau.

σῶς, σῶν, sain et sauf, intact (*acc.* σῶν). *Les autres cas comme* σῶος.

σωτήρ, ῆρος (ὁ), sauveur.

σωτηρία (ἡ), salut.

σώφρων, sage, vertueux.

σωφρονεῖν, être vertueux.

T

ταλαίπωρος, misérable.

ταλαιπωρεῖσθαι (*passif*), être accablé de fatigue, être exténué (de chagrin).

τάλαντον (τό), talent, *somme d'argent qui valait* 6000 *drachmes, environ* 5560 *francs.*

τἀληθῆ == τὰ ἀληθῆ.

τἄλλα == τὰ ἄλλα.

τἀλλότρια == τὰ ἀλλότρια.

ταμίας, ου (ὁ), intendant.

ταμιεῖον (τό), magasin, cellier.

τἀναντία == τὰ ἐναντία.

ταξίαρχος (ὁ), capitaine.

τάξις, εως (ἡ), disposition, ordre; rang, compagnie (de soldats).

ταπεινός, humble.

ταράττω, troubler, bouleverser.

ταριχεύω, embaumer.

τάττω, ranger, régler, établir.

ταῦρος (ὁ), taureau.

ταὐτό *ou* ταὐτόν == τὸ αὐτό.

ταφῆναι, ταφείς. V. θάπτω.

τάφος (ὁ), sépulcre, tombeau.

τάχα, promptement, aussitôt.

ταχέως, vite (*comp.* θᾶττον, *sup.* τάχιστα).

τάχος (τό), vitesse.

ταχύς, prompt, rapide. Ταχύ, promptement (*comp.* θᾶττον, *sup.* τάχιστος).

τε (*enclitique*), et.

τέγγω, mouiller.

τείνω, *pf.* τέτακα, tendre, étendre.

τεῖχος (τό), rempart, mur (d'une ville).

τεκεῖν. V. τίκτω.

τεκμαίρομαι, deviner, conjecturer.

τεκμήριον (τό), signe, indice, preuve.

τέκνον (τό), enfant (de quelqu'un).
R. τεκεῖν.

τέκτων, ονος (ὁ), charpentier.

τέλειος, achevé, parfait.

τελετή (ἡ), initiation (aux mystères). *Au plur.*, fêtes religieuses.

τελεῖν, *f.* τελῶ, *aor.* ἐτέλεσα, finir, achever; accomplir, exécuter.

τελευταῖος, dernier. Τὸ τελευταῖον, à la fin.

τελευτᾶν, finir; terminer (sa vie), mourir.

τελευτή (ἡ), fin, mort.

τελέως, complétement, parfaitement.

τέλος (τό), fin. Διὰ τέλους, jusqu'au bout. Τέλος δέ (*acc. adverbial*), à la fin.

τέμνω, *f.* τεμῶ, *aor.* ἔτεμον, *pf.* τέτμηκα, couper, trancher, fendre (les flots).

τέμαχος (τό), tranche.

τέρας, ατος (τό), prodige.

τέρπω, contenter, amuser. *Passif :* s'amuser.

τέτευχα, *forme accessoire pour* τετύχηκα. V. τυγχάνω.

τετρημένος. V. τιτρημι.

τέτταρες, quatre.

τέττιξ, ιγος (ὁ), cigale.

τεῦχος (τό), ustensile, vase, pot.

τέφρα (ἡ), cendre.

τέχνασμα (τό), stratagème.

τέχνη (ἡ), art, métier.

τέως, pendant un temps (*antécédent de* ἕως).

τήκω, liquéfier, fondre; *au fig.*, consumer. *Passif :* *aor.* ἐτάκην *et* ἐτάχθην, *pf.* τέτηκα, être fondu, se liquéfier.

τηλικοῦτος, si grand, de cet âge.

τήμερον, aujourd'hui.

τηνικαῦτα, alors, à ce moment-là.

τηρεῖν, surveiller, garder, observer, épier, guetter.

Τίγρης, ητος (ὁ), Tigre, *fleuve d'Assyrie.*

τιθασός, apprivoisé, facile à apprivoiser.

τίθημι, *f.* θήσω, *aor.* ἔθηκα, placer, mettre, rendre (tel). Παρ' οὐδὲν τίθεμαι τοῦτο, je ne fais nul cas de cela.

τιθήνη (ἡ), nourrice.

τίκτω, *f.* τέξομαι, *aor.* ἔτεκον, *pf.* τέτοκα, enfanter; faire naître, produire; pondre.

τίλλω, dépouiller (de feuilles, de poils), plumer.

Τίμαιος (ὁ), Timée, *historien grec.*

τιμᾶν, évaluer, honorer; infliger (une amende).

τιμή (ἡ), prix (d'une chose); honneur (accordé).

τίμιος, précieux.

Τιμόθεος (ὁ), Timothée, *général athénien.*

τιμωρεῖσθαι, punir, se venger de, *acc.*

τιμωρία (ἡ), punition, vengeance.

τίνω, *f.* τίσω (τίσω), payer.

τίς; qui? quel? τί; quoi? pourquoi?

τις (*enclitique*), quelqu'un, on; τι, quelque chose. *Employé adjectivement :* un, un certain.

(τίτρημι), *f.* (τρήσω), *pf. ps.* τέτρημαι, trouer, percer.

τιτρώσκω, *f.* τρώσω, *aor. ps.* ἐτρώθην, blesser.

τλῆναι, *inf. de* ἔτλην, *aor. isolé*, supporter, avoir la force de.

τμηθείς. V. τέμνω.

τοι (*enclitique*), oui certes, en vérité. Ἀλλά... τοι, en vérité.

τοιγαροῦν, c'est pourquoi, aussi (*itaque*).

τοίνυν, or, donc, eh bien, d'autre part.

τοιόσδε, tel que voici. Τοιόνδε,
ce qui suit.

τοιοῦτος, τοιαύτη, tel (que voilà),
de cette sorte.

τοῖχος (ὁ), muraille (d'une mai-
son). Cf. τεῖχος.

τόκος (ὁ), produit (de l'argent
prêté), intérêts. R. τεκεῖν.

τολμᾶν, oser, être hardi.

τοξεύω, tirer de l'arc, lancer
des flèches, blesser d'une flèche.

τόξον (τό), arc. Τὰ τόξα, l'arc
et les flèches.

τοξότης, ου (ὁ), archer.

τόπος (ὁ), lieu, endroit.

τοσοῦτος, si grand; τοσοῦτοι,
si nombreux; τοσοῦτος ὅσος,
aussi grand que. Τοσοῦτον,
tellement, autant. Ἐν τοσούτῳ,
pendant ce temps.

τότε, alors. Τοτὲ μὲν... τοτὲ δέ,
tantôt... tantôt.

τοὔνομα = τὸ ὄνομα.

τοὐπίσω = τὸ ὀπίσω.

τραγικός, tragique.

τράγος (ὁ), bouc.

τραγῳδία (ἡ), tragédie.

τραγῳδός (ὁ), poète tragique.

τράπεζα (ἡ), table.

Τραπεζοῦς, οῦντος (ὁ), Trébi-
zonte, *ville maritime du Pont.*

τραῦμα (τό), blessure.

τράχηλος (ὁ), cou, gosier.

τραχύς, rude, rocailleux.

τρεῖς, τρία, trois.

τρέμω (*sans autre temps*), trem-
bler.

τρέπω, *pf.* τέτροφα, tourner,
faire tourner le dos. *Moyen :*
τρέψασθαι, mettre en fuite;
τραπέσθαι, prendre la fuite.
Passif : aor. ἐτράπην et ἐτρέ-
φθην, se tourner, s'enfuir.

τρέφω, *f.* θρέψω, *pf.* τέτροφα
(*comme le pf. de* τρέπω),
nourrir, élever. *Passif :* f. θρέ-
ψομαι, aor. ἐτράφην, pf. τέ-
τραμμαι, être nourri, se nourrir.

τρέχω, *f.* δραμοῦμαι, aor. ἔδρα-
μον, *pf.* δεδράμηκα, courir.

(τρέω), aor. ἔτρεσα, trembler
devant, *acc.*

τριάκοντα, trente.

τριβή (ἡ), occupation; prolonga-
tion, durée, cours (du temps).

τρίβω, aor. ps. ἐτρίβην, frotter,
écraser, accabler; étriller.

τρίγλη (ἡ), barbue, *poisson de
mer.*

τριήρης, ους (ἡ), trirème, galère
(à trois rangs de rames).

τρίς, trois fois.

τρισκαιδέκατος, treizième.

τρίτος, troisième. Ἐκ τρίτου,
pour la troisième fois.

τριχός. V. θρίξ.

τροπαῖον (τό), trophée, *qu'on
élève pour célébrer la déroute*
(τροπή) *de l'ennemi.*

τρόπος (ὁ), tournure, manière;
caractère, mœurs.

τροφή (ἡ), nourriture.

τροφός (ἡ), nourrice.

τροχός (ὁ), roue.

τρυγᾶν, récolter (des fruits).

τρυφή (ἡ), bonne chère, mol-
lesse, délices. Cf. θρύπτω.

τρύχω, épuiser de fatigue, exté-
nuer (*pf. ps.* τετρυχωμένος).
A l'actif on n'emploie que
ἐκτρυχώσω *et* ἐξετρύχωσα, *au
fut. et à l'aoriste.*

τρώγω, *f.* τρώξομαι, aor. ἔτρα-
γον, *pf. ps.* τέτρωγμαι, ronger,
dévorer.

τυγχάνω, *f.* τεύξομαι, aor. ἔτυχον,
pf. τετύχηκα (τέτευχα), obtenir
(par le sort), atteindre (un
but), *gén.;* se trouver par ha-
sard, *participe.* Ὡς ἔτυχεν,
comme cela s'est trouvé, d'une
façon commune.

τύπτω, *f.* τυπτήσω, battre, frap-
per. *Se complète par* παίω *et*
πατάξαι.

τύραννος (ὁ), roi, tyran.

τυρός (ὁ), fromage.
τύρσις, εως (ἡ), tour de défense.
τῦφος (ὁ), fumée, faste.
τυφλός, aveugle.
τύχη (ἡ), fortune, hasard; événement. Cf. τυγχάνω.

Υ

ὑβρίζω, être insolent, manquer de modération, insulter, commettre des excès (d'orgueil), outrager, εἰς, acc.
ὕβρις, εως (ἡ), insolence.
ὑγιαίνω, se bien porter.
ὑγίεια (ἡ), santé.
ὑγιής, sain, bien portant; sensé.
ὑγρός, humide.
ὕδερος (ὁ), hydropisie.
ὕδωρ, ατος (τό), eau.
ὑετός (ὁ), pluie.
υἱός (ὁ), fils.
ὑλαγμός (ὁ), aboiement.
ὑλακτεῖν, aboyer.
ὕλη (ἡ), bois, forêt, bois coupé.
ὑλοτόμος (ὁ), bûcheron.
ὑμέτερος, votre, vôtre.
Ὑμηττός (ὁ), Hymette, montagne de l'Attique.
ὑμνεῖν, célébrer, glorifier.
ὑπ-ᾄδω, chanter doucement.
ὑπασπιστής, οῦ (ὁ), écuyer.
ὑπ-άρχω, être à, appartenir à.
ὑπέρ, gén., en faveur de, au sujet de; acc., sur, au-dessus de.
ὑπερ-βάλλω, passer, effectuer un passage, dépasser.
ὑπερβολή (ἡ), excès.
ὑπερ-έχω, être élevé au-dessus, dépasser.
ὑπ-έρχομαι, se mettre sous, acc.
ὑπερηφανία (ἡ), orgueil, vanité.
ὑπερ-ορᾶν, voir avec indifférence, laisser.

ὑπερ-φοβεῖσθαι, craindre fort.
ὑπερ-χαίρω, être très joyeux.
ὑπέρφρων, arrogant, hautain.
ὑπ-ηρετεῖν, servir (qqu'un), se prêter à, dat.; exécuter, préparer (une chose).
ὑπ-ηχεῖν, retentir.
ὑπ-ισχνεῖσθαι, f. ὑποσχήσομαι, aor. ὑπεσχόμην, pf. ὑπέσχημαι, promettre, s'engager à.
ὕπνος (ὁ), sommeil.
ὑπό, gén., par, par l'effet de; dat., sous; acc., sous.
ὑπο-δέω, f. δήσω, attacher (sa chaussure). Passif : être chaussé.
ὑπόδημα (τό), chaussure.
ὑπο-δύομαι, s'enfoncer, se cacher.
ὑποζύγιον (τό), bête de somme.
ὑπο-κλίνω, incliner, courber.
ὑπο-κρίνομαι, expliquer.
ὑποκριτής, οῦ (ὁ), comédien, acteur.
ὑπο-λαμβάνω, prendre la parole, reprendre; supposer, penser.
ὑπο-λείπω, laisser en arrière.
ὑπο-λύω, défaire (sa chaussure). Passif : se déchausser.
ὑπο-μένω, attendre, s'arrêter (pour attendre); soutenir.
ὑπο-μιμνήσκω, faire souvenir de, gén., avertir, rappeler. Passif : se souvenir de.
ὑπόμνημα (τό), souvenir; monument (commémoratif).
ὑπο-πίπτω, succomber, baisser la tête.
ὑπ-οπτεύω, soupçonner, redouter.
ὑπο-στρέφω, retourner, revenir.
ὑπουργεῖν, exécuter (une besogne).
ὑπο-φαίνω, commencer à paraître (en parl. du jour).
ὕπτιος, qui tombe à la renverse, sur le dos.

ὕστατος, dernier. Cf. ὕστερος.

ὑστεραῖος, d'après, du lendemain. Ἡ ὑστεραία (*avec ou sans ἡμέρα*), le lendemain.

ὕστερος, postérieur, qui vient après. Ὕστερον, plus tard, dans la suite, après.

ὑφαίνω, tisser.

ὑφ-αιρεῖν *et* ὑφ-αιρεῖσθαι, dérober secrètement.

ὑφάντης, ου (ὁ), tisserand.

ὕφασμα (τό), toile, tissu.

ὑφ-ηγεῖσθαι, conduire pas à pas, lentement.

ὑψηλός, haut, élevé.

ὕψος (τό), hauteur, élévation.

ὕει, *f.* ὕσει, il pleut.

Φ

φαγεῖν, φαγών. V. ἐσθίω.

φαιδρός, rayonnant, gai, joyeux.

φαιδρύνω, 1° rendre brillant, blanchir; 2° égayer.

φαίνω, *f.* φανῶ, *aor.* ἔφηνα, faire voir, montrer. *Moyen à sens neutre : aor.* ἐφάνην, *pf.* πεφηνα *et* πέφασμαι, paraître, se montrer.

φαιός, gris, brun, gris-brun.

Φάλαρις, ιδος (ὁ), Phalaris, *tyran d'Agrigente.*

φάμενος, φάναι. V. φημί.

φανερός, manifeste.

φαντάζομαι, *aor.* ἐφαντάσθην, apparaître.

Φαραώ (ὁ), *indécl.,* le Pharaon, *nom donné aux rois d'Égypte, comme nous disons : le sultan, le czar, le schah.*

φαρέτρα (ἡ), carquois.

φάρμακον (τό), remède.

Φᾶσις, ιδος (ὁ), le Phase, *fleuve d'Arménie qui se jette dans le Pont-Euxin.*

φάσκω, *f.* φήσω, dire, affirmer.

φάτνη (ἡ), crèche.

φαῦλος, ος *et* η, ον, de peu de prix, mauvais, mesquin; méchant. Φαύλως, en mauvais état.

φέγγος (τό), lumière, éclat.

φείδομαι, épargner, *gén.*

φενακίζω, duper.

φέρε, φέρε δή, allons, voyons!

φερνή (ἡ), dot.

φέρω, *f.* οἴσω, *aor.* ἤνεγκον, porter, apporter, emporter; produire, causer; supporter, *l'assif: f.* ἐνεχθήσομαι ου οἰσθήσομαι ου οἴσομαι, *aor.* ἠνέχθην, *pf.* ἐνήνεγμαι.

φεύγω, *f.* φεύξομαι, *aor.* ἔφυγον, *pf.* πέφευγα, fuir, éviter.

φηγός (ἡ), hêtre.

φημί, *f.* φήσω, *aor.* ἔφην *et* ἔφησα, dire, dire oui. *Le moyen est poétique, sauf* φάμενος.

φθάνω, *f.* φθήσομαι, *aor.* ἔφθασα *et* ἔφθην, devancer. Οὐκ ἔφθη εἰπὼν καὶ, à peine eut-il parlé que.

φθέγγομαι, faire entendre sa voix, prononcer.

φθείρω. V. δια-φθείρω.

φθίσις, εως (ἡ), destruction, dépérissement.

φθόη (ἡ), phtisie.

φθονεῖν, être jaloux, porter envie à, *dat.*

φθόρος (ὁ), ruine, destruction; homme funeste.

φιάλη (ἡ), flacon, coupe.

φιλάνθρωπος, ον, ami des hommes, humain.

φιλάργυρος, ον, avare.

φιλεῖν, aimer; baiser; se plaire à, *inf.*

φίλεργος, ον, laborieux.

φιλία (ἡ), amitié.

φίλιος, ον, amical, d'ami.

Φίλιππος (ὁ), Philippe, *roi de Macédoine.*

φιλόθηρος, ον, ami de la chasse.

φιλονεικεῖν, chercher querelle.

φιλονεικία (ἡ), querelle, jalousie.

Φιλόξενος (ὁ), Philoxène.

φιλόπαις, *gén.* παιδος, qui aime les enfants, la jeunesse.

φιλόπονος, ον, laborieux, studieux.

φίλος, ami, cher. *Comp.* φιλότερος *et* φιλαίτερος (*rares*), *sup.* φίλτατος.

φιλοσοφία (ἡ), philosophie.

φιλόσοφος (ὁ), philosophe.

φιλότεκνος, ον, qui aime ses enfants.

φιλοτιμία (ἡ), ambition.

φιλοφρονεῖσθαι, faire des amitiés à, *dat. ou acc.*

φλεγμαίνω, être ardent, bouillant.

φλέγω, brûler, être ardent.

φλέψ, φλεβός (ἡ), veine.

φλόξ, φλογός (ἡ), flamme.

φλυαρεῖν, bavarder.

φοβεῖν, effrayer. *Moyen : f.* φοβήσομαι, *aor.* ἐφοβήθην, s'effrayer, craindre, *acc.* R. ὁ φόβος, crainte.

φοῖνιξ, ικος (ὁ), palmier, dattier.

Φοῖνιξ, ικος (ὁ), Phénix.

φοιτᾶν, aller et venir, aller souvent, fréquenter (πρός τινα).

φονεύω, commettre un meurtre.

φορεῖν, porter (sur soi un vêtement, un anneau).

φόρμιγξ, ιγγος (ἡ), harpe (qu'on portait suspendue aux épaules).

φόρτος (ὁ), fardeau, cargaison.

φράζω, déclarer, prononcer, expliquer, dire.

φράττω, enclore, fermer (par une barrière, une palissade, un retranchement).

φρέαρ, ατος (τό), puits.

φρήν, φρενός (ἡ), esprit, intelligence, prudence (*rare en prose, et ordin. au pluriel*).

φρίττω, *f.* φρίξω, *pf.* πέφρικα, frissonner, frémir (de crainte).

φρονεῖν, avoir tel ou tel sentiment, avoir du bon sens. Μέγα —, s'enorgueillir. Εὖ —, être sensé ; ἄμεινον —, être plus sensé. Κακῶς —, manquer de sens, avoir de mauvais sentiments.

φρόνημα (τό), présomption.

φρόνησις, εως (ἡ), raison, prudence, jugement ; pensée, sentiment (opinion).

φρόνιμος, ος *ou* η, ον, prudent, sensé.

φροντίς, ίδος (ἡ), souci, préoccupation.

φρουρός (ὁ), sentinelle.

φυγαδεύω, exiler.

φυγεῖν, φυγών. V. φεύγω.

φυγή (ἡ), fuite ; exil. Cf. φεύγω.

φυλακή (ἡ), garde ; prison (lieu où l'on garde qqu'un).

φύλαξ, ακος (ὁ), gardien, un garde.

φυλάττω, garder, surveiller. *Moyen :* se garder de, éviter.

φυλή (ἡ), tribu.

φύλλον (τό), feuille.

φύρω, souiller.

φυσᾶν, enfler, gonfler.

φύσις, εως (ἡ), nature.

φύτευμα (τό), plante.

φυτεύω, planter.

φύω, faire naître, produire. *Moyen : aor.* ἔφυν, *pf.* πέφυκα, naître, croître ; être naturellement fait pour, avoir coutume de, *inf.*; être (*ce dernier emploi est poétique*).

Φωκίων, ωνος (ὁ), Phocion, *général athénien.*

φωνεῖν, faire entendre sa voix.

φωνή (ἡ), voix. Φωνὴν αἴρω, élever la voix.

φωνήεις, doué de la parole.

φώρ, φωρός (ὁ), voleur.

φῶς, φωτός (τό), lumière.

X

χαίνω, *f.* χανοῦμαι, *aor.* ἔχανον, *pf.* κέχηνα, ouvrir la bouche, être béant, s'extasier.

χαίρω, *f.* ήσω, *aor.* ἐχάρην, se réjouir. Χαῖρε, salut, adieu! Τὸ χαίρειν, *le mot* salut.

Χαιρώνεια (ἡ). Chéronée, *bourg de Béotie où Philippe battit les Athéniens.*

χαίτη (ἡ), crinière.

χάλαζα (ἡ), grêle.

χαλᾶν, *f.* άσω, relâcher, détendre, délier.

χαλεπός, difficile, pénible, fâcheux.

χαλινός (ὁ), frein, bride.

χαλινοῦν, mettre un frein à, brider, *acc.*

χαλκεύς (ὁ), forgeron.

χαλκός (ὁ), airain.

Χάλυβες (οἱ). Chalybes, *peuplade du Pont.*

χαμαί, par terre, à terre.

Χαναάν, *indécl.*, la terre de Chanaan, *nom ancien de la Palestine. Chanaan était fils de Cham.*

χαρά (ἡ), joie.

χαράδρα (ἡ), ravin.

χαρακτήρ, ῆρος (ὁ), caractère, *litt.*, empreinte gravée.

χαράκωμα (τό), retranchement. R. χάραξ, pieu.

χαρίεις, gracieux, agréable.

χαρίζομαι, 1° être agréable, faire plaisir à, se prêter aux désirs de, *dat.*; 2° accorder (une faveur).

χάρις, ιτος (ἡ), grâce, plaisir (qu'on fait à qqu'un), bienfait; reconnaissance, récompense. Χάριν εἰδέναι, savoir gré. Τούτου χάριν, à cause de cela, en vue de cela, pour cela.

χάρτης, ου (ὁ), papier.

χεῖλος (τό), lèvre.

χειμών, ῶνος (ὁ), 1° hiver; 2° tempête. Χειμῶνος ou τοῦ χειμῶνος, en hiver (*génitif de temps*).

χείρ, χειρός (ἡ), main.

χειροτονεῖν, élire (à main levée). R. χείρ et τείνω.

χειρουργός (ὁ), chirurgien.

χείρων, moins bon, pire. *Sert de comp. à* κακός.

χελιδών, όνος (ἡ), hirondelle.

χελώνη, (ἡ), tortue.

χέω, *f.* χέω, *aor.* ἔχεα, *aor. ps.* ἐχύθην, *pf. ps.* κέχυμαι, verser, répandre.

χηλή (ἡ), pinces; digue, jetée.

χήν, χηνός (ὁ), oie.

χήρα (ἡ), veuve.

χθές, hier.

χθών, χθονός (ἡ), terre (*poétique*).

χίλιοι, mille.

χιλός (ὁ), fourrage, foin.

χιτών, ῶνος (ὁ), tunique, chemise de laine (vêtement de dessous qu'on portait sur la peau). *Pour sortir de chez soi, on mettait par-dessus un autre vêtement,* ἱμάτιον, χλαῖνα.

χιτωνίσκος (ὁ), petite tunique, simple tunique.

χιών, όνος (ἡ), neige.

χλαῖνα (ἡ), manteau, vêtement de dessus.

χλαμύς, ύδος (ἡ), chlamyde, manteau militaire.

χλιαρός, tiède.

χλόη (ἡ), herbe verte, verdure, jeunes pousses.

χλωρός, vert.

χοῖρος (ὁ), pourceau, porc.

χορηγός (ὁ), chef de troupe, chorège.

χορός (ὁ), chœur.

χόρτος (ὁ), foin, fourrage.

χρῆσθαι, *f.* χρήσομαι (*contractions en* η *au lieu de* α), se servir de, employer, user de, traiter (bien ou mal), *dat.*

χρεία (ἡ), usage, emploi; nécessité, besoin.

χρεμετίζω, hennir.

χρέος (τό), dette.

χρή, *impf.* χρῆν *ou* ἐχρῆν, *f.* χρήσει (*sans autres temps*), il faut, on doit.

χρῆμα (τό), chose. Τὰ χρήματα, richesses, argent.

χρηματίζω, traiter d'affaires, négocier.

χρησάμενος. V. χρῆσθαι *et* κίχρημι.

χρήσιμος, utile.

χρῆσις, εως (ἡ), usage, jouissance, emploi.

χρησμολόγος (ὁ), diseur d'oracles, diseur de bonne aventure.

χρηστός, utile, bon, honnête (*litt.*, utilisable). Ὁ χρηστός, l'homme de bien.

χρῖμα (τό), onguent, graisse.

χριστιανός (ὁ), chrétien, disciple du Christ.

Χριστός (ὁ), le Christ, l'oint du Seigneur.

χρίω, *aor. ps.* ἐχρίσθην, *pf. ps.* κέχριμαι, frotter, oindre, enduire.

χρόα, ας (ἡ), couleur (de la peau); peau.

χρόνος (ὁ), temps.

χρυσίον (τό), or (*monnayé*). *Phor.*, bijoux.

χρυσοῦς, ῆ, οῦν, d'or.

χρυσός (ὁ), or.

χρῶμα (τό), couleur.

χυθείς. V. χέω.

χωλός, boiteux.

(χώννυμι), *f.* χώσω, *aor. ps.* ἐχώσθην, *pf. ps.* κέχωσμαι, amonceler de la terre, faire une digue, élever (un tertre).

χώρα (ἡ), place; pays, contrée.

χωρεῖν, s'avancer.

χωρίον (τό), place, endroit; place forte.

χωρίς, à part, séparément; outre, sans compter, *gén.*

Ψ

ψάλτης, ου (ὁ), joueur de harpe.

ψάμμος (ἡ), sable.

ψέγω, critiquer.

ψέλλιον (τό), bracelet.

ψευδής, mensonger, faux.

ψεῦδος (τό), mensonge.

ψεύδομαι, *f.* σομαι, mentir. *Passif:* aor. ἐψεύσθην, être trompé dans, *gén.*

ψευδομαρτυρεῖν, être faux témoin.

ψηφίζομαι, voter, décréter, déclarer par décret. R. ψῆφος, caillou pour voter.

ψήφισμα (τό), décret.

ψιθυρίζω, gazouiller.

ψιλός, dégarni, simple. Οἱ ψιλοί, les vélites, l'infanterie légère.

ψόφος (ὁ), bruit, son.

ψυχή (ἡ), âme, cœur; souffle, vie.

ψῦχος (τό), froid.

ψυχρός, froid, glacé.

ψύχω, faire sécher, refroidir (*aor. ps.* ἐψύχθην *et* ἐψύχην).

Ω

ὦ, ô (*particule qui précède ordinairement le vocatif*).

ὤ, oh! *interjection.*

ὧδε, ainsi que voici, comme il suit.

ᾠδή (ἡ), chant.

ὠθεῖν, *f.* ὤσω, *aor.* ἔωσα, *aor. ps.* ἐώσθην, pousser, repousser.

ὠμόβοιος, de bœuf cru, de cuir non préparé.

ᾤμην. V. οἴομαι.

ὠμός, cru. *Ne pas confondre avec le suivant.*

ὦμος (ὁ), épaule.

ὠμότης, ητος (ἡ), cruauté, crudité.

ὠνεῖσθαι, *f.* ὠνήσομαι, *impf.* ἐωνούμην, acheter. *L'aoriste régulier se remplace par* ἐπριά-μην. *Cf.* πωλεῖσθαι.

ὤνησα, *aor. de* ὀνίνημι.

ᾠόν (τό), œuf.

ὥρα (ἡ), heure, saison.

ὡραῖος, qui est de saison, mûr; gracieux, plein de fraîcheur.

ὡς, comme, combien; lorsque; que; environ (*devant un nom de nombre*).

ὥσπερ, comme, de même que; comme si (*devant un participe*).

ὥστε, en sorte que, de façon à, au point que, *inf. ou indic.*

ὡτός. V. οὖς.

ὠφέλεια (ἡ), utilité, avantage; service (rendu).

ὠφελεῖν, être utile à, aider, servir, rendre service à, profiter à, *acc.*

ὠχρός, pâle; d'un jaune pâle.

FIN

TABLE

MORPHOLOGIE

SYNTAXE

26777 — Tours, impr. Mame.